本书由兰州中和集团提供出版资助

中和论道

第一辑

主 编 姜宗强

副主编 贾克防 朱海斌

中国社会科学出版社

图书在版编目(CIP)数据

中和论道.第一辑/姜宗强,贾克防,朱海斌主编.—北京：
中国社会科学出版社,2017.12
ISBN 978-7-5203-0122-0

Ⅰ.①中… Ⅱ.①姜…②贾…③朱… Ⅲ.①哲学-中国-文集
Ⅳ.①B2-53

中国版本图书馆 CIP 数据核字(2017)第 114481 号

出 版 人　赵剑英
责任编辑　李庆红
责任校对　石春梅
责任印制　王 超

出　　　版　中国社会科学出版社
社　　　址　北京鼓楼西大街甲 158 号
邮　　　编　100720
网　　　址　http：//www.csspw.cn
发 行 部　010-84083685
门 市 部　010-84029450
经　　　销　新华书店及其他书店

印刷装订　北京君升印刷有限公司
版　　　次　2017 年 12 月第 1 版
印　　　次　2017 年 12 月第 1 次印刷

开　　　本　710×1000　1/16
印　　　张　15.5
字　　　数　223 千字
定　　　价　68.00 元

哲学沙龙"中和论道"现场一

哲学沙龙"中和论道"现场二

哲学沙龙"中和论道"现场三

哲学沙龙"中和论道"现场四

哲学沙龙"中和论道"现场五

哲学沙龙"中和论道"现场六

哲学沙龙"中和论道"现场七

哲学沙龙"中和论道"现场八

哲学沙龙"中和论道"现场九

序

我的爷爷和父亲都曾在大学任教，爷爷洪毅然是美学教授，父亲洪元基是外语教授，我也算是生长在知识分子家庭。从小时候起，就常常听爷爷、父亲和一些长辈们讨论一些很深奥的问题，诸如宇宙的本原、精神和物质、善与恶、美与丑、美的本质、世界是无限的还是有限的……

时常觉得这些问题神秘而有趣，自己也试着思考一些这个方向的问题，觉得思考这类问题好像更能让人透过现象较清晰地看到事物的本质和规律，可以让人有种超越现实的精神力量。

我觉得学习和思考哲学能使人在各个领域都比较快地把握本质和规律，也就能让人心智明确、理解得当，方法正确，身心能够更和谐，生活和工作更顺利。尽管我现在的工作与哲学没有直接的联系，但作为智慧之学，我一直对哲学问题保持浓厚的兴趣，对哲学保持一种神秘的敬畏……

2015 年秋季，西北师范大学党委书记陈克恭同志倡议要尽可能活跃学校的学术活动，希望哲学在提升大学学术品位中发挥引领作用；哲学系李朝东教授与我商议，在西北师范大学组织一个哲学沙龙，我们一拍即合，并商定沙龙名称叫"中和论道"。我觉得这个沙龙应该能给西北师范大学增添一张学术名片，也能丰富大学的学术交流活动，给学校营造学术氛围，给师生提供一个交流学习的平台，所以欣然同意、积极参与其中。

中和论道从 2015 年秋季学期开始，每两周举办一次，每期一个主题，有发言，有互动，有问答，有辩论。在这里，我们思考，我们感悟，我们超越，时而安静聆听，时而热烈欢笑。大学之气象，欣欣然。

　　借此我也想说，任何哲学、科学、艺术、宗教都有三方面的价值：（1）让人们心灵更美好，更加快乐和智慧，从而使自己和他人更好地相处；（2）让人们更加理性，让社会更有秩序，从而使人和人更好地相处；（3）认识规律，感悟本质，让人理解自然规律以及未知的规律，从而人和自然能更好地相处。而我认为哲学在各领域都是有引领作用的。

　　就此而言，中和论道作为大学特殊的学术讲堂，是有益于目己，有益于学校师生，有益于社会的学术平台，是传播先进文化的阵地。相信各位哲人、老师在这个学术平台上能智慧闪烁，精彩纷呈。

　　我们希望，让中和论道成为广大师生交流学问、砥砺智慧的场所，将每学期学者们的精彩讲演集结为"中和论道"文集，更会使之成为思想宝库、学术家园。我们将竭诚合作，把中和论道办成西部地区传播知识、启迪智慧、培育人才的优秀平台，为理想枯萎的时代播种信念的希望……

洪涛

兰州中和集团董事长

2016 年 5 月 26 日

目　录

第一讲　栖居在思想的密林中 ……………………………………（1）

第二讲　天理·物理·人理
　　　　——儒家道德形而上学 ………………………………（37）

第三讲　以孤绝之思爱这个世界
　　　　——现象级的阿伦特与阿伦特眼中的艾希曼现象 ……（76）

第四讲　笛卡尔的遗产
　　　　——从当代知识论和心灵哲学的视角看 ……………（126）

第五讲　《论语》中的人生智慧 ………………………………（160）

第六讲　个体生命如何面对苦难
　　　　——一个跨文化的理解 ………………………………（192）

后　记 …………………………………………………………（239）

第一讲　栖居在思想的密林中

李朝东教授：尊敬的各位领导、老师、同学，非常高兴我们欢聚一堂，举行西北师范大学哲学系和中和集团共同举办的西北师范大学哲学沙龙——中和论道，今天是第一场报告。

人类社会的发展，首先需要理念的变化，而理念的变革需要思想来支撑，那么哲学，不管是中国的祖先还是西方的先哲，都给人类留下了一个共同的财富，它使我们生活在这个世界上，却能够仰望星空。

最近一段时间以来，我们学校的领导，尤其是党委书记陈克恭同志，对学校的学术发展特别重视，几次跟我提到让我们的哲学在学校教育上，在启迪人的思想、开启学生心智方面，能够发挥更重要的作用。大家也能够明显地感觉到我们学校这段时间学术氛围的的确确正在发生一些变化。根据这样一个新的需要，我们哲学系的同人在马克思主义学院刘永雷书记、王宗礼院长的支持下，准备发起这样一场学术活动，就是哲学沙龙。

同时，我们也非常感谢中和集团的老总洪涛同志，对我们这个活动给予的大力支持。洪总领导着中和集团，我在私下的场合经常说，他算是中产阶级。我在前几年曾经接待过一个澳大利亚的著名社会学家，他在做一个关于中国中产阶级的调研，已经持续了十年，每年选三个城市，他四年前选择的城市之一就是兰州。和他合作的伙伴就是我们四年以前的政法学院，那时候政法学院有社会学系。在与古德曼教授交流的时候，他调查的主体就是中产阶级，我在和他讨论中产阶级的概念时，达成了一个共识：中产阶级有社会的责任感和使命感，热衷于教育事业。所以，我从这个角度说，洪总的的确确算是一个中国的中产阶级。它和有钱人是两个概念，和大企业家、大老板在概念上也有区别。在此我们非常感谢中和集团洪董事长的大力支持。

晚上我们一起吃了工作餐，也谈到了洪总的爷爷，他就是我们学校非常著名的大学者、民国时期的教授、西北师范大学的奠基性人物洪毅然老先生。我们每天早晨听到的、大家更熟悉的校歌，歌词作者就是洪总的父亲。

同时我们也非常感谢我们的老校长，现任甘肃省教育厅厅长的王嘉毅教授。还有我们的陈书记对这个活动的支持，今天他们亲临现场，给予我们很大的精神上的支持和鼓励。我们希望不辜负领导们的关心和支持，把这个活动办好。

用哲学来启迪人的思想，我们共同探讨一些社会关心的话题。我们今天的第一场报告请陈春文老师来给我们讲他的一本书，第一版叫《栖居在思想的密林中》。我在读完这本书后，向很多的同事、同行和朋友推荐，这是我们中国哲学领域里非常有学术价值的一本书。也许几十年过去了，或者上百年过去了，他的书可能会成为我们理解哲学绕不开的必读书，或者参考书。后来这本书出第二版的时候增加了一些内容，名称也变成了《回到思的事情》。我们今天晚上请他作的报告，题目就是《栖居在思想的密林中》。

顺便说一下，因为是学术沙龙，报告时间大概是 50 分钟，剩余一些时间我们还会请我校哲学系两位老师——张美宏博士和朱海斌博士做点评，点评结束以后，大家可以就陈老师在报告中提到的一些启示性的思想展开讨论，接下来我们欢迎陈老师。

陈春文：尊敬的嘉毅厅长、克恭书记，尊敬的各位老师和同学，今天受朝东教授的邀请，再次来到师大作学术交流。既是学术交流也是心灵感应，是思想共同体的一种共同表达。我和师大这么多年，因为朝东的关系，难舍难分。从我个人来讲，从来没有把师大的思想事业当作兰州大学以外的事。我跟朝东也讲过，我于 1980 年从山东考到兰州大学，然后留校任教，除了在德国的 6 年时间外，在兰州居住了将近 30 年。在这 30 年里，我的精神共同体的滋生因素，并不完全在兰大，很大一部分和朝东在师大的成长、他在师大的影响力和在师大范围内在教育上所做的杰出的贡献都有关联，可以说我跟朝东教授是惺惺相惜。抛弃一切世俗性的评价，作为一种精神事业的共同担当，我们在甘肃这样一个偏离改革开放主轴的地区，没有降低精神高度，我们还在人类水平上进行精神探索。所以每次来到师大，都会与朝东在私下一再表白，我们没有把自己当外人，因为答辩的时候刚讲过，朝东这次又命我来讲，我说没问题，我星期一没有课，今天的时间是朝东教授指定的、题目是朝东教授指定的，所以我今天等于给各位领导、老师、同学做一个命题作文，就讲一讲《栖居在思想的密林中》的一些思想。

坦率地讲，作为一个 50 多岁的人，在讲解自己的书的问题上，任何谨慎做学问的人都应该持有更加谨慎的态度，但是既然朝东教授把这本书看得这么重，却之则不恭。我每次来都是讲马丁·海德格尔，因为这是一个千年不朽的思想家。大家知道 20 世纪，在世界思想界影响最大、最持续、最深刻的还是马丁·海德格尔。我之所以热衷讲马丁·海德格尔，就是因为，我还可以从他那里学到东西，我还可以在思想的路途中继续推进。所以说不是为了讲海德格尔而讲海德格尔。今天既然是命题作文，那么我就很惭愧地、很羞涩地、很不好意思地把这个思路做一点思想的阐述。在我们哲学界，真正的哲学是要追求纯粹的思想，越纯粹的思想就越可能持续，越能在人类的天平上具有千年坐标的价值，但是既然当今中国对思想的渴望和呼吁十分强烈，朝东教授又给我指定这个命题作文，我就做一次命题作文。不合适的地方请各位领导、老师、同学原谅。

今天我就利用有限的一点时间，讲一讲这本书的导言部分，导言部分也讲不完，但是思想的好处就是始终在路上，它是一个路途中的事。在思想的问题上从来没有结论，所以思想才具有魅力。在导言这一部分，有一段我自己的题字，叫"思想具有上浮的本能，你必须把它压住，让它学会下降，下降到幽暗中，因为幽暗的居住者，辖摄着世界的疆域。"这首先是对思想做了一个判断，思想具有上浮的本能，不是你可以让思想上浮，而是思想本身就可以在这个逻辑演绎里面不断地上浮，就是说越来越肤浅，从纯粹的思想到对象化的思想，到对象与对象之间联系的思想，再到联系与联系普遍的升华，即所谓普遍联系的思想。我说上浮的本能就是越来越浮，越来越浮躁，越来越浅显化，因为你只有浅显化才可以让大众理解。你追求对象的可理解性，每一个对象的可理解性都要基于它自身的条件。每个人都有自己的意识域，你超出他的意识域，就和他的世界无关了，他就无法理解你了，也建立不了理解的因果链条。所以这个思想的东西越演绎就越肤浅，越和大众结合在一起，如果你追求纯粹的思想，你就不能走上升的路线，而要走下沉的路线；如果你要追求改造世界的想法，像卡尔·马克思所讲，就是批判的武器和武器的批判；如果思想要转变成为一种批判的武器，那么你结合的大众越多，你的思想的作用力就越大，你的影响面就越大。就我个人来讲，就是力求思想越来越纯粹，只有思想越来越纯粹，你才是在人类水平的思想，超出了你的国籍，超出了你的民族、国家；你是在人类水平上，就是你的认知到底能达到什么程度，能不能推及人的理性的界限、边界上，在人类这个作用范围内，整体去看思想事业有了多大进展。

20 世纪除了马丁·海德格尔外，另一个伟大思想家叫 Ludwig Wittgenstein，我们翻译成维特根斯坦。作为一个哲学家，维特根斯坦有一个自身的哲学经验，就是哲学不能强求，哲学就是把语言的转向推向极致。当他推向极致的时候，说不下去的时候，就不说了，就沉默了，他沉默的地方就是当下思想或者某一个哲学家所走的一条特定的思想道路，或者是他把某一个特定的思想道路推向极限、极致的道路，到此为止再推进不了了，以后的事情就由后人去推进，到我这里我说不下去了，我就打住了，这就是我这个哲学家的限度。我认为这是诚实，这是真正的在哲学里面思想到了思想的事情的人。

"因为幽暗的居住者，辖摄着世界的疆域"有这么几层意思，第一层意思，在希腊的哲学传统里，这种思想的肇始，起源于尼采意义上的两种符号，一种是 Apollo（阿波罗），一种是 Dionysus（狄奥尼索斯）。Apollo 中文翻译为太阳神，Dionysus 被翻译成酒神。酒神象征的就是思想幽暗的一面，太阳神象征的就是可以把幽暗的东西澄清为光明的、几何的，理性加以阐释和表述的东西，能说清楚的东西。这个说清楚的东西在西方的概念里面叫作 Aussage，就是逻辑上所讲的那个命题，陈述性语言，就是能说的我都说清楚，说不清楚的我就不说：如果我知道 A 是 B，B 是 C，那我就知道 A 一定是 C，这是我能说清楚的；如果我不清楚 A 是 B，同样不清楚 B 是 C，我无法判断 A 是否是 C，我就不说了，就说不下去了，那就是 Aussage。Apollo 光明神就是把这种幽暗在精神上进行比附。比如说人，在人这个层次上，可以理解为本能的一面，你也可以把 Apollo 神作为一种经验的比附，把他理解为理性的一面，就是我可以判断、可以操控、可以自主掌握的那一部分。但是每个人都知道，人这一生，成长的关键节点，很多东西你还没有想清楚，你的本能就已经驱使你迈出步伐了，当你第一只脚迈出去的时候，第二只脚也基于本能就尾随上来了。也就是说，你还不知道干什么，你的意志、你的本能、你的幽暗的力量，已经推动着你如此这般地去做了、去决定了、去决断了。然后你再根据这个决定和决断去评价你的利弊得失、应不应该，才会衍生一些价值符号的问题。所以真正操控你的是幽暗的一部分，就是还没有被理性充分透视的那部分。从这个意义上讲，知识始终是有限的，是对无限幽暗的有限折射，并把这种折射进行图形的转化、进行刚性知识的构造。从幽暗的角度来讲，任何一个伟大人物，心灵当中都有他自由的创伤、他的苦闷、他的狂风暴雨、他的不可驾驭。这些东西其他人是无从判断的，就他自己困在自己的坐标里面，哪些东西属于得失、哪些东西属于所为、哪些东西属于不所为而又不得不为，就涉及一个伟人，在他的尺度里面，那些不透明的东西、无法折射成知识性的东西，才是命运意义上的东西。正因为伟人思考命运意义上的思想，所以他才是伟人，超出了一切常识的解释，显得与众不同。简单地说，伟人思考"人的命运"这类永恒的命题，这是我在这一章的演讲主题。

"人栖身于世界，并使世界成为问题，成为人的问题。"在这三个句子里面，涉及三个关键词，一个是"人"，一个是"世界"，一个是"成为"，这个"成为"就是人和世界怎么发生关系。人栖身于世界，这是一个既成的世界，比如我们在汉语里面理解的世界的意思是前世、现世和来世。在前世、现世、来世的边界点上，就是所谓构成的"世界"了，这些边际条件所包围的这一段，我们把它理解为"世界"。那么在西方，人栖身于世界，它的意思是，神造世界，上帝第一天造了什么，第二天造了什么……第五天造了什么，一步一步推演出来，这也是一个命题，它不论证这个命题，但它告诉你，造了什么。世界这个词，德文是 der Welt，它指的就是基督教里的世界、神造世界的秩序里、神赋予人边界以内的东西，这就是你的世界。在你的世界里面，你可作为的，就是无限偿还你的原罪。人是带着罪恶来的，你的边界就是你偿还罪恶的边界，所以这些基督教徒们就无穷无尽地去偿还自己的罪恶。这就是为什么有了那么多的虔诚，以虔诚本身为崇高使命，不是为了什么外在的目的、外在的目标。"世界"这个词本身就是从基督教来的，但是在西方，世界这个词是古希腊哲学界定的，也就是说，der Welt 这个词是古希腊人的神的涌现（弗西斯），神的涌现到了亚里士多德这里做了一个人语自丰言说的系统性了断，就是以前人是通过神来涌现，怎么来涌现？所以出现了一个天使的概念，所谓天使就是用来传达神的声音的，怎么做才能保障神的声音在传达的时候不走样，既不添加也不减少、不减弱，这就需要逻辑、需要同一律来保障。这样才能使神的声音和人的声音可以翻译、可以互译，在翻译互译里面不走样、不丢失。那么这个系统性了断之后，亚里士多德就把弗西斯这种物的涌现、一个纯物的东西，转化成物理的概念，也就是说他要给物套上一个理型，就像给地球安装了一个经纬仪，某船在海上出事了，我们通过经纬仪，马上可以找到这个地方。给物赋予一个理型，就意味着把物解释到人的解释性关系当中，我要赋予你什么东西，我要从你那里获取什么东西，获取方位、获取坐标、获取属性、获取性能，等等。亚里士多德系统地完成了这个工作，这也就是为什么在西方，人们说亚里士多德是不朽的。有的人也说亚里士多德是个世界人，是因为世界本身就是照着亚里士多德的样式阐发出来的，世界之为世界的样式的提供者是亚里士多德，你所获取的这个世界概念和世界图像，恰恰是亚里士多德给你指明的道路和方向，你在这个道路和方向上获取他让你去获取的东西，你绝对获取不了他不让你获取的东西。

所以我说人栖身于世界，在西方是有这么两层意思在里面。一层意思是希腊神话所描述的神言传给人的世界；一层意思是希腊哲学探究的理型化的物的世界，即"存在"的世界。后来西方的神学，实际上就是用古希腊人的哲学，就是我所说的把物赋予为物理，搞一个理型化的物，衍生的存在概念、存在属性，加上逻辑，反过来再用这些东西去消化、去格式化希伯来的宗教思想，然后把希伯来这种信仰的东西转化成一种哲学，可论证的东西，形成了神学。所以大家知道神学在漫长的中世纪里，又支配了西方人怎么解释世界，怎么构造世界，这样一个漫长的过程。

"人栖身于世界，并使世界成为问题，成为人的问题。"就是人把规定了世界之后的东西，解释到人的需要上来，就是人类的概念从功能、性质、属性的角度来讲，我需要一个什么样的世界让人得以安顿，保证它是对我有用的。比如我们的生存功能，我们现在坐在这个报告厅里面，任何一栋大楼都是密集的原理的集合。再比如电的原理，你要理解电的原理，就要理解麦克斯韦尔方程、就要理解电质学，然后你要从物里面取电和磁的属性出来，怎么变成电流、电压的概念，然后转化成可控制的电的功能，最后支撑这样一个文明的体系。我们建的大楼里面，楼层很高，靠人力搞不了，要有塔吊。晚上看书我们要有灯，在电的原理上，形成了虚拟世界——电脑。这种一层一层原理密集，都是对物的功能的集成和索取，正因为它对物的功能的集成和索取有用，所以它作为一种文明的意志，才集约地发展起来，而且势不可减。

这样一来，它就成为人的问题，就是人怎么规定，要把人自身放在一个物理属性的可阐发当中。我今天讲的这个东西已经一点儿也不困难了，因为在近代事业里，大家很容易对人进行近代物理世界的还原，人是个动物，然后对动物进行有机世界还原，之后有机世界对应无机世界。对于人我们很容易基于物理学把它转化成生物学，生物学转化成生理学，然后再到心理学，对人的意识进行分层分析，潜意识、自我意识，或者无意识，逐级分层，实际上就是把人放到了一个属性化的物里面去，变成一个物理世界的一部分，我们现在也安于在这个格式里面去解释人的问题，所以我们说它成为人的问题。

"什么人栖身于一个什么样的世界，那要看他怎么样理解人，怎么样理解世界。"世界在中文里面很清楚，就是前世、现世、来世。各个世之间的界限，在基督教世界里，就是神造秩序，第一天造什么，第二天造什么。在希腊的物理世界里，就是物理世界是怎么回事。所以，什么人栖身于一个什么样的世界，那要看他怎样理解人，怎样理解世界。

借用前面的话说就是，人之为人不是一个定论，它是一个发问的角度，是一个坐标的摆放问题。理论上我们可以设想一个纵向坐标是无穷无尽的，它可以切 n+1 个层面。那么在切出来的这些层面里，理论上也同样可以假设每一个层面理念上都有 360 个角度，每一个角度都可以安顿人对自我解释的某种特征主张。那么问题就来了，你凭什么用你自己那 1/360 的某一个特殊角度排除其他 359 个角度？这我还是仅从单一的切除的某一个角度来看，那么从纵向角度来讲，它实质上是 n+1 个平面，那它的角度立场就太多了。

到底怎么理解人？这个"人"本身就是悬置的，不是一个定论。怎么安顿人，怎么寻找理解人的坐标，本身就是一个问题。我们从什么层次去发问？在我们哲学上很讲究一个问题作为问题何以成立，在什么意义上它构成了一个问题，这个要仔细检查它的假设性前提。就是说我可以指定一个坐标，但是这个坐标在什么意义上能够构成一个坐标，在这个坐标里边可以参照什么东西？是什么东西在这个坐标里边找到了方位或者失去了方位？这个是要追问的。所以我说你要看他怎样理解人，怎样理解世界。

从人的角度来讲，从神创论的世界里面理解的人是一种给予性关系。在希腊人的理解中，它是一种阐发性关系；在中国，人是一种宗法性关系。到现在为止，我们没有什么实质性改变，我们中国人的这种责任、担当，从它最本原的地方来讲，也就是最能撩拨他心弦的那部分，还是宗法关系赋予他的社会群落。比如说他的亲戚得病了，他的孩子结婚了，或者战友什么的有个什么事，最能够显示出他的责任感，是其义不容辞地必须要做出反应的那一部分，是他宗法关系赋予他的那一部分，而不是一个公共空间要求他去做的那一部分，这个也是我们中国人传承的一种世界。你说祖宗给定也好，说汉语言世界所赋予的东西也好，这个事实终归是这样一个事实。就是说同样在讲世界，在世界这个名词下所阐述的东西是完全不一样的。在西方也一样，我们从人文主义、从人道主义、从人类主义或者从现代主义切入，马克思主义从各个主义切入。马克思主义讲，人是一切社会关系的总和。那么你这个社会关系的总和就排除了人同时还是一个自然关系的总和，还是一个信仰关系的总和。你也是取了一个界定人的特定角度。如果我们做未知领域的判断是可以的，但如果做事实分析，我必须把我一个命题的假设性前提摆出来。我只要论证了你的前提是可靠的，论证的渠道是正确的，你的结论我是不怀疑的。但是如果说你不给我交代你某一个命题的前提性假设，我无法排查你这个前提是对还是错，能成立还是不能成立，那么这个命题作为科学命题的含量的价值就大幅度下降。人文主义、人道主义也一样。我在讲视频课的时候，对欧洲主义、人文主义、人道主义也做了深层次的讨论，有兴趣的同学、老师可以去参考一下。

　　"这就使人之为人，世界之为世界，处于无法穷尽的严肃要求中，而且这些要求常常是在不能照面的情况下相互打量着。"我刚才做了一些不完全列举，很有随机性。但是即便这些不完全地列举，比如世界的不同的解释，不同的来源，人的各种定义交代、非定义交代，这些东西从我们做学问，从我们追求真理的这种事实辨析的角度来讲，每一条路径都够我们做一辈子，都不一定做得很完美。我们能不能把一条定义和这条定义规定的那条思想道路追到穷尽，达到极限？一个哲学家穷其一生不见得能做到，很可能走到半途就停止了。所以我说它就是处在一个无法穷尽的严肃要求中，而且很多情况下它是通过坐标转换的。一个人可能偷偷地进行了坐标转换，比如说在讨论文学的时候。因为我还是省上的文学评论家协会的主席，我和甘肃省的这些搞文学创作的人比较熟悉，跟他们探讨也比较多。我就老讲，一个走文学道路的人，如果他从诗人做起，即便他不是一个最棒的诗人，一个最优秀的诗人，他如果从诗人转变到去写散文，他的散文一定不会写得太差。等到有一天，比如五十几岁六十几岁了，觉得自己写散文的这种节奏、这种张力也不行了，他去写小说，他的小说也不会写得太差。但是如果你反过来，你是个写小说出身的，这个就麻烦了。有的人只认识几个汉字，就觉得可以去写小说了，没有任何思想的诉求，没有任何人性的痛苦挣扎，没有任何批判坐标的转换，只是情绪的发泄，等过了青春期，这种挥霍过了以后，生命不支撑了，这种小说也写不下去了。然后说我小说写不好了，我写个散文吧，没戏！你对散文的这种节奏，它的一张一弛的这种语言思想的边界，没有任何的感知，你怎么可能写好散文呢？然后说我散文写不好，我到老年要成为一个很杰出的诗人，这更不可假设。就是说这个东西它是不可逆的。

我举这个例子就是假设这种无穷无尽是语言所要求的，比如我们汉语言思想界，里边我们所命名的一些思想在什么意义上是可穷尽的，可以推到极限的。你要没有一个外在的参考坐标，你在这个坐标内部，比如说我们只在汉语里边转来转去，你不懂外文，你推开外文这扇窗，你才发现英语的文学、英语的思想，德语的文学、德语的思想，法语的文学、法语的思想就是和汉语的世界不一样。你推不开这扇窗户就不知道那扇窗户、那个世界它安顿自己的方式到底是什么。你也可以表达自己的意见，但是那都是推测、是猜测，你不能见证它，你不在它当中，就是这扇窗你没有推开，你是道听途说。所以我说这些要求常常是在不能照面的情况下相互答辩的，就是你猜测我，我猜测你。我们用的字是同一个字，用的句子甚至是同一个句子，但是我们理解的意思是完全不同的。因为我们本身思想的坐标就是处在不同的世界当中，只是证明我们都在说汉语，仅此而已。这就导致了很多的歧义性，而且这种歧义性也越来越上浮。

"在人的言说中，说得最多的是人，但最陌生的也是人，而且，说得越多越陌生。"我们经常会面临这个问题，大家都觉得很多假设是理所当然的。比如我在谈这个问题的时候，在人的言说中说得最多的是人，但最陌生的也是人，我在上课的时候也说，在思想上可能很多人就开始不服了，难道你不是人吗？难道他不是人吗？难道我不是人吗？我们印象当中大家都是人，但是人之为人到底是什么，他的定义是什么，怎么来的，没有人说得清楚。他只是根据我的印象，假设我们是共同的，你也是人，我也是人，他也是人，但是人之为人的论证这一部分跟我无关。那么支持它的是什么，就是我们人类学的假定，这个人类学的假定在近代科学里边就是人和猴子相区分，只要猴子进化到类人猿，类人猿再进行一个社会层次的假设，比如说掌握了工具，掌握了语言，或者掌握了什么东西。然后我们用这些东西去排斥其他动物，认为他没有掌握这种语言，其实不见得。所以这些东西它都是处在假设之中的，我们只是不去考问这些假设，我们不去追问这些假设在什么意义上构成假设，这个假设怎么就出来了，是什么东西支撑它让成了一个假设，我们就不再追问了，然后我们就停留在常识层面。常识层面就是我的意见，你也是人，他也是人，我也是人，大家都是人，都一样。这就产生了很多的问题，这样的话，我们的类比越多，我们印象中的共识感越强，实际上我们彼此就越陌生，我们就越不能把对方作为个体差异来尊重。以陈春文举例：在社会关系里，我是一个教师；在家里，我是我孩子的父亲，是我母亲的儿子，是我妻子的丈夫。就是你给我的定义可以有千千万万个，可以无穷列举，但是你把所有的定义加在一起套在我身上，就组合不出来一个作为存在的陈春文。就是他之为他，你之为你的这个东西。不要说在社会运动中这是概念性很强的东西，即便在一个家庭里边有百分之百的遗传支撑的情况下，姊妹们兄弟们之间还是各自不能取代的。他就是他，她就是她，这个东西很重要。究其实质在于人把人放到了一个其上只有人的平面上。我这一个句子里边出现了三个人："人把人放到了一个其上只有人的平面上"，而这个人是没有经过定义追问的，是常识列举意义上的人。那么这种列举越频繁，我们对人的理解就越贫乏，越不识人之真面目。我们就习惯性地游荡于关于人的印象当中，而不是把他的生命作为存在的一种特定的现实的一种路径来尊重、来研究、来推定。这就使我们在思想上越来越贫乏，越来越麻木，看不见那些值得去思想的东西，这当然还产生了一个后果，就是我们长期麻木于对一个一个的人的特殊性的尊重。任何科学命题实际上在得出一个普遍命题之前，真正重要的工作或者真正显示它功力的地方，就是下了多大工夫的地方，是它对差异的研究如何的准确。也就是说，能不能把某一个差异物摆到它所在的那个坐标里边，而不是越位，不是缺位，不是随便把它处理到一个不是它所在的坐标里面去，这是很能显示一个人的思想能力的地方。在这个平面上，左看是人，右看是人，上看是人，下看是人，但就是看不见人之为人的地基。这个我就不讲解了，前面都讲了，这里边关键是一个地基的问题，人之为人的地基原本是要在思想上看的。

　　我后边有一个句子就是什么是人，"从根本上讲，人是生命托付给思想的那个限度"。如果你压根没有思想，甚至也谈不到你把思想推到某种极致，你连思想都没有思想过。比如说我母亲今年83岁，对她那一代人来讲，在我山东老家，她没有祖国的概念，没有中华民国的概念。对她来讲，在她那个意识层面里边真实的概念是大辫子来了，就是清朝人来了；老毛子来了，那就是俄罗斯人来了；后边是八国联军来了；又说什么日本人来了，二鬼子来了；然后又说国军来了，什么八路来了。就是这些名词对她来讲是真的，是她经验可以见证范围内的，他们都是统治者，是支配者。但是你让她形成一个现代国家的概念，她没有能力形成这个东西，她不知道现代国家是怎么回事，主权国家的这个西方理论是怎么形成的，怎么延伸到中国的。她搞不清，这不是她的方位，你无法将这个方位强加给她，她按她的意思来组织她自身常识的要素，这个要素就是她自己的地基。她的地基替不了我，我也替不了她。就是说那个经验世界对她是真实的，主权国家、宪法国家这些个概念对她来讲是不真实的，不知道为何物。所以这些东西不是她的地基，她无法去追逐这些东西。所以人之为人的地基原本是要在思想中看。

　　前些年美国的一位驻华武官叫科尔曼，他给美国总统提供了一个报告，报告的名字叫《如何影响中国的国家战略和军事战略》。他的名字叫史蒂瓦伦提·科尔曼，看这个名字，猜他应该是个德裔，从德国迁移到美国去的，思想很深刻。给美国政府、总统出了个很阴毒的主意。最阴毒的就是他认为如果美国未来要在世界范围内居于统治地位，最好不要再和中国政府谈什么人权问题，就让他们去过那种无人权的生活。一谈人权问题就是三权分立，就是宪政，就是尊重个体，就是个人生命力的创造，然后这个民族的思想就活跃起来了。他举了个例子，邓小平的改革只是搞了一半，只搞了经济改革，政治改革因为中间出了些波折来不及，年龄太大，无法搞下去。他说改革走了半步就让中国焕发了这么大的生机，短短几十年就可以构成美国的一个对等物，一个威胁。如果假以时日，就能把改革设想贯彻始终，也完成政治改革，那么 21 世纪就不可能属于美国了，只能属于中国。所以他很幸灾乐祸，很高兴这个改革能够半途而废，他不仅对中国有这个概念，他对日本、对朝鲜半岛、对越南都是这个概念。就是说黄种人（用近代人类中心主义这种西方理论来看）是不配拥有思想的。而他们确实没有发生思想的事情，美国要统治世界，要保证在下一个世纪不出问题，最好让他们继续保持一种无思想状态。他说统治世界的不是意见，而是思想，是提供世界模型的人，是创造理念的人，而不是附和这些东西的人。说如果让中国人的思想再奄奄一息一百年，这个民族不用美国去竞争，他会自己消亡。他是六七年以前写的这个报告，他认为中国的经济最多还有十年好日子过。这个分析是很深刻的，他的动机也是很阴险的。但是他抓住了一个主要问题，就是思想的问题。我这里也讲，人之为人的地基是在思想那里。

那么怎么证明一个人有没有思想呢？比如我可以拍脑门思想，一个想当然的思想——我认为如何如何这就叫思想，那不行。在希腊人看来，这叫意见。你认为不行，你何以这么认为，要提出根据来。这个根据我要经过逻辑的辨析，要经过统一命题的论证，看它是不是可以规约一个共同的假设。你提出了这个假设，我也同样可以假设，我沿着你的假设，你得出了结论，我也可以得出相对结论，是可重复的。我认为这才是知识，这是可信的一种思想的前提。但是真正的思想，我前面提过的，就是要尊重差异性。就是说张三的思想并不意味着就是李四的思想，李四的思想并不意味着就是王二麻子的思想。每一个人实际上都是时间的一支，都是时间的一朵灿烂之花。每一个人是不是基于他各自的天赋和秉性绽放了、灿烂了，尊重自己的秉性，把自己的道路按照自己的秉性绽放到极致，如果每个人都能做到这一点，那大家想一想这个民族的创造性，这种源头活水的多样化，非常值得敬畏，非常令人期待。从国家竞争角度来讲，非常可怕。像我们这种国家，尤其如此。因为人口基数太大，如果每一个人都是一个创造力源泉，那么这个民族源水汇到一起就是一个大海，一个大洋。

　　"要使地基进入视野，首先必须学会思想。"作为国人，我最忧心的也是这个问题。就是大家不尊重思想，也不知思想为何物，思想是不是需要训练。思想还有个体系，这个体系之为体系还依赖一个坐标。至于这个坐标，比如说在宇宙里边本来没有一个上下左右，我们要给它确定一个上下左右，然后好确定这个方位；有了这个方位以后就有坐标了；有了这个坐标以后，我们就可以确定自己的知识谱系；有了这个知识谱系我就可以问你是哪个主义的、我是哪个潮流的，然后分个一二三四五六七八。在我们这个汉语言思想的传统里和当下的国民性里边，无思想是一个普遍的状态，这个是特别值得忧虑、特别可悲的一件事情。我刚才提到的这个科尔曼报告大家可能还记得。第二次世界大战以后，世界迅速分成两大阵营。西方世界想围堵苏联的共产主义世界。"二战"以后美国派到苏联的第一任大使凯南同样也给美国总统写了个八千字的报告，重点分析了斯大林的性格、个人残缺、心理疾病，以及俄罗斯东正教特点、版图特点、国家特点、艺术和政治相交织的特点。就是这篇报告迫使美国政府开始搞冷战，搞西方价值观同盟。科尔曼的这个报告当时是写给布什总统的，布什总统马上就要卸任了，后来的这个奥巴马没有完全采纳，但是他搞亚洲再平衡，对中国不再强硬地推行人权主张，从西亚和西太平洋两头夹击中国。所有的这些实际脉络，都体现出科尔曼报告已经被美国政府部分采纳了，这就是思想者。他在中国待了十年就能提出对中国这么深刻的国情分析，并能形成一个影响美国战略的国策报告。那么大家想一想，我们中国人自己是否对中国理解到这个程度。看看我们的方位，我们的坐标还差多少，有时候想想非常惭愧。所以说这个思想是世界布局的主导者，是格局的创造者，是命运的摆布者，摆布者不是意见，是思想。如果一个民族一个国家长期处在思想贫瘠状态，这比任何东西都可怕。这就是今天师大搞这个活动的原因，克恭书记支持这个活动，也是很有眼光的。

从根本上说，人是生命托付给思想的一个限度，我刚才已经说了。如果你这个人是个植物人，整天躺在床上，你问他什么是人还有意义吗？他没有反应能力了。我们之所以有很多的痛苦，有很多的忧心，有很多的苦恼，有很多的责任，就是因为我们是有思想的，我们是能思想的。

不同层次的思想的人，你的责任担负，你的痛苦，你的困苦也处在不同的层次上。那么自身痛苦的人，就成了思想自身的担当者，这个担当者往往变成了沉默者。我在第二章引用了里尔克的几句诗，自己翻译了一下。他说："存在所发生的，多于我们的经验，将来会攫取最辽远的事体，和我们内心的深重融为一体。"什么意思？存在所发生的，时间发生的，或者把存在和时间这两个字都拿掉，就是实际发生的。比如大家在学术交流，我在做报告的时候，全世界70亿人，有的人在睡觉，有的人在做工，有的人在吵架，有的人在吸毒，有的人在干这干那。同一个时间，同一秒内卡住，这70亿人的运行图，你无法进行统计，无法进行分类，无法进行全面的总结概括、全面的描述。我还只是说这70亿人在这一秒这一瞬间所发生的事是定格在那里。那么还有其他的生命事件，其他的非生命事件也在时间的这一秒钟发生，这是无法完全描述的东西。可描述的东西都是非常有限的，都是经过分类整理可以提炼的东西。所以发生的东西远远多于我们的经验，而且我们的经验还有一个预设的前提，而发生是没有任何预设的，它就在发生着。和你用什么假设或者什么东西解释它没有任何关系。所以里尔克讲"将来会攫取最辽远的事体，和我们内心的深重融在一起。"

那么我们现在需要反问的是，我们有多少人内心里边有深重的东西？多深呢，多重呢？看看现在我们这个民族，我刚才也提到，如果按文化形态来分，至少有罪感文化，有耻感文化，我们这个民族应该属于乐感文化，我们是找乐子的。我们知道什么是耻辱的东西，或者我们在多大程度上在乎这些耻辱与不耻辱吗？我们有罪吗？中国人作为无神论者，没有几个人认为自己是有罪的，那么没有罪当然也就不存在偿罪的问题，就不存在那种偿罪的万里征途、坚韧不拔。那神圣何在？虔诚何在？我们为什么对待法律这么不虔诚？我们为什么对信誉如此的不虔诚？从文化形态来讲我们这是乐感文化，只要及时行乐。9月3日搞了纪念中国人民抗日战争胜利70周年纪念活动，抗战时期多少汉奸在给日本军国主义者引路，提供情报？更不用说大规模正规军投降，整编制成为伪军，他们的罪感何在？他们的耻感何在？还不是为了躲避风雨，不吃硬苦头，保护自己家族能立于不败之地。所以这些东西怎么去穷尽它，怎么去思索它，我不做结论，大家去思考。所以我说，从根本上讲，人是生命托付给思想的限度。

如果大家都在乎思想，都思想过，都把自己不同天分的思想推到极致，至少每一个人有他自己思想担保内的事件，而不是说简单地被重复的那个事件。大家想一下我这个年龄段的，毛泽东同志在世的时候，大家举同样一个语录本，重复着同样的几句话，穿着同样的服装，干着同样的事情，这是违反常识的事情。如果说所有13亿人的思想都休克了，都不思想，都靠毛泽东老人家一个人来思想，他怎么能够决定张三李四王二麻子各自的命运？他怎么能实现各自命运的独自绽放？你只能依附于他的这种模式去绽放。如果所有国家，所有相关人的头脑都处在休克状态，我在这里说，世界是生命托付给思想的限度，大家不思想了，哪有世界呢?! 这里边还会附带一些人格、尊严、文化的活力等一大堆问题，我就不再演绎了。

"思想有多深，人的经验就有多深；思想给出多少意义的理解，人的经验就有多少意义的关怀。如果压根就没有思想过，人就不会有使人成为人的问题；如果思想从未思到自己的限度，人就不能知道经验自己，只能在有关人的过渡状态上滑动。"思想有多深，人的经验就有多深，你也可以说思想有多宽，人的经验就有多宽，这是一个推理关系。我们很多人都有这个经验，小学时候的同学关系，后来上了初中，有的同学不上了，过几年初中同学跟当年的小学同学无法对话了。因为这个世界越来越脱离了，他在他的世界里边，你在你的世界里边。后来又上了高中，又脱离一部分，有的人上了大学，又不能交流了。有的同样考了大学，甚至考上了同一所大学，学了不同的专业，过了几年之后也不能对话了。各自深陷在自己的意识当中，各自在自己的经验当中去阐释一切。所以你这个思想深度是什么，你的世界经验的深度就是什么！从这个意义上去反推，我们不能指望或者要求所有人都能达到哲学家的这个思想的深度或者思想的宽度，是没必要也是不可能的。如果13亿人口，有1亿人是哲学家，这是很恐怖的事情，虽然它是不可能的。这个命题要给大家一个什么提示？就是每个人他在他的世界当中，你的任务或者你的使命就在于把你的世界沿着你自己世界潜在的路径推到极致，这就是一个生命的完成，这个生命的完成就是时间一支的绽放。我们每个人就像天上的彗星一样一闪而过，你用什么来评价这个彗星的一闪？每个人的坐标是不一样的，要尊重这种不一样，理解这种不一样，但是一旦回到思想，一定要基于思想的事实来说话，不能用人的常规经验来说话，这是不容许的，因为这是一种非思想的发生。如果从来就没思想过，人就不会有使人成为人的问题，例如植物人虽拥有生命，却没有思想意识，在这个坐标中的所有纷扰对他来说已经不存在了。

　　"思想当然是人的思想，只是通过人的思想和关于人的思想根本不同，在关于人的思想中，人既是起点又是终点，起于人的假设，止于人的假设。"这里提出的思想当然是人的思想，如果没有人，思想本身就是不可假设的东西，但是区别在于，关于人的思想和通过人的思想，在关于人的思想里边，人就是主题，人就是宰制者，就是制定者，人就是法官，就是康德意义上对世界立法的人。如果说在思想层面上是一个通过者，人是所有思想可通过的一种渠道。例如黑格尔讲的绝对精神，绝对精神在他的思想里是一个实体，人和人的复合表述人类只是绝对精神的通过者。如果说把人对人的理解放在一个"关于"的水平上，就是人关于人，起点是人终点还是人。在语言问题上我们可以说语言是工具，但语言真的是工具吗？如果没有学外语，只说汉语，世界就是我们世界的边界，汉语让我们怎么说就怎么说，汉语容许我们思想到哪些问题我们就只能思想到哪些问题，绝对超不出汉语的思想边界。一篇文章怎么样才算最好？要先定标准，将这个标准实行到底才能进行评价，但在思想的境界里什么样的文章才是最完美的文章？汉语言到底能把我们烘托到什么程度？这是无穷尽的东西，所以语言不是工具，它是给予者，是设定者。当我只会汉语时，我只能在汉语的边界里思考，我超不出这个边界，这就是命运。如果你这样理解，你就已经是汉语的通过者，而还不自知自己事实上只能作为汉语的通过者，因为你不可能成为其他语言的通过者，也没有能力反过来界定汉语是什么，因为你本身的存在性都在汉语的规定当中，犹如被盖在锅里的蚂蚁一般，永远不能超越锅和锅盖之间的边界，只能在锅里反复，却没有进步。所以关键要区分关于人的思想还是通过人的思想。我是主张要通过人的思想，人是作为通过者，作为媒介，而不是极限，人不是终极设定者，终将会在时间的河流中毁灭。"在关于人的思想中，人既是起点又是终点，起于人的假设，止于人的假设"，在"关于"这个尺度中，人本身就是个假设物。比如我对朝东教授的评价并不重要，我不能代替他去生活，每个人都实现自己时间上的一支。作为老师对一个盲从的学生进行赞美，如果该学生对老师的赞美很赞同，就意味着这位同学和他的人格在不知不觉中被老师所掠夺，直到他成为老师事业里非常完美的人，成为老师完全的人格复制，同时生命的创造性也就窒息了，人也就不是人自己了。在所有的"关于"里边都存在这个问题，但如果人作为一个通过者，比如朝东教授把陈春文当成思想事业的通过者，或者陈春文把朝东教授当成思想事业的通过者，我们都是思想事业的一部分。假如都在思想生命的时间性问题，或者都在思想某一个集体话语作为中国人的问题，作为人类中心主义一分子的问题，或者作为一个知识网格里的一个定义的节点的问题，作为通过者就非常有意义了。当我把他作为通过者的时候，事实上我也吸纳了他的经验，成为我思想经验的一部分，我的人格就扩大了，我的思想经验的边界就被推得更远了。

"在通过人的假设中，人既是假设者又是被假设者。"在语言上我们的汉语是韵汉语，不是语法语言，我认为语言哲学并不是20世纪的新发明、新创造。我们讲哲学的希腊性，因为古希腊人初始对哲学的定义就是分析的，他对语言进行分析，对句法功能进行分析，对语素的提炼分析，就像医学对人的身体解剖，提炼功能的要素，哲学在西方一开始就是这样的，并不是什么稀奇的创造。如果在这个意义上谈哲学，最多就是重复希腊人所给予的并且已经重复实现的哲学道路。但是希腊人所提出的"被"怎么样的被动语态是我们汉语里所缺乏的，所以"被给予""被生成""被创造"，这些"被怎么样"在中国的汉语思想界里就很难理解，但在西方思想界里却是常识的一部分，是它思想路线里一条固有的路径。人既是假设者又是被假设者，只有放在一个被假设当中，才会发现人也是一种生成性的东西，被一种更广阔的尺度要求着。正因如此，人才可以做生理学还原、生物学还原、宇宙学还原，如果在汉语言思想中就只能做宗法的还原。

李朝东：下面请两位博士做点评。张美宏老师是中国哲学的教授，海斌是外国哲学的博士，我们从中西这两个哲学的角度请两位博士对陈春文教授的讲演做一个简单的回应。

张美宏：陈书记、各位同道、各位同学，今天我做的评价也可以说是一种引申。陈春文老师从一开始就讲到了思想，不要让思想上浮，要让它下沉，就哲学家来讲，这就涉及保持思想的纯粹性。不能够上浮陷入流俗之中，那我们的目的是什么，就是哲学使命的问题。陈老师是就海德格尔和维特根斯坦两位哲学家的路线来讲，这两位恰恰是不同的面向，一位是现象学的面向，一位是分析哲学的面向，两位奠定了 20 世纪世界哲学的格局。但两者的不同在哪呢？现象学提问的方式非常好，海德格尔思考问题的方式很特别，我们看到类似于海德格尔的话"人栖身于世界，使世界成为人的问题"，但到后期他喜欢讲诗思同源、诗化等，最后成为文学家了，哲学最后进入"玄"的领域、诗化的领域，但分析哲学对这个很不以为然，下面我对分析哲学的维特根斯坦的思路来解析一下。哲学家的使命是要压住思想的上浮，守住哲学的本分。维特根斯坦在他的博士毕业论文《逻辑哲学论》里讲到，哲学不是一门学科而是一项活动，是使不清楚的尽量清楚。他把哲学外化，外化在一切学科之中，作为众多学科的基础，是限定语法的，要把道理讲清楚，这就是哲学的本分，是最基本的要求。那我们就按把问题讲清楚的方式来把陈老师讲的问题逐个分析一下：

①"人栖身于世界，使世界成为人的问题。"这个问题不完全是分析哲学的问题，我结合中国哲学的角度和大家交流一下。这个问题让我很容易想到中国宋代的哲学流派"心学"，心学家陆象山和后面的"高峰"王阳明，这两人讲"宇宙即是吾心，吾心即是宇宙"、"宇宙内事乃己分内事，己分内事乃宇宙内事"。王阳明有这样一个命题："天下无心外之物"，我就用中国式的方法对两位哲学家进行解读。怎样理解宇宙与"我"的关系？在中国的心学体系中，每一个"我"都是一个"大我"，这个"大我"在还原的基础之上就是每一个个体具有的"小我"。讨论宇宙的问题首先是宇宙向我们呈现：没有人，世界就成为没有意义的存在。所以世界是人的世界，是每一个人的世界，人与人之间个体的交往也是一个世界向我们敞开的过程，在这个基础上，没有了人也就没有了所谓的认知；没有了认知，世界的问题就无从谈起，人谈论的是向所有人普遍敞开的世界。

②谈到这就一定要谈到对世界的理解。陈老师刚才讲到了世界有前世、今世、来世，这种理解在我们的佛教传统中叫三世，从理性分析的角度看只可能有今世，从语言学的角度看也是有问题的。先从理性角度看，当我们讨论前世和来世的时候表示我们在现世讨论问题，它们三者之间的边界是什么呢？就是死亡和出生的问题。在西语中，死亡这个词是瞬间动词，不可延续，所以不能说正在出生或死亡，我们讨论的前世和来世都不在我们出生和死亡的这段区间，在两点之间不可能理解到两点以外的问题，这本身是超验的思辨，从分析的角度看，这个不能跨越；从理性的角度看，有一种态度叫做沉默，保持一种无知，那个地界线不跨越，这是一种智慧的态度。但也带来了问题，在传统哲学史上出现两种气象，一种是狭隘的唯物论，一种是极端的唯理论。唯理论者认为我们现世不能证明前世和来世，唯物论者

认为这个事情不能证明，这个事就是虚假的，但他们遵循的都是知性逻辑。理性的角度就是不跨越，保持无知，是一种智慧的态度。

从语言的角度看，维特根斯坦在后面的哲学研究中讲过这个问题，为什么会有来世、上帝这样的概念呢？它们恰恰来自我们对语言的误用。维特根斯坦用甲壳虫的例子说明，上帝这个概念的使用就像甲壳虫的使用一样，所以在这种情况下分析语言。哲学分析语言的方式是不严谨的，要从哲学中剔除出去，要保持哲学的精进性。

③关于人的界定。陈老师关于人的界定一个是中国的、宗法的，一个是希腊的、公共的，这两者有差异，但实际上也有联系。希腊人定义人是政治的动物，通俗地说，人是城邦的动物，城邦是个共同体，没有城邦，人不再是人，人就是工具，城邦的存在对人的存在具有异常的作用。但中国不一样，从孔子和孟子开始强调人是从与禽兽的反差中凸显出来的，认为人之为人的基本规定就是人有一种伦序化的生活，没有了伦序，人就和禽兽没有区别。希腊人没有了城邦，人就不再是人，人就成为动物。

在这个基础还原，我就这几个面向引申一下，最后还是回到陈老师的主题，要守住哲学的本分，担当哲学家的使命，担当有风险。黑格尔喜欢讲"仆人眼里无英雄"，哲学要担当就要摆脱流俗，保持它的纯粹性，起到为问题、为学科、为思想治病的作用。从这个意义上讲，哲学依然有它的作用，作用依然是光辉的，所以换句话说"仆人眼里无英雄，并非英雄非英雄，毕竟仆人是仆人。"

李朝东：感谢美宏博士的精彩评论，下面请海斌博士评论。

朱海斌：谈不上点评，只是谈一下今天听陈老师报告的一些感受吧。陈老师在学界为人所知，不是因为他是兰州大学的哲学教授、院长，也不是因为他是顶尖的海德格尔研究专家，更根本上是因为他始终是以一个思想者的身份出现的。他有一句很忽悠人的话，叫作"学哲学，只能跟着哲学家学"。我当年就是怀着这样的一个憧憬投到了陈老师的门下。跟陈老师学哲学、学海德格尔很有意思，比如当年我们读海德格尔的《尼采的话：上帝死了》，但是读了一学期，这么长的时间，我们只读了十页，所以可以想象文本研读的那种精深，那种严肃。但是我们这么缓慢的节奏，是不是都读懂了呢？不是！反而茫然若失！很多人都是这样，但尽管茫然若失，却更令你欲罢不能。当然，这有很多的原因，首先一个原因是跟海德格尔，跟陈老师的语言有关。哲学家的语言，它首先是准确，你能否准确地描画那个对象本身。当然，除了准确之外，陈老师的另一个语言风格就是很有韵味。他自己也讲过，汉语言作为一种音韵性的语言，不像欧化的那种依靠语法规则堆放在一起的语言。当然，很多人可能会觉得陈老师也是一个很诗意的人，特别是在语言上。但我想诗意或多或少是有些误解的，它根本上首先是一种准确，准确之上，有一种让我们觉得更加陌生、更加新鲜、更加活泼的东西涌现出来，然后会带着你向这个问题本身去进发，去思考。

陈老师一直在讲"思"，所谓"回到思本身"，其实并不是说教授哲学的学说、理论或者洞见，更重要的是启人思，让我们能够踏上这条思的道路。陈老师今天讲的最重要的是关于思的问题，这让人总会想起海德格尔的那句名言："在这个最需要思的时代，却无人会思！"那什么是"思"呢？这是一个非常重要的问题！思想，我想首先是从一种非思想的东西中解放出来。就像刚才张老师讲的，维特根斯坦说哲学是治病救人。我们大家都误入这样一个捕蝇瓶之中，在这个瓶中出不来，并把某些东西误以为是哲学，误以为那是思想。在海德格尔看来，这些计算性的东西，比如说我们计算大小，计算得失，计算某项原则是否适用，这都是一种非思想的表现。这是近代以来的机械世界观钟表指针来回摆动的一种表象式的摆置的思想后果，并且今天我们仍然习以为常，以为我们已经学会了思。但实际上恰恰相反，我们确实就像海德格尔所说的那样，在最需要思的时候却恰恰拒绝去思。就像陈老师引用多次的一句话，"思的命运，无人知晓"。那什么是"思"呢？我个人的一个粗浅的理解是，真正的"思"和我们今天所谓的一种表象式、摆置式的思的区别在于，思乃是一种林中空地式的事物如其所是的显现与敞开。当然，这是一句"黑话"，你们听起来可能不太懂。不懂的概念可能还有一些，比如说陈老师今天重点讲到的世界和人这两个东西。我们说世界，只有哲学才会思考世界本身，这是一个真正的高大上的东西。其他东西跟我们哲学思考的东西没办法比，比如说其他学科可能会思考某个对象，某个对象的某个性质，或是某几个对象之间的某些关系，但是即使你思考所有的对象，你把所有的对象加在一块儿堆在前面，那也不叫世界，而只有哲学才会思考这个"高大上"的东西，那才是世界，而且是世界本身。

我们怎么思考世界呢？我们会把世界当成宇宙，但是真正来说，世界绝不是这样，还有陈老师刚才讲到的人，它是一个限度的概念。人，我们可以用人类学、心理学、生物学等学科去规定这个人本身。但是只有以哲学意义上的人本身作为首要的规定性，人本身才能够得以澄清，不然人就是纷繁芜杂的各种规定性。比如像马克思的那句话，"人是社会关系的总和"，是什么样的社会关系的总和呢？你把所有的社会关系堆在那里，这就叫人吗？你是父亲，你是丈夫，你是老师，你是 N，你所有的社会关系加起来，那就是人吗？这个总和概念，一定是能够使他们成为自身的概念意义上的总和。不是我们所讲的数学意义上加在一起的"和"的这个概念。那人是什么呢？我们可以对它添加各种谓词，但各种谓词的添加与人本身却毫不相干。我们没有触及人本身的半分半毫，而人这一概念，从存在学上来看，根本上就如陈老师所讲的，是一个媒介概念，一个给予者的概念。只有在这个意义上我们才会了解，人本身只是海德格尔所讲的"天、地、人、神"这个圆环中的一者。因而，人仅仅是在这个世界本身的被发生、被显现中才能够存在，人和世界恰恰就是这样一种不可分的、互相成就的一个过程。这就是我的一点感受，谢谢大家。

李朝东：美宏博士是在兰大读的硕士，海斌呢，本科是在我们这儿毕业，硕士就在兰大跟他的老师陈春文学习，博士是在浙江大学读的。我今天特别安排美宏从中哲的角度谈一谈；海斌是陈老师的学生，从西哲的视角讲一讲。我们大家可以看到陈春文老师这本书，我简单地给大家说一下标题，第一章是"思想积聚着思想者"；第二章是"哲学希腊化"；第三章是"逻格斯与哲学话语"；第四章"亚里士多德作为存在方式的形而上学"；第五章"存在之间与存在之学"；第六章是"近代人与人类文明的不确定性"；第七章是"后现代还是后现代形而上学"；第八章是"韵汉语与真语言"。这本书刚出版的时候，陈老师马上送给我，我读完以后，非常有启发，我写了一篇书评发表在我们师大的学报上，叫《真理与道理——中西哲学存在之差异》。但后来我发现书评写出来以后两方面不讨好。陈老师说找个埋解他，做中哲的一些同志也不理解。我想说的是，哲学，可能对我们相当多的不是哲学专业的同学来说，就是把一个世界观的定义做得更精细些，这只是我们哲学教科书给我们非哲学专业的同学的印象。哲学究竟是什么？我们看到，刚才发言的三位学者都有自己不同的哲学观，其中美宏和陈老师都把哲学看成一个活动，都在讲哲学的本分。我曾写过一篇论文，题目是《现象学的哲学观》，讨论了两个有代表性的哲学观，一个是胡塞尔的，一个是海德格尔的。在文章中，胡塞尔的哲学是宾词哲学，海德格尔的哲学是谓词哲学，他们就是把哲学看成一种活动，强调思的过程，而不是思的对象和他所凝聚的东西的思考。一个把哲学看作 s 是 p 的动词上，他强调思是一个过程，比如刚才美宏老师的观点。而胡塞尔关注的是 s 是 p 的那个 p。西塞罗说过，不管是多么高深的见解还是多么愚蠢的话语，都能在哲学家的著作中找到。这并不是说哲学家要么最愚蠢，要么最聪明，而是说哲学本身就是一个意见纷争的地方，我们每个人作为思想的个体，每个人都会对世界有自己的看法，因此具有差异性、多样性。在多样性、差异性中存在同一性，就形成了哲学的争论。我想，哲学的争论性和差异性是哲学的思想魅力之一，这不是教育和训练的结果。教科书和导师就像我们行走在思想道路上的拐杖、地图，给我指出一个方向，但是要真正成为有思想能力的人，我们还要听从前方的召唤。究竟是谁在召唤？西方人可能会说，是那个冥冥中存在的神，在引导他的思想。不同的人都会给出不同的答案，但是那个召唤的声音究竟是什么？就是我们在思的道路上要追寻的。最后，我们这个既然叫做哲学沙龙，就要有更多的参与性。现在我们给听讲的同学一些时间，同学们有什么问题可以向春文老师，也可以向美宏和海斌请教。

学生：陈教授你好，您刚才的报告中提到不同个体通过思想使自己成为自己世界中最独特的绽放，学哲学的和学物理学的可能谈不到一起去，因为他们是不一样的思想和实践；另一方面，您说不同的思想者可以互通思想的桥梁。我想问，我们思想者的思想何以可能？是通过语言，还是其他的什么？

陈春文：你们是学物理学的吗？

学生：我是学哲学的。

陈春文：嗯，那很好！学哲学的话这么问就更好了。不管是从物理的角度还是从哲学的角度，可能说起来比较啰嗦，因为我的哲学讲解向来强调，对中国人来讲哲学是个舶来品。在西方意义上来讲，哲学要强调哲学的希腊性。在希腊性上，所谓哲学就是物理和后物理。只是我们的老先生在翻译的时候把 physics 和 metaphysics，在中国人道器的语境下来接应西方人的物理和后物理。道和器，跟西方人的物理和后物理是对应不上的。但是没有办法，早期的探索者总要把它转化成汉语来说。哲学在这个语言转换过程之中一定要加大量的注释。我可以翻译成形而上学，但是要交代这个形而上学是什么意思，在道上、中国语境上是怎么回事，在器上、中国语境上是怎么回事，在物理上和后物理上是怎么回事。要通过这种长篇累牍的注释来帮助在汉语中思想的中国人进入翻译成形而上学的那个物理和后物理当中。如果遵循了这一点，那么物理和后物理在西方本身就是不可分的。我们所说的哲学的希腊性就是指亚里士多德物理地建构了如此这般的哲学道理。物理里边讲了四因，质料因，形式因，动力因、目的因。质料因变成了近代物理学的质量概念，形式因变成了数理逻辑，动力因变成了物理学的动力，目的因到近代最后发展成进化论。他所列举的每一个因在他所建构的哲学道路上都被充分地实现出来了。所以黑格尔讲到了他那个时代，哲学终于又回到了家乡，又登陆了，他讲的也是这个意思。只是说这个问题到了中国就变得复杂。中间缺失了一个环节，要把它补上。翻译上所造成的问题，我们要把它补上。我们对物理学是怎么理解的？对后物理又是怎么理解的？比如说，自从哲学舶来中国之后，绝大多数科学家以为哲学跟他没有关系。反过来也一样，学文的学者认为自然科学跟他没有什么关系。这种普遍误读，也从外在证明了哲学不是在以亚里士多德的方式思想。我们也没有物理学之后留下的那个 metaphysics 的问题。所以我才强调，不管在近代物理学意义上还是在亚里士多德意义上，还是在亚里士多德推演的哲学的意义上，你只要进入它思想的那条道路，作为一个思想烘托出来，而不是作为一个主体单元来宰割思想，指指点点思想。只要你沿这条路返回去，回到思想要求本身，你被存在所烘托、所托付，而不是说你被一个作为主体的人，像笛卡尔，通过"我思故我在"这样一个命题，像贝克莱通过"我的感知"的命题，近代人就把思考者个人作为一切问题的唯一前提，然后用这个前提来倒推知识的版图，是我来规定的第一级假设命题和第二级假设命题，第三级假设命题，他就把存在的让与转化成了可以恣意宰割的概念，然后通过概念通过宾词结构进行串联，指指点点，我强调的是这个意思。

学生：陈老师好，我是学教育学的，对哲学的理解可能不太深入。我提的问题可能不太专业，提问之前，我想先铺垫一下，因为非常崇拜您，所以下载了一些有关您的文章看。其中一篇印象很深，您在 20 世纪 80 年代求学的过程中，在兰大遇到高尔泰老师，当时你好像遇到了一些哲学道路上的阻碍，好像高尔泰老师给了您一些启发和见解。据我了解，好像高尔泰先生今年 80 岁。根据这个经历，我想向您提出一个问题，哲学对于普通人来说能不能给他们带来快乐？能不能让普通人摆脱命运的困境？能不能引领普通人走向幸福之路？

陈春文：哈哈……给哲学赋予的目标比较多啊！首先，第一个问题，作为事实，我是高尔泰先生的学生，我是那一批兰大所有老师的学生。但是为什么要把高尔泰老师单独列举？在我们那个年代，上大学的时候，我在五个重点大学里面只选择了两个专业，一个是哲学，一个是政治经济学。因为当时那一代中国人普遍认为，中国如果出问题的话，要么就出在哲学上，要么就出在政治经济学上。因为那个时候，毛泽东说全国人民都要学哲学嘛，那么大家当然就反推，假如国家到了一种破产的边缘，是不是哲学出了问题？或是政治经济学出了问题？所以当时的学生报名学哲学和政治经济学非常踊跃，我也是其中之一。但是来了之后应该说很失望，因为老师中完整地受过全日制大学教育的人不多，即便有这样一些人，也因环境而长期荒疏了研究，自己也处在一个学习的过程中。再加上当时的书目、阅读课程，和老师授课的范围体系大体上都是意识形态层面的，纯哲学的东西在我们的教学里基本看不到。正是在这种情况下，高尔泰先生出现在兰州大学哲学系。可能年纪大一点儿的人都还记得，当时全国人道主义与异化问题的讨论，之所以能达到那样的一个思想高度，与高尔泰老先生个人的学术贡献、自由精神和思想批判的坚持是不可分的。也正是在他的带动下，兰大好几个老师团结在他的思想周围。后来韩学本老师还成为全国真理标准讨论的骨干教师，回来以后，又被省委和兰州军区赋予使命，在甘肃省委和兰州军区团以上的干部会上讲课，做了很多有益的工作。其中高尔泰先生以美学的范畴，所表达的是自由思想，我只列举一个命题你就知道，他说美是自由的象征。这是在20世纪70年代末，他提出的一个命题。这个命题你就是在现在的世界范围内来讨论，也仍然不过时。把美作为自由来讨论，不是作为实体，而是作为象征，反映了他的艺术修养和思想的尖锐性，及文本知识的系统性，这就是为什么他能够主导那个时代的话语权。我刚才讲我到兰大哲学系学习，在总体失望的情况下，看到了高先生这一道曙光，把我燃烧了一下，现在回头想知识吸纳了多少很难说，因为他当时在敦煌扫莫高窟，他可读的东西也很少，他作为右派只被允许读马恩列毛。别的东西不让读，他没有文献。所以他就在马克思的文集里面，挑选那些最精粹的部分，他读得最精的就是《1848年经济学哲学手稿》，他把这本书最精华的部分全都"反刍"了，然后都转化成一种美学语言，成就了人道主义和异化的这种讨论。每一个人都有他思想的支撑，比如说高尔泰，他的思想支撑就是马克思的经济学哲学手稿，李泽厚的思想支撑就是康德的《纯粹理性批判》。每一个成名成家的人，背后都有一本书。我是在高先生的这种自由精神的带领之下，在1983年读西方翻译作品的时候，从一篇文章里面看到了几句海德格尔的话，我当时写文章都是"哲学你在哪儿？"这也不是哲学，那也不是哲学，排除都可以，但是你让我去界定，我也不知道怎么去界定。突然间得到了海德格尔的几句话，我才说这就是哲学。然后就开始收集他所有的文献，所有我能读到的关于海德格尔的引文，因为我外语不行，自己不能翻译，他们北京、上海的老师外语好，又有文献，他们翻译过来，或是引用了，我就收集这个东西，拼了一些"版图"之后，我的思想才慢慢落定，我觉得通过海德格尔来阐发自己的哲学道路，比较靠谱，我苦苦思索的那些东西，自己不能明确讲或是讲不清楚，我读他的东西就可以变得更加澄清，更加准确和严格。正因为如此，我就到德国去学德语，研究海德格尔，就这么个情况。至于你最后一个问题，所谓普通人学哲学，是否能使生活更加幸福或是美满。我觉得你首先要悬置自己，你要先把自己分析清楚：你是不是个普通人？你怎么理解普通人？如果你理解的普通人正好不普通，那也许你可能就是应该在哲学路上走的人；如果说你理解的普通人比普通人还普通，哲学也许是和你无关的；如果说你自己正好是在普通人向不普通的人的转变过程中，哲学可能就是你的铺路者，是你的拯救者，关键还是希腊人讲的，认识你自己。

学生：陈老师您好，您刚才说哲学就是一种纯粹的活动，但是我有一个观点就是，哲学它不仅是一种纯粹的活动，还应该在世俗生活中发挥作用，应该在各行各业中去解决问题。

陈春文：好，谢谢这位同学。首先我没有讲哲学是一种纯粹的活动，我说哲学是思想的一种通过方式。在这个过程中，思想和思想本身是西方人对哲学最通俗的描述。但是哲学是思想的一种通过方式，仅仅是一种通过方式，比如说中国人还有一种以道来论的方式，我在国外见了很多《道德经》译本。二十几种译本里没有两本是完全相同的翻译。将"道"翻译成路，翻译成路径，翻译成指路。每个译者的理解水平不一样，他对东方的这个东西有一个猜测的过程。它也像我们翻译西方的东西一样，怎么把这个"道"翻译成西方人可以理解的东西，这都是常识，都是敞开，也可以说是一种知觉。在这个知觉里面，任何思想性的翻译没有对译。因为他的语境、环境不一样。这是我要说的第一点。第二点就是你刚才说到的这个问题，我个人认为在中国思想界，每一次开会都有其他学界的人比如管理学、经济学界的，还有研究马克思主义的，都热望着在现象学这个会场上来探望一下，观察一下，偷听一下，这里面到底有什么新奇的智慧，新奇的说法，是不是介绍了一些什么西方的新奇的变动，凡是有这种好奇心来到现象学会场的人，都是他领域里面领头的人，是眼光比较新锐的人。这些人来到现象学的会场总是给搞现象学的人提一个问题，就是"你们老是在坐而论道，老是纯粹纯粹又纯粹，中国的社会都什么样子了？你们的责任意识在哪里？你们像什么话？"我想你这个问题呢，我用笛卡尔的描述来回答你，他说在他那个时代，哲学是人类文明这棵大树的树根，它在看不见的地表下面负担着整个大树的成长养料的供应，但是大家看不见，摸不着；其次，他说天文学就是大树的树干，物理学就是这棵大树的第一批树枝，然后树枝又衍生出了树枝，比如说，生物学、物理学，等等。所有自然科学领域都由此转化而来，对于社会科学的研究，甚至到了精神科学，所有的学科都要科学化。那么笛卡尔讲人类文明是一棵大树，我们不一定非要从哲学的外延里边去理解它的作用，它本身就在支撑着这棵大树。如果没有哲学这种埋在地底下的，摸不着看不见的化合作用，这棵大树就不可假设，就没有这棵大树这回事，也就没有人类社会所苦恼的这个问题或是那个问题，这些问题都不会存在。我们做哲学的人，我觉得要尊重个体差异！比如说有些人的纯哲学训练到一定程度之后，他就想施展抱负，他可能个人判断他的纯哲学大体这样就到头了，不可能推进更多了，自己还有一点生命的余热，就去改革社会，改良社会，为人类群体施展一下抱负，抒发一些个人的理想。这个没有错，作为个人的选择，我们要尊重。如果他不愿意这样做，还愿意在哲学的内部推进哲学的事业，我个人认为这个要更加的尊重，因为很少有人能做到这一点，也更少有人愿意做到这一点。现在我们中国最大的问题就是人们都不本分，都不守住自己的位置，都想去越位、偷斤短两，最后搞得我们每一个行业的专业都不够精专。国家与国家的竞争，就在于你是否在本专业做得更精通。所以我希望年轻的同学不要过早地患上躁动症。从社会的意识上讲，凡是可改变的东西都是浅层次的东西，深层次的东西从来都是不可改变的。深层次的东西都是变者自变，这就是改革与改良的差异。人在多大程度上可以改变自然长周期的事情？人在什么意义上可以向人性宣战？在这些问题上人类吃了太多亏。但是，从人类的长周期来看，和人性斗争，和人性抗争，注定是要失败的。所以我还是希望我们的青年学子，从更长的周期看待问题，才能更准确地找到自己的位置，不要急躁，而把自己不能产生作用的那个力预支到这里，把自己消耗掉。

李朝东：我替陈老师再做一个补充。今天晚上我和陈老师吃了顿便饭，期间我们交流了一下思想，我在这里向大家转述一下陈老师的思想。首先，在抗日战争时期，当日本铁骑踏入我们国家的时候，很多文人没有拿起枪杆子走向战场，那样的话，只是让日本鬼子的子弹多了一个目标。但他们仍然在坚持自己的本分——读书。由于日本不光是在物质和肉体上征服中国，更是要断了中国的文化命脉。这些人并没有走向战场，而是继续坚持在自己的书房这个文化阵地上，正是这种坚持，延续了中国文化的血脉。即使日本在形式上征服了中国，但是他们永远也不能断绝中国文化的血脉，所以我们看到在"文化大革命"前有很多的大学者。其次，在西方，大学这个词意味着仰望星空，那么作为一个哲学教授，我就经常反问自己，哲学有什么用？在中国，形而上学总是与玄学结合起来的，陈老师不赞同这种翻译，他有自己独特的翻译——后物理学。physics 是物理学，metaphysics 就是后物理学，这是一门讲 being，讲存在的学科，而有些中国的学者把它翻译为"形而上学"。陈老师坚持把它翻译为后物理学，也就是讲，一切的科学知识的真理性都必须在哲学的基础上找到论证，当然我们可以在他的书中读到。再次，他又讲，大学在本质上并不是培养就业者，它与职业院校的不同就在于，它培养的是在某一个学科把自己的心智发挥到极致的人，这样整个民族在精神上和思想力上与其他民族相比有一个强大的竞争力。不管学习物理、化学、数学还是其他科学，大学的目标就是把这些人培养到某一个领域的极致，并希望在相关领域找到将其心智发挥到极致。只有这样，我们的民族才有竞争力。最后，在西方国家，好多女性读完硕士博士以后，毕业回到家庭里带孩子、做家务，可是正是由于这样一些知识女性没有参加工作却在教育子女，为家庭付出，为这个民族奠定了坚实的竞争力。文明和气质造就了一个非常好的氛围。所以我想通过这四点来补充陈老师回答这位同学的"哲学究竟有什么用"这个问题。

学生：陈老师，您好。虽然我是学哲学的，但您讲的有点高深，我的理解可能还是有点偏差。您认为只有尊重人的差异性，才能使我们的民族创新，有竞争力，那么请问九年义务教育是不是违背了个体差异性理念？

陈春文：这个问题很具体。我讲的个体差异的第一个层次是，每一个人都是思想的通过者，思想通过不同人的媒介把它以不同的方式，转成人的表达、转成某些特定的语言或是语言的特定内涵，这都是对人类思想和人类语言的一个贡献。这是我讲的第一个层次。第二个层次，讲个体，在涉及一些普遍命题的时候，我们要谨慎，要小心，尤其是涉及法定义务、法定责任时，你的家长是不是把你当作人看？你的老师是不是会把你当作一群羊中的一个？在这个层次上涉及个体问题。不要在不同层次上不同跨越，这样我们的思想会越来越不严谨。

学生：很荣幸得到最后一个提问的机会。我想我问的这个问题，希望在座的各位老师都能回答。听完陈老师的这个讲座以后，我觉得我用七个字概括我的想法就是"无处安放的灵魂"，为什么无处安放灵魂呢？因为我找不到我的坐标在哪里。为什么是我的灵魂呢？因为我觉得我已经不成为一个人。为什么不是人而是一个灵魂呢？我怀疑我是否有自己的思想。假如我有自己的思想我就称谓自己是一个人，所以我对我的思想提出质疑的时候，我在想用灵魂去概括，不是用人概括。这是我听完陈老师讲座后的感想。张老师说哲学是把不清楚的问题搞清楚，可是听完后我觉得哲学是把搞清楚的问题搞不清楚，最后搞清楚的途径就是寻求事物的本质是什么，它的规律是什么，它的意义是什么，这是我思考的。朱老师说思想是一种活动，听完之后，我把自己的灵魂暂时安放，我给自己一个解释。我今天听完陈老师的讲课，我思考着陈老师所谓的思。那么我思考的这个过程是不是朱老师所谓的思？关于这个思考，这个思想，是不是基于我个体的差异性的思呢？听完三位老师的讲座以后，关于思想对我最大的冲击是什么时候呢？是我假设我死亡的那一刻的时候，我很畏惧它，因为我死了以后，我的思想就没有了，所以当我想到这一刻的时候，我非常畏惧，非常恐惧，也就是这时候我才知道思想对我多么重要。那么我冒昧地问您一句，您的思想跟我们的思想差距这么远，您是否畏惧死亡？假如您的死亡预示着、象征着你说的这种思。

陈春文：对一个主张纯粹思想的人来讲，从人世间生死概念来讲，我们死过无数回，所以不存在尊敬不尊敬的问题，就是生命作为一个必死者，不一定指的是人的死亡。必死者作为一个天限，他把生作为一个问题预支到思想的道路上去，思考并转化成思考的语词。你刚才讲的事比你想象的还要复杂，一个人来到这个世上，不仅是人口学意义上的增加一个数量的问题，一个人出生带来的是一个完整的世界，作为一个必死者带走的是一个完整的世界。现在的克隆技术相当发达，复制你的生命特征没有任何问题，但是从你身上复制你的干细胞却无法复制你，他和你没法兑换，为什么呢？他没有你的记忆，没有你的成长经历，也就是说，你作为你生命时间的这一支他无法拷贝。你创造的、你带来的是一个完整的世界。一个人走了，他带走的或者消失的是一个完整的世界，这个世界从此就没有了，没有第二次了，所以在这个意义上，哲学家不仅不要惧怕死亡，而且要带着极大的善意和审美的享受，要提前消化，让他提前进入一种生的阐释的思想。这是一种能力，20 世纪里有存在主义，比如加缪，他的荒谬概念，你能把整个世界认为是荒谬的概念，说明你把现有的世界秩序全部打乱了，嚼碎了，然后你进行重新合成，你有一个搅拌机的加工能力，思想需要的就是这种东西，不存在任何担忧。我不知道你是不是学哲学的，人类几千年的文明史，各种文化形态、各种语言形态都有很多优秀的著作，你把这些杰出的著作过一遍消化一下，然后纳入你对人类观察史的版图里面，它浩如烟海，要消耗很大的精力，等你把它消化完了，进行再加工再粉碎，提出一种新的秩序的概念。这个对体能的要求，对毅力的要求，对生命创造力的要求太高了，所以很多人从哲学这里退出来，退到价值观里面去，退到道德主张里面去，或者退到某种简单的逻辑的事实分析中去，这个从技术上来说，比较单纯了，不需要刚才谈到的那么大的承受。这是钻研的负重，是一般人不能承受的，是我不乐见的。我讲哲学是从我的角度来讲，我不希望我讲的哲学成为承受这么大的负重，对此我是不乐见的。

杨光祖：我和陈老师是朋友，以前大街小巷一起喝茶，一起爬兰山，听他讲海德格尔，因为我也喜欢海德格尔，但是又不懂德语，也是哲学的门外汉。后来他担任文艺评论家协会主席，我是副主席。陈老师谈的是思想，我是搞文学的，今天也算是个文学与哲学的对话。陈老师谈思想与语言的关系，这个是常识，我也不多说了。他谈的语言是工具的问题，作为搞中文的，我很感兴趣。我曾经写过一篇文章叫作《回到汉字》，发表在《甘肃日报》。我觉得搞文学创作的人要认识到汉字的重要性。但是很多人说，我们不是一直在使用汉字吗？其实不是，我们很多人是把汉字作为工具的。陈老师说一个只懂汉语而不懂外语的人像是黑锅上的蚂蚁，在黑锅上爬。这点我不同意，我想请教一下。我们中国的哲学，其实，狭义地说，中国是没有哲学的，我们只有思想，从来不说有哲学。我们一旦说庄子哲学，庄子就死掉了，我们只能说庄子思想。老庄和孔子对中国人来说，他们的意识形态不是认识论，不是逻辑，而是一种信仰，是文化信仰。在西方，西方人信仰上帝，哲学是一种认识世界的方法；在中国，孔孟老庄是我们的信仰。人要活得幸福，所以，道家是反对认识论的。当陈老师在台上用概念、命题来讲语言、讲文字的时候，实际上我们在远离文字，远离汉字，远离了语言。当我们不断地陈述某个概念时，我们远离了文字，所以道家要打破这种东西，说了道不当言。"道可道，非常道。"道是不能说的，所以禅宗上说"不立文字，直至见心"，所以我认为不懂外语只懂汉语的人修道的话，在某种程度上也可以达到很高的境界，我们也可以悟道，这按照西方的逻辑是没办法理解的。

我们有个非常有名的哲学家叫做方东美，净空法师是方东美的弟子。方东美一辈子研究佛教哲学，晚年死不瞑目。还有一个不识字的广清法师，广清法师一个汉字都不认识，但他道行很高。方东美对广清法师一直讳莫如深，广清法师也没有著书，但是他的弟子们把他的话记录下来，其中有一些让我很感动，一个不识汉字的人都可以悟道。中国的道不是靠逻辑推导的，而是用生命去体悟的，悟道，得道，体道。在中国文化中，语言是可以打破的，所以一个不识字的人都可以悟道。但是这个也有问题，按照陈老师的观点，它已经不是哲学了，而已经进入宗教范畴了。不见文字，直至见心，那么如何见心？这就不是我能回答的问题，这也不是大学课堂能回答能解释的问题。我拜访过很多高僧，我问他们怎么践行？他们说要修行。庄子讲要"心斋"，要"忘我"，才能达到逍遥游。这不是个逻辑的推导过程，而是个践行的过程。我们不玩弄概念，玩弄概念没用。说大学中文系培养不出哲学家，培养不出作家。北京大学中文系说"我们中文系不培养作家，我们只培养有深刻情怀的中国文人"。从这个意义上讲，陈老师的哲学是不是还拘泥于西方的逻辑体系和语言体系，而没有深刻体味汉语体系？因而，这不是说我们运用一种语言，比如汉语，就成了那个黑锅上的蚂蚁。

李朝东：光祖的发言也是一种观点，但是我想这个问题我们以后可以再讨论。如果大家感兴趣，我们还可以在以后的哲学沙龙——中和论道上更进一步和更深入地讨论这个问题。

洪涛：今天的发言我比较勉强，因为我是一个哲学的门外汉。我对哲学充满了向往，对哲学家充满了敬仰。为什么呢？因为我爷爷是研究美学的，而美学是哲学的一个分支，所以我小时候经常听到他说一些美学词语。诸如美是超阶级的，不是富人才拥有美，穷人也可以拥有美，大众美学嘛。所以我对哲学就非常向往，非常敬仰。我父亲虽然教的是外语，是个诗人，写诗，也写歌词，但同时，他也研究哲学。他写过两篇关于哲学方面的论文，有一篇叫作《探美录》，有一篇叫《礽论假说》。特别是这篇《礽论假说》，他创造了一个字，叫"礽"，他说礽是世界的本原。李校长邀请我来参加中和论道，对我来说是一件非常享受的事情。我预祝中和论道这个活动能够成为一个交流思想，产生思想火花的思想阵地，祝中和论道成为西北师范大学的一个文化名片。最后，预祝中和论道圆满成功！

李朝东：哲学就是走在路上，我们能走多远，能走多长，就在于思想道路上我们有多少志同道合者，我们的意志力是否坚定。同时，思想是一个充满争论和交锋的场所，只要有两个人，对某一个事物的判断就会出现差异性。对于哲学家和哲学工作者来说，哲学是一个事业，那么就要求我们在这个领域里面把对问题的思考推向极致。一个民族的个体把这个极致推得越高，这个民族的竞争力就越强。就像马克思、恩格斯说的，一个没有哲学的民族是很难屹立于世界民族之林的。那么对于我们普通人来说，哲学就是点亮我们心智的火花，让我们换一个角度思考问题，让我们打开心智，让我们把本专业的对象、问题研究得更清楚更明白，能够更通本专业的学科之理。

这学期我们的论道题目比较偏向于理论性较强的题目，下一学期我们想逐渐地向其他的领域开放。我们还会请一些专家来讲其他领域，比如请物理学教授来讲授物理，请数学教授来讲数学，请王厅长来给我们讲教育，也可能会请一些企业家来给我们讲现在中国的经济情况和企业的发展。我们从哲学的视角，但是从多角度的参与，共同来思考某些问题。当然我们也不排除有些非常专业的问题在比较狭窄的领域内来讨论。

最后，我非常感谢参加论道的各位领导，当然也非常感谢兰州大学哲学与社会学院院长陈春文教授，也特别感谢甘肃省教育厅厅长王嘉毅教授，感谢西北师范大学党委书记陈克恭同志，还有中和集团董事长洪涛同志，同时也非常感谢各学院领导以及到场的本科生和研究生。我希冀我们中和论道能够越办越好，能够启迪我们的思想，启发我们的心智。谢谢大家！

第二讲 天理·物理·人理
——儒家道德形而上学

李朝东：各位老师，各位同学，由我们哲学系和中和集团联合举办的哲学沙龙"中和论道"已经进入第二讲，今天我们请哲学系张美宏博士主讲，他演讲的题目是《天理·物理·人理——儒家道德形而上学》。

两百年前，德国哲学家康德说过，我们的职责和使命不是编制书本，而是塑造人格。我们赢得的不是战场和疆域，而是人际的和谐和美好。大学应该是一个追求理想的地方，应该成为一个论道的地方，所以我们受到中和集团的支持来开办西北师范大学"中和论道"哲学沙龙，主要是为了活跃学术气氛，形成一种学科之间的交叉和交流，我们特别希望以哲学作为核心，各个学科相互对话，相互交流。在这个过程中我们能够改变观点，形成思想。不管是做哲学专业的，还是做其他自然科学或人文科学，在哲学观念的激荡下，会启发我们对问题的思考，使我们在本学科领域里形成新的观念，提出创新性的见解。

今天晚上我们同时也邀请了兰州大学哲学社会学院的李晓春教授和我们西北师范大学的胡好博士来做点评嘉宾。晓春教授是做中国哲学的，和美宏博士都是华东师范大学毕业的哲学博士。胡好博士是武汉大学毕业的哲学博士，主攻方向是伦理学。我们希望在主讲人提出一个中国哲学问题之后，能有一个具有西方哲学和西方伦理思想的不同学科背景的人进行交流。哲学是一个没有固定结论的学科领域，每一个人都可以提出自己的思想和观念，在评论的过程中，尤其希望同学们能够提出一些批评性的观点和意见。观点越对立，交锋越激烈，越能够把问题引向深入。

我们特别感谢学校党委书记陈克恭同志和中和集团洪涛董事长参加我们今天的论道。下面有请美宏博士为我们主讲，大家欢迎！

张美宏：谢谢！各位老师，各位同学，大家晚上好！今晚的这个题目是我们集体讨论制定的，因为按照我最初的打算，想就我最近撰写的一篇论文《〈论语〉中的死亡认知与死亡选择》向大家做一汇报，后来我们几位老师在一起商量了一下，觉得一开始就给大家讲"死"似乎不是特别舒服，合计了一下，最后还是个讲"死"，讲"活"吧！那么，究竟要怎么"活"呢？答案是道德地"活"，境界地"活"，所以想到了道德形而上学。需要说明的是，今晚的重点不是一般的道德形而上学，而是儒家的道德形而上学。

"道德形而上学"这个表述可以追溯到德国近代哲学，康德明确地使用了"道德形而上学"这个表述。按照康德在其《道德形而上学原理》（*Groundwork of the Metaphysic of Morals*）中的说法，道德形而上学主要探讨的就是道德哲学中的纯粹部分。道德哲学怎么还有纯粹部分？这个话如果展开来说呢，主要是在探讨"普遍的道德立法何以可能"这样一个问题。当然在我们的日常生活中，我们都在讲道德，并且在有些情况下，可能会触及其中的纯粹部分。那么，我们究竟会以怎样的方式谈论它呢？如我们一般会动用我们的理性来判断什么是好的、什么是坏的，这是就好、坏的普遍规定讲的。但在具体的经验生活中，往往会出现许多问题，而且，这些问题中通常也裹挟着好、坏的杂糅，进而使我们无法给出终极的结论。同一件事情，到底是好的还是坏的？有时候你真的没法给出明确的意见。

先举个例子，此时此刻下面有200多名同学。原定七点半开始，结果七点半过去了，还是没能开始，因为我没有到场，于是，大家就开始等，等啊等啊，最后等到九点半还是没有见到我的踪迹。这样的话，同学们完全有理由把我投诉到学校教务部门，当然，学校教务部门要查办我啊！一次沙龙，主讲的缺场，害得200多名无辜的同学干等大半个晚上，查办是天经地义的。因为对于我（一名教师）而言，主讲沙龙和上课一样，是应当，更是"善"。正当学校第二天商讨如何查办我的时候，有媒体介入到了学校宣传部门，原因是我的见义勇为。事情的经过是这样的，前一天晚上七点，参加沙龙的我经过黄河大桥时，一名怀抱婴儿的妇女跳进了冰冷的河水中，见此情状，我义无反顾地下水施救。经过一番努力，妇女和婴儿最终是得救了，不过，我也被后续赶到的专业营救人员送到了医院抢救。直至媒体采访学校宣传部门时，我依然躺在医院抢救室里。现在赏罚两难的问题就摆在了教务部门和宣传部门面前，针对我一前一后的事情，教务部门和宣传部门到底该怎么办？是严肃查处呢，还是大加褒扬？这的确是个问题。你们说它是"善"的，还是"不善"的？如果说我救人是善的，那么，会面临另一不善的拷问——缺场对 200 多名同学造成的不公平。由此使得讲沙龙或上课对我而言显得不够神圣，难道在价值评价方面我们就没有一种普遍的东西可以讨论？也许，大家会说我们可以动用我们自己的"实用理性"来权度一下哪个好，哪个不好。但是，在具体情境中，操作起来似乎又比较困难，因为同一件事情，在不同的情境下，它的价值意义往往是不同的，如果一味地顺遂情境，有可能会取消评判标准的神圣性和普遍性。

所以，康德的道德形而上学恰恰是在高于经验的角度来讨论道德哲学中究竟有没有一种普遍的或是纯粹的法则的问题，有没有一种不随任何具体条件而变化的这样一种至善。可以说，追求"至善"这么一个主题，是人类的理想。我们的生活中有好多这样的追求至善理想的例子，比如婚礼仪式上的誓词，尤其在西式婚礼上，牧师或神父往往会问新郎、新娘："×××！无论未来是好还是坏，是艰难还是安乐，你都会爱着×××并愿意陪他（她）一起度过吗？"这里为什么要加那么多条件提问呢？显然，它实际上是要把"爱"确定为无条件的神圣理念。这么多条件都是障碍，突破障碍，恰恰显示了新郎、新娘之爱的至上性和神圣性——不以任何条件为改变，所以，把爱在这里塑造为一种绝对的东西。这样，问题又来了，道德形而上学作为一种普遍立法，关于道德原则究竟能不能提升到一种神圣的高度？或者说至善的层面？

在 20 世纪以来的中国哲学研究中，关于康德提出的"道德形而上学"的这个表述，牟宗三在他的儒家哲学的研究中有广泛使用。这个概念被他引进到了关于儒家道德形而上学的构建中。既然牟宗三已做过了，那我们还能做吗？今晚又能做什么呢？牟宗三讲道德形而上学，主要在张扬儒家"性与天道"在道德重建中的积极意义。今天我们都知道港台新儒家，其实，新儒家原本在大陆产生，只是在1949 年之后，新儒家在我们大陆沉寂下去了。20 世纪 20 年代，以梁漱溟为中坚的新儒家得以发展，后来到了冯友兰、熊十力等那里，理论水平甚至达到了非常高的程度。在 1949 年之后，像钱穆、牟宗三等，他们都离开了大陆，所以后来有"熊氏港台三大弟子"（牟宗三、唐君毅、徐复观）的说法，他们都曾跟随熊十力学习儒学，是港台新儒家的重要代表人物。在一定程度上我们可以说，牟宗三是这一时期最杰出的代表。不过，牟宗三也有问题，因为他不同于一般的儒学研究者，他自视自己为儒家。作为儒家呢，他有自己的信仰和取舍，所以，与其他几位新儒家代表人物一样，他的研究就有一种强烈的"护教"情节，以致成了沉重的历史包袱。所以，在整个 20 世纪的儒学研究中，尽管港台新儒家非常强势，影响也很大，但是，正因为这种"护教"意识的作梗，导致牟宗三在很多问题的取舍上表现出强烈的个人色彩。比如他在程朱（程颐、朱熹）和陆王（陆九渊、王阳明）体系的取舍中明显偏重于陆王一边，所以他对二程和朱熹尤其是对二程中的小程（程颐）有过非常不公平的批评。

　　实际上，在 12、13 世纪以来的中国官方意识形态体系中，理论的核心就是程朱理学，陆王心学根本就没有登上官方殿堂。程朱理学作为官方哲学虽然是事实，但是牟宗三就是不认可这个现状，甚至说"小程子别子为宗"。理论上应该是靠边站的东西，怎么能作为第一确立为官方意识形态呢？所以，他试图要实现理论层面的拨乱反正，于是，给予程朱理学很多非议和批评。当然他的批评，有些是合理的，有些是不合理的。既然一开始站在了在王阳明和陆象山的一边，那么，在具体研究中抒发个人感情也就在所难免。第二，它还有一个问题关涉儒学研究本身，那就是他的研究不是在相对"开放"的视域下去敞开儒学，而是局限于理论的"自封"而过度放大儒学，甚至在 20 世纪下半叶他和其他新儒家同道都坚信，科学和民主这两种来自西方的理念完全可以从儒家思想的诠释中开启出来。这样，在儒学与西方的对接中，由于缺乏对于儒学的深度批判，导致牟氏的研究在更多意义上是一种封闭的构造，类似在理论上为儒学造神——在新的时期以西方哲学（尤其是康德哲学）的介入来造神。基于这样的一个视域，他就很难注意到宋明理学的另一个核心观念——天理，而是偏重于对"心体"和"性体"的探讨，即"心"、"性"的形而上学，或"心性至善"的形而上学根据。

所以，今天我讲儒家道德形而上学，是从天理论的角度，以"理"为核心观念来展开讨论。当然，在这样的一个理论的设定之下，首先需要我们从历史的角度对儒家道德形而上学有一个追溯。儒家道德形而上学最早可以追溯到孔孟——孔孟的"性天统一"思想。在《论语》中，"性"和"天"之间到底怎么统一？《论语》说："夫子之言性与天道，不可得而闻也。"（《论语·公冶长》）这就是说，关于"性与天道"的道理，孔子一般是不会讲给普通学生的。"性与天道"尽管孔子不多讲，但其间接形式（天人关系）则有明确的说明。天和人之间会有什么关系呢？孔子讲得很简单："大哉！尧之为君也。巍巍乎！唯天为大，唯尧则之，荡荡乎！民无能名焉。"（《论语·泰伯》）也就是说，在天人构架中，人的高明之处在于能够体察"天道"，进而在现实中做到"则天而行"。《论语》讲道理就是这么一个讲法，此外，再没有其他构架。相比之下，在《孟子》中，"性天统一"思想就比较明确了。我们都知道孟子是性善论者，在他看来，人之为善的根据在于人性，而人性之善的根据又在于"天道"。所以孟子说，"尽其心者，知其性也；知其性，则知天矣"（《孟子·尽心上》）。这个构架是"性天统一"，即从"天道"本身推导出人性的至善。分析地看，这个依然是一套思辨理论，这里我们点到为止，不再展开来讲了，否则可能就说得远了。

这个理论仅只是儒家道德形而上学的一个雏形，真正使儒家形而上学走向系统化那是宋代以后的事情，在宋代以来，二程、朱熹堪称最杰出的代表，他们的理论体系就是通常所说的"程朱理学"。其中，二程是奠基者，朱熹是集大成者。二程是北宋的，朱熹是南宋的，他们对儒家道德形而上学的构建有很大的贡献。就此，我们在孔孟和程朱之间也不能忽视成书于战国时期的另一著作——《易传》。从《易传》所谓的"三才之道"开始，儒家道德形而上学才算有一个比较系统的表述。大家可能在《三字经》里见到过"三才者，天地人"的说法，这是对《说卦传》"立天之道曰阴与阳；立地之道曰柔与刚；立人之道曰仁与义"的简称。这里"天道"不指别的，而恰恰是阴阳之间的"湍转"，因为这种"湍转"，故而成就了世间万物的生生不息，所以，"天道"尽管流行不已，但是它又不同于具体事物的生生不息，而是表现为一个"无方无体"的"变易"，我们暂且称它为"生生之道"。作为"道"尽管显现于万物具体的生生不已中，但又不同于万物的具体存在，所以它只能是"变易"本身（Change in itself）。当然，它也不是任何实体性的存在，《易传》不是讲"神无方而易无体"（《系辞传》）嘛！

上边讲了"立天之道"，下面我们就讲"立地之道"和"立人之道"吧！如果站在现代语汇的角度，那我们可以把"立地之道"中的"柔与刚"理解为广义的物理世界，把"立人之道"中的"仁与义"理解为道德的或伦理的世界。我们可以看到，在《易传》"三才之道"中，"阴阳"是描述形上世界的一组基础观念，"刚柔"是对物理世界最一般的概括，而"仁义"则构成了"人道"原则的核心内涵。就《易传》"三才之道"的内在结构来看，讲"天道"与"地道"只是一个引子，而由此展开对"人道"的普遍构建才是其最终的目的。尽管"三才之道"之间可否如此关联在理论上需要进一步论证，但是这种"推天道以明人事"的讲道理方式的确是《易传》的一大特点。在宋代理学的发展中，二程对这一讲道理的方式曾大加推崇，这主要集中在二程的"天理论"中。可以说，二程的"天理论"明显表现出道德形而上学的倾向。二程为什么要这么做？当然他们背负有历史的任务，那就是必须把儒家的价值理想提升到普遍的层面。在宋以前有汉、魏、隋、唐，在这段历史时期，儒学的命运可谓变化不定。汉代的"独尊"尽管曾把儒学提到了意识形态的高度，但这不是思想的自然格局，而是政治权威主义使然的结果。到了魏、晋、隋、唐，佛、道的力量逐渐壮大起来，它们不仅在宇宙本体论上有系统构建，而且，它们对人生问题的解悟也非常具有杀伤力。在这种情况下，儒家的道德说教就陷入了困境，怎么处理它的普遍性，就成为一个时代性的问题。二程的道德形而上学恰恰从这个层面去确立和讨论了儒家价值观的普遍性，在这个意义上，他提出了关于"天理"的理论。

"天理论"是怎么回事呢？又何以成为一个问题？程颢讲得非常明确，他说："吾学虽有所受，天理二字却是自家体贴出来。"（《河南程氏外书》卷十二）这里的"体贴"非常有意思，"体"是体认，"贴"是贴己。在体认万物和切己反省兼顾的意义上，我们可以说，"天理论"的提出至少有两方面的诉求，一个是对人伦之理（伦理）的普遍性考量，另一个是对物理法则的如实表述。在物理与伦理之间，伦理的普遍性又何以得到确保呢？应该说主要得益于物理法则的支撑，通常我们也把物理法则叫自然法则（Natural Law）。正因为物理与伦理之间的这种关系，所以我们觉得"天理论"中隐含有道德伦理的考量。而且，我们也要知道，在整个"天理论"构架中，居于根本地位的只能是伦理道德，而不是所谓的物理或"天理"。讲天理是因为有伦理的思考，即以物理的普遍性去担保伦理或"人理"的普遍性，就是这样一种考量。

实际上，康德的道德形而上学未尝不是如此，我们知道康德有著名的"三大批判"，其在第二批判《实践理性批判》（*Critique of Practical Reason*）的结论部分康德讲道，"有两样东西，人们愈对它们凝神思索，就愈对它们充满惊异和敬重，那就是头顶的星空和我心中的道德律（法则）"。其实，康德所讲的这"两样东西"之间不完全是间隔的，它们之间具有内在的相关性。通读结论，我们就会知道，他讲"头顶的星空"已然是注意到了自然法则的存在。如他在后面举出的石头的落体以及抛石器的工作，这些现象都可纳入广义的自然法则范畴，我们完全可以把它们以数理的方式来处理，使它的普遍性得以确立。按照康德的意思，以自然法则的确立为典范，我们同样可以在道德领域确立起一些神圣的东西，而这些神圣的东西恰恰使我们的人格能够得到彻底的提升。通过这种提升我们可以摆脱人的动物属性——受感官欲求支配的属性（如好逸恶劳等），从而使人变得更加崇高一点。表面上看，好像是先看到了头顶的星空，然后马上想到了道德律，其实这两者之间并非如此。前一个我们可以说追问的是 to be，后一个则是道德层面的 ought to be。无论是康德还是二程，他们都是基于道德哲学的前提强调仰望星空的。我们都知道，"仰望星空"在前几年对我们大家来说一个非常熟悉的话语。为什么要仰望星空呢？当然实际上是通过它来支撑起理性的道德法则。

其实，关于 to be 不能推到 ought to be 的问题，休谟早在 18 世纪就已经有所关注。这样的话，我们可以认为，从"天理"直接推不出"人理"（人伦之理），或者由"仰望星空"直接达不到"心中的道德律"。道德形而上学恰恰相反，它是讲道德的，只是它讲道德不局限于道德之中，而是把道德问题延伸到了道德之外，延伸到星空，延伸到天理，这个在 20 世纪后期，美国哲学家普特南在《无本体论之伦理学》（*Ethics without Ontology*）一书中讲得很清楚。从这个意义上讲，"天理""人理"的构架也就具有了道德形而上学的意蕴，穷究物理或"格物致知"不简单是对于外在的物理世界有什么特别的兴趣，而是通过把物理法则绝对化为"天理"，最终要对道德世界的筹划提供一种普遍可行的理论方案。也许，我们会问，为什么这样讲呢？那我们可以说，在穷究"天理"或"格物致知"的情境中，所获得的是对于物理法则（自然法则）的一般体察，而物理法则（自然法则）在我们的经验观察中往往被认为是一些具有普遍必然性的法则。讲到物理法则（自然法则）的普遍性，当然我们不能不说 Universality（普遍性），这个词在康德哲学中较多使用。我们都知道，Universality 的词根就是 Universe（宇宙），这个词所指称的"普遍性"当然不是归纳来的普遍性，而是出于对 Particularity（个体特殊性）的超越。出自归纳来的普遍性，我们叫 Generality，这个普遍性具有全称判断的意味，在逻辑上仅仅表示对所有个体的总括或包含。

既然物理内涵有如此的普遍性，那么，对它的绝对化（"天理"）无疑就是再进一步突显其普遍性。这样，在儒家道德形而上学体系中，讲"天理"不仅仅是再次突显物理法则的普遍性，毋宁说，它是要对伦常道德在普遍性层面有所建立。《大学》提出的"格物致知"就是这么一个以物理贯通"人理"的进路，用程颐的话说，"今日格一件，明日又格一件，积习既多，然后脱然自有贯通处。"（《河南程氏遗书》卷十八）我们通过体察物理可以发现，人有人的道理，猫有猫的道理。动物为什么是畜生呢？因为其生存完全合乎畜生的道理，是畜生式的存在（Existence of Animal Style）。人不能僭越人之为人道理，否则他就不再是人，用孟子的话讲是"禽兽"，因为他背弃了人化的生存方式（Existence of Humane Style）。恰恰是在这个意义上，人作为人的规定性（"人理"）在形式上应该是普遍的，无论谁，只要想做人，那就必须依"人理"而在。在这一点上，"人理"和"天理"一样成了绝对的东西：

> 天理云者，这一个道理，更有甚穷已？不为尧存，不为桀亡。人得之者，故大行不加，穷居不损。这上头来，更怎生说得存亡加减？是它元无少欠，百理具备。（《河南程氏遗书》卷二）

> 百理具在，平铺放着。几时道尧尽君道，添得些君道多；舜尽子道，添得些孝道多？元来依旧。（同上）

这就是说，"人理"尽管是对具体的人的规范，但是在形式上，这种规范性完全是普遍的，甚至可以绝对化地等于"天理"。不能因为尧是明君就有"天理"，而桀是暴君就没有"天理"，"天理"在形式上始终是普遍的。"天理"作为"人理"的绝对化在内容上始终是自足的，不能因为尧是明君而认为"君道"在内容上有所增加，也不能因为桀是暴君而认为"君道"在内容上有所减损，他们的好或不好，只是平添了一个好或不好的"君"的案例，而于"君道"的内容没有丝毫增减。

随着"人理"的"天理"化，君臣、父子、夫妇等伦理关系最后以"理"的方式被进一步绝对化，以致被当时的理论家确定为普遍的"纲常"，而且，这些东西被他们奉为"放之四海而皆准，置诸古今而不疑"（程颐语）的真理。在中国古代语汇中，称"上下四方"为"宇"，"往古来今"为"宙"，宇宙一词本来就内蕴空间和时间这两个维度，"四海而皆准"与"古今而不疑"因此也就具有了全宇宙的旨意。这样的话，我们完全有理由说，二程讲"理"就是从普遍性（Universality）的角度讲的。基于"物理"与"人理"之间的这种贯通关系，二程指出，穷究物理不仅是获取普遍知识的手段，也是提升道德涵养的工夫。二程的这种特别的说理方式到了南宋时由朱熹发扬光大，具体我们可以看看朱熹的《四书章句集注》"补《大学》格物传"那一部分，我们今天不再展开讲这个问题。下面我还要说的是，儒家道德形而上学不仅具有普遍性的诉求，而且还有境界论的意味，这或许是儒家道德形而上学的"可爱"之处。

前面我们已经知道，儒家讲穷究物理（"格物致知"）有获取物理知识的冲动，更有实现道德实践的诉求。只是在这种道德实践中，自我对"人理"的躬行不同于一般的责任担当，其中还有回归世界本真的"万物一体"境界。该怎么说呢？我想还是结合朱熹经常引用的《诗经》中的八个字来讲一下："鸢飞戾天，鱼跃于渊。"（《大雅》）关于这八个字的意思，《朱子语类》讲得很清楚，"鸢有鸢之性，鱼有鱼之性，其飞其跃，天机自完，便是天理流行发见之妙处"（卷六十三）。从生活常识的层面看，鸢作为鸟，它可以在天空飞，鱼作为水生动物，它可以跃动于深渊之中，总之，无论"飞"也好，"跃"也罢，它们都没有背离鸢和鱼的物理法则。就鸢和鱼的存在方式而言，它们（"飞"和"跃"）皆出其自然而合其当然，这同时也是鸢和鱼的本真状态，相应于鸢和鱼的存在，人的本真状态也就表现为物理与"人理"相统一的状态。因为对于人来说，一旦把"人理"提升到了"天理"的高度，那意味着担当"人理"同时具有顺任自我的意蕴，这和孔子所说的"从心所欲不逾矩"（《论语·为政》）是一致的。既然，"人理"顺应了人的"天机自完"，那么，担当"人理"的过程同时也就是自我回归与万物原初统一的过程，这无疑构成了儒家道德形而上学的"可爱"之处。

讲了这么多儒家道德形而上学的好，下面就谈一谈它的不好，也就是理论局限性吧！我想主要有两方面的问题：

第一，普遍性与必然性不分，这主要表现在物理对"人理"的承诺方面。物理层面存在的自然法则通常是普遍必然的，所谓普遍是指知识的可理解性，必然则是规范的有效性。比如对所有生活在地球上的人来说，引力的存在是一条普遍必然的法则，一个人如果不采取任何防护手段跳下悬崖，那结果肯定是粉身碎骨。这一点在理解上是普遍的，在事实上也是必然的，这就是物理法则。在"人理"的言说中，情况则就显得有些出入。如果一定要对应的话，我们可以说，道德哲学中的普遍性和必然性要区别对待，前者体现于理解，后者体现于行动。纵使在理解上无比完善或充分，但这同样不能担保行动的必然如此，所以，道德的问题不仅要知其当然，更重要的是要以实际行动去做。王阳明对这个问题有比较深刻的认识，所以他很反对程朱理学主张的"格物致知"。在王阳明看来，道德的问题是践行的问题，所谓"格物致知"，由物理到达人心是不可能的，物理怎么可能担保人心呢！所以他说，"格物"就是正心，跟物理没有一点关系。物理人心之间没有那种统一性，所以"致知"只能是把内心的道德良知切实地推行在待人接物之间。

第二，内容的不纯粹性。儒家道德形而上学的初衷是要在形式上确立"仁"、"义"价值的普遍性，但是，在具体操作中，有许多偶然的东西被掺杂了进来，如君臣、父子、夫妇关系等，在今天看，这些东西往往具有许多特定的历史内涵。每个时代都有自己的特点，至少，在父权或男权社会，就会有父权或男权烙印。如我们大家耳熟能详的妇女"守节"问题就是程颐坚持的，他说一个寡妇必须要守节，即使饿死，也不能再嫁，因为"饿死事小，失节事大"嘛！今天来看，"守节"的问题自然不能被确定为普遍的人伦法则。当然，对于不同的问题要区别对待，如果有一名丧夫女子为了捍卫自己神圣的爱情而自愿放弃再嫁，那我们可以说，这就是孟子所赞誉的"贫贱不能移"的伟大人格。但是，如果我们硬要把这个"守节"问题作为女子的普遍美德提升到道德形而上学层面来讨论，那么我们就会给广大女性朋友设定了一种无限大的本质而去限制其存在。这样也就出现了所谓的"本质压迫存在"的现象，使道德（"守节"）成为广大妇女不堪承受的重负。

当然，把话说回来，批评终归是批评，但我们还是不能没有道德形而上学。以往的历史证明，道德形而上学的确在人类基础价值的确立方面发挥着积极的作用。今天，人类通过道德形而上学所确立的最基础的至善原则只有一条，那就是康德说的"人是目的"，它顺应了《新约圣经》对"神爱世人"的昭示，同时也和儒家"仁者爱人"的人道原则相通。我们甚至可以说，这一道德观念不局限在任何具体的伦理关系，而是可以在众多条件抽空的条件下进行讨论的。换句话说，"人是目的"是绝对的，在理解上它的普遍性不以任何条件的存在而改变。二战之后，国际社会审判战犯时用的"反人类罪"（Crimes Against Humanity）所依据的就是道德形而上学的原则，因为"人是目的"是绝对的，其解释的有效性不以职业军人被迫执行法西斯政府的合法旨意而动摇。

最后，我想说的是对待儒家道德形而上学，我们今天在态度上一定要有二分的准备。首先是知其所见，然后，更重要的是明其所蔽。而且，只有在这样一个开放的思考平台上，我们才能够合理地实现儒学的现代重建，推动中华传统文化的"伟大复兴"。当然，我说的"复兴"不是原原本本的复制，或是重新回到过去某个阶段的存在状态，而恰恰是在今天的平台上为儒家道德形而上学的突破发现一种新的可能。谢谢大家！

李朝东：感谢美宏博士的精彩讲演。大家根据美宏博士的讲演，有什么问题，讨论、质疑都可以。完了以后我们再请两位博士点评。我先来提一个问题：道德形而上学，这里的形而上学取的是西方哲学含义还是中国哲学含义？中国哲学和西方哲学对于形而上学的理解有很大的不同。我们首先要辨清概念，从概念出发去辨析和讨论问题。希望美宏博士就什么是天理、什么是物理、什么是人理的概念给我们讲清楚，然后再讲道德形而上学。可是这些概念都没有被界定，有待于充分论证。所以，现在我希望美宏博士给出关于形而上学的定义。

张美宏：谢谢李老师！这是一个非常好的问题。我在一开始就给大家交代了，形而上学（metaphysics）这就是个西方的概念，它的核心问题就是"to be"，存在和关于存在的思想或是关于存在的学说。这个从亚里士多德开始，或者说从巴门尼德开始，一直到近代的海德格尔。尽管海德格尔有质疑，但他就是这样一个思路。那么，康德讲道德形而上学，也是在这么个基础之上讲的。既然这是西方的，你凭什么来说中国哲学？那当然我们又不是一个概念套概念，什么意思呢？形而上学究竟在讨论什么问题，这是第一。第二，道德形而上学究竟在讨论什么问题？按照康德的意思，《纯粹理性批判》研究"是什么"的问题，《实践理性批判》研究"应当是什么"的问题。前者是普遍的理性的领域，后者是普遍理性下降到具体的道德层面，也就是论证道德的理性基础是什么。简单地说，就是这两个问题。西方道德形而上学就是这么一个基本结构。那么我讲儒家道德形而上学，也是由问题域的引入来讨论，因为对今天来说，我们中国哲学面临世界化的问题。我们必须要西方人能听懂，这个形而上学概念也不限于中国人不能用。20世纪以来，我们就建立了这一套哲学学科。这里当然有具体的中国哲学、外国哲学，但是在这里，我们中国哲学走向现代性转型的时候恰恰就是西方哲学的基础概念的介入之时。只有在这个意义上能把问题说清楚，所以我们说的"性天统一"，古人的说法叫"天命之谓性"，套用西方"形而上学"的说法，人性道德的形而上学基础是"天命"。

李朝东：我还是占用大家一点儿时间，我来回应这个问题

康德有三大批判，《纯粹理性批判》是讨论认识论上的真的问题，我们如何获得真理性知识及知识。在《纯粹理性批判》的最后部分，有一个非常重要的结论，就是理性认识的对象是物自体。物自体有三个，是世界、灵魂、世界和灵魂的统一——上帝。因为康德的《纯粹理性批判》讨论了人类的三大能力：感性、理性和知性。一切科学知识，自然科学、社会科学，也就是我们现在在大学里面所能学到的一

切知识，除了哲学和神学之外，一切知识都是知性的能力。然后他考察理性能力的时候，认为理性的三个对象，灵魂、世界以及二者的统一体——上帝，是不可知的。最后，康德作出了一个很重要的结论，就是划分知识的领域，把那些能够认识的领域划分清楚，能够为上帝信仰保留地盘。也就是说自然科学、社会科学所能认识的对象是知的领域，我们为什么能知，我们如何知，把这个问题讲清楚。那么上帝是不可知的。不可知它正好是讲信的领域。这样以来，他就划分出两个领域，一个知的领域，一个信的领域。然后他在《实践理性批判》中讲到信的问题。后来席勒在他的《德国宗教与哲学的历史》这本书里面，曾经用诗的语言，表述了康德三大批判之间的关系，尤其是《纯粹理性批判》和《实践理性批判》之间的关系。对于这个关系，席勒是这样说的：在《纯粹理性批判》中，康德手持宝剑和上帝作战，把上帝杀得鲜血淋漓，倒在血泊之中。意思是说，康德从认识论上否定了我们认识上帝的可能性，然后他插剑回鞘回到了实践理性领域，到了道德这个领域里来，但是，他突然发现，我们人类已经离不开上帝了。为什么呢？谁的命令才能成为道德的命令？谁来为人类颁布道德律命令？这成为一个重要的问题。所以席勒说，康德赶紧回去把上帝从血泊中扶起来，擦干血迹，在道德这个领域里边又把他扶上了宝座，你先不能死，你得为人类颁布道德命令。

我们在很多的时候说康德是一个不彻底的无神论者，在《纯粹理性批判》里边否定了认识上帝的可能性，但是在《实践理性批判》里边复活，这涉及一个很重要的问题：康德为什么让上帝在《实践理性批判》里面复活。就是，人类的道德命令必须由上帝来颁布。所以《实践理性批判》里面有一些很重要的东西就是那个绝对命令。谁的话才能是绝对命令？比如，"不许说谎"，这个话是张美宏博士说的，你听不听？我李朝东老师说，你听不听？结果我们发现，每一个人不许说谎，当它作为一个道德命令提出来的时候，人们就会发现，你是人，我也是人，为什么你说话我就得听？我说谎你能把我怎么样？所以康德就发现，原来道德命令需要一个宗教的背靠，一个信仰的背靠。一切道德命令必须要背靠上帝来颁布。那个绝对命令实际上在康德的《实践理性批判》里面来看就是出自上帝的命令，我把这个称之为神意论。在我看来，道德形而上学的核心就是要对人类的道德行为提供道德规范，道德规范作为道德命令由谁来颁布，这是中国文化甚至中国哲学里面一个非常重要的问题。儒家实际上是要求我们以个体的身份通过不断地超越，超越物理以后与天理合一，以人理的身份，以人的知、情、意统一的个体，通过超越物的世界以后与天的天理、天道达成一致。那么这样一来，我们就是一个有道德的人。可是这个"天"，我特别希望美宏教授给我们讲清楚，这个"天"和西方人康德的《实践理性批判》里面上帝颁布绝对命令作为道德规范里的"上帝"是不是同一个东西？如果是同一个东西，那么中西文化没有差异；如果不是同一个东西，才是中西文化的差别。在这种差别中，我们如何认识"天"？

张美宏：谢谢李老师的提醒，问题也非常激烈，我试着回应一下。在康德的道德形而上学中，上帝是个很重要的概念，我们可以阅读《实践理性批判》的中间和后半部分，在康德的道德形而上学中有三个预设，第一个叫意志自由，第二个叫灵魂不死，第三个叫上帝存在。但是，这个问题的原初，就是由所谓的自然律引申到所谓的道德律，natural law 到 moral law 这两个面向，这是他的《道德形而上学原理》提出的方向。至于怎么确立普遍的道德立法，康德的确讲到了上帝的问题，上帝存在成为一个基本的预设，大陆翻译为"公设"，这个里面恰恰就提出了一个命令，叫作"绝对命令"，大陆也有人翻译成"定言命令"，叫做 categorical imperative。还有一个与此相对的叫假言命令，就是 hypothetical imperative。定言命令是不问后果的，它处于纯粹的应当。假言命令恰恰是一种 if…then 结构，恰恰是以结果为前提，所以，康德认为，什么样的命令才能充当最高的至善？李老师刚才讲的那个问题来了，就是必须是出自无条件者，unconditioned，condition 前加否定前缀，后面再加 ed，成了名词后缀，unconditioned。无条件者是什么呢？就是上帝，就是你说的上帝的命令，主要捍卫的就是《新约》圣经的人是目的或者神爱世人，"神爱世人"是说即使是你的仇敌，你也必须要爱，强调爱的无条件性，不论任何理由，他就是杀人魔王，他就是战犯，也不能处死，终生监禁，所以西方有好多废除所谓的死刑的国家，它是这么一个律令，形而上学的基础，所以它是由此来的。因为上帝说的话任何人不可改变，任何人都不能成为上帝，这是在这个具体的所谓的纯粹实践理性的原理中、具体的原理论演中他讲到的东西。但是我们就总体来讲，这是个理性逻辑构架，上帝在康德的道德哲学里是虚的，不是实的。因为《纯粹理性批判》已经把它隔离出去了，所以我看到英国人的东西，他们的判断，有上帝，上帝仅仅是使道德哲学得以普遍性的基础，但它不是一个实质性的存在，不然它为什么叫预设呢？所以大陆现在的翻译把它叫做"预设"，所以它是这么一个东西，我也认为它不是一个实的。另外一个，中国的天理，李老师刚才问的，天理的问题实际上是什么呢？"易"是《周易》的"易"，change，怎么理解天理呢？天理遍及宇宙万物，天理就是"change"本身，就是《易传》里所说的"生生不息"，这么一个抽象的观念，所以，我是从这个意义上来讲的，这个是无条件的。在二程的理解中，也是没有开始，没有终结，它就是如此这般地发生着，宰治着宇宙万物的存在，所以从这个意义上强调它的普遍性，在这之上没有一个所谓的上帝。所以，在这里天理的无条件性投射出的是所谓的道德的、人理的普遍性，所以后来程朱理学有一句话叫"存天理，灭人欲。"实际上就是把道德上升到无条件的层面，把我们的所有非分的东西全部除掉。

李朝东：下面有请胡好博士继续回应这个问题。

胡好：各位老师，各位同学，大家好！本来想客套一下的，现在已经勾起我特别想说话的欲望，我现在不客套了，直接上来就开始，首先想评论一下李老师的一个观点。刚才李老师说在康德哲学的道德领域里面它是要以上帝为根据的，所以康德哲学的道德哲学也可以叫做神意论，关于这个观点我想做一个简单的回应。回应李老师也是跟张老师一起讨论，首先我想说的是康德的道德哲学和他的上帝大概是可以分为两个领域：一个是道德领域，一个是宗教领域。用康德自己的话来说它有三个问题：第一个问题是我能认识什么，第二个问题是我应当做什么，第三个问题是我能希望什么。然后呢，我能认识什么，这是一个《纯粹理性批判》要解决的问题，而我应当做什么是《实践理性批判》要解决的问题，而我能够希望什么，就是我做了我应当做的事情以后我能希望什么，这是一个宗教问题。所以从这三个问题来看，上帝它不是在解决道德法则有效性的问题，它不在这个道德领域，而是在宗教领域，也就是说我们已经做了所有符合道德法则的事情以后，我还能希望幸福吗？当然，你希望幸福，在这个时候谁来确保我能够希望幸福呢？上帝。所以在这个时候你就发现，在论证道德法则的有效性的时候，上帝是不起作用的，没有任何作用，那什么东西起作用？就是自由意志，自由意志能够起作用，它作为一个理性的事实，它能够为道德律奠基。在这个时候，论证道德律的有效性的时候它不需要通过上帝来论证，那当我们做完了符合道德律的所有的事情以后，当我们希望获得幸福的时候，"德福一致"的时候，上帝才能出场，也就是说上帝的出场只是为了实现我们的至善，至善就是"德福一致"，在这个时候才需要上帝，而在道德法则确立的时候是不需要上帝的，这是我对李老师的一个简单的回应。

对于张老师所说的，实际上因为我们处于不同的专业，张老师的专业是中国哲学，而我的专业是西方哲学，所以这样评论我觉得有可能会出现一些弊端，就是说我们各自说各自的，张老师说张老师的，我说我的。但是，我们不同专业的对话，也可能会产生一个好处，就是说我们开启了另外一个视角，让我们都跳出原有的思维框架，擦出一些思想的火花。那抱着这样一个目的，我跟张老师提三个问题，第一个问题是关于这个标题上写的，就是天理、物理、人理之间的关系。具体来说是这样的，因为张老师刚才讲得激情澎湃，但是我们作为一个普通的听众，我们如果来听的话，实际上我们对什么是物理、什么是人理可能还不是很清楚。张老师当然很清楚了。所以在此我先想用一个自然的语言大概讲一下什么是物理，什么是人理。看大家是不是有一个共同的感受。所谓物理对应的是自然科学，大概对应的是自然科学的一些自然规律，这是物理。什么是人理？人理大概是我们伦理的一些规范或者是一些道德的规范。

我们就举一个具体的例子，立足于当代社会来说，我们跟以前不一样啊，跟传统的社会不一样，传统的社会要提炼那些物理，我们要格物，基本上要通过经验观察的方式，但是你要知道在现代的社会，我们要去认识物理、认识自然规律，光是经验的方式是不够的，你怎么观察涨潮？你都不可能会知道这是由于月球的引力引起的。你必须通过严格的科学训练，你才能知道这些东西。所以，在当代社会我们说的物理大概是自然科学。举个例子就是牛顿的第二定律。大家可能还记得，$f(x) = m \times a$。这是一个物体受到的力等于它的质量乘以它的加速度，大概是这么个意思。这是物理，我们举这么一个例子。人理我们也可以举刚才李老师举的一个例子——"不许说谎"。这是人理的一个例子，是一种我们日常生活中的道德规范。下面是我的第一个问题：物理和人理之间如何能统一起来？或者说它是否能够统一起来？如果对应到具体的例子，即牛顿的第二定律作为物理和"不许说谎"作为人理，它们之间有没有可能性统一起来？如果存在这种可能性，那么该如何统一？由于我个人是研究康德的，所以思路中会带上一些康德的印记。对于这个问题我想提供一个可能的解释，便于一起讨论。基于康德的看法，这两者是可以统一起来的。具体来说，物理对应的是科学，人理对应的是道德。而科学放在康德体系里面就是理论，道德放在康德体系里面就是实践。所以物理和人理的关系近于理论和实践的关系。确定此关系后便很容易将其统一起来。通过一个概念把它统一起来就是纯粹理性，因为纯粹理性可以分为理论理性和实践理性。这本书的导论里面讲到"先天综合判断如何可能"，康德认为包括自然科学知识、数学知识等所有知识都是先天综合判断，都是对应科学。在道德领域里的道德法则，康德用到另外一个术语——"定言命令"。定言命令同样是一个先天综合判断，所以当他讲到"先天综合判断如何可能"的时候，实际上他在统一这两个领域。不论自然科学知识还是道德法则，均为先天综合判断。接下来我们讨论如何实现"可能"。通过回答先天综合判断这个问题，试图将其统一起来，而统一的方法就是通过纯粹理性。具体来说，自然科学里面有一个非常重要的定律，就是因果性原理。简单来说即凡事都有原因。但是我们发现在自然科学里面，如果凡事都有原因，作为某件事情原因的那个事情，便又存在一个原因，即所有原因都存在原因。如果把凡事的原因推演过去，向它的原因序列回溯的过程会处于一种未完成的状态，永远无结束。而康德认为，这样会违背一条重要的定律——充足理由律，即若没有充分的理由，一个事情将不会发生。换句话说，一个事情如果要发生，它一定要有充足的理由。充足理由即为已经完成的因果序列。这意味着如果我们仅仅依据因果性原理的话，我们整个的自然世界中，任何东西都得不到一个完全的解释，因为没有完成。这时候就需要一个东西使它完成，这个东西就是那个没有原因的原因，其实就是自由。自由就是在它之前再没有原因可能规定它，它将自我开启一个序列。所以通过因果性原理在自然科学中的探讨，我们发现其自身是存在一些缺陷的。这时他需要诉诸自由来为其奠基。但是自由在我们的理论理性领域，未置可否。它似乎存在，但实质上可能不存在。因为在理论理性领域，自由是一个物自体，它是一个先验理念，而所有的理念都是不可知的。虽然我们出于逻辑的需要，为了解释某一个事情，需要预设自由，但是那个自由很可能不存在。所以在理论理性领域，自由可能存在，也可能不存在。换句话说，在理论理性领域，我们只论证了自由的可能性，却没有论证它的实在性。那如何论证自由的实在性呢？很简单，换一个领域，到达实践领域。通过实践领域，通过道德律法则，你会发现他把自由确认下来。所以康德说自由是理论理性和实践理性中间的拱顶石。总结来说，康德通过三个重要的概念来联系科学和道德：第一个是纯粹理性；第二个是先天综合判断如何可能；第三个是自由。现在我想提出第一个问题：在儒家的哲学里面，他们不谈纯粹理性，他们不谈自由意志，那么他们如何把物理和人理统一起来？或者说有没有一些理论或者根据把它们统一起来？关于天理、物理、人理这个关系的第二个问题是在当代社会中，天理是否有其存在的位置？刚才听张老师讲到"三才之道"——天道、地道、人道。天道大概就是阴阳的意思，但是放在当代社会里，应该如何理解天理？对比而言，物理很好理解，是自然规律，人理就便是道德规范。那么天理到底是什么？尽管我们讲到存天理，灭人欲，但天理究竟为何，依旧没有答案。如果我们仅仅把天理当做阴阳，当作是天，天理该如何理解？这是第一个大问题。然后，我要继续吗？

李朝东：继续。

张美宏：要不我先回答吧，不然你说的我忘了，你的这些问题都很大，我一个一个来回答。

胡好：好。

张美宏：先说第一个问题。关于天理、物理、人理，这三个概念较为模糊，我对此做简单解释。在理学家的表述中，天理是来自《易传》的概念，我前面讲到，二程理论的基础建成的标准就是近天理便是易，天理在他们的眼里是抽象的变——Change in itself，我们用英语翻译就是这么简单。黑格尔的绝对精神即为自己最初的界定。这个变不是万物之变，它具体体现在万物之中，然而天理并不是所谓的万物。所以你刚才说天理是阴阳，其实不然。立天之道，曰阴与阳，这是阴阳之间的相互转化。阴阳非道也，一阴一阳之谓道；阴阳非道也，所以一阴一阳者道也。问题解决了，它就从这两个对立的角度来看，为什么会生生不息？为什么《易传》讲"生生之谓易，成象之谓乾，效法之谓坤"？其根源就在于阴阳体系，它是个体系的概念。

第二个问题：物理。你刚才只讲到了自然法则，自然法则也是很复杂的东西。我们都知道太阳东升西落，这就是个因果关系，自然法则。但在休谟那里都是不成立的命题。这个概念很简单，英语说来就是"I know, the sun will rise tomorrow."我知道太阳明天会升起，预示着我根本就不知道太阳明天升起了。那是归纳所得，因果关系，人类有习惯性的联想能力，从第一次到后来每一次见证到太阳的东升西落，当然会想到将来必然会东升西落，这是普遍必然的规律。但是这个东西经过再分析的时候，问题就取消了，因为从过去的 N 万次已经完成的事实，推导不出在时间流逝中将来的必然如此，所以这个不能逻辑地分析，无法担保。所以这个因果关系在自然科学的讲法中，依然是一种不纯粹的理论，理论的纯粹的部分我们承认的是逻辑的部分。上帝的概念、自由的概念很重要，但我们先放一旁。康德为什么讲 moral law——道德法则？与其对应的就是 nature law。Law 的概念就是法则，也叫规律，强调其普遍性，就是 universal——全宇宙性。另一个问题就是 necessary——必然性，这个的确是如此，在宇宙论上是这样的。如果经过再还原，自然科学就还原到数学里头去了，数学里头圆、方等等一些界定，圆只能是圆，方只能是方，不能是圆的方，方的圆，这就是完全的谬误。再往前我们梳理逻辑的统摄，我们都知道 A＝A，同一律基础。后面说的 A 不等于非 A，排除一个 A 要么非 A。只有二选其一，所以它是很严格、很普遍的。尽管有所谓的上帝缔造道德法则的说法，依然是有逻辑的普遍性支撑的，这是很重要的。

另外，回到中国的哲学中，物理是什么？在宋明理学的讲述中，物理，万物之理。王阳明格物，格竹子之理，竹子之为竹子，人之为人，圆之为圆，方之为方，最多是一种普遍规定性。关于物的普遍规定性，从天理那边来的即为万物的具体的生生不息的真实发生，也就是普遍必然发生。那么天理就是一种发生过以后，生生不息的观念本身。一个是具体的，一个是抽象的；一个是神无方亦无体的，一个恰恰就是在所谓的具体的世界中，我们能够捕捉到的，所谓的春生、夏长、秋收、冬藏的四季更替，抑或是孔子提出的"四时行焉，百物生焉"，物理世界捕捉到的就是这样一种情况。这里头没有西方的近代物理学，还上升不到那里，我们也不敢那么拔高，但是，这里存在将世界看成一个整体系统的观念。

后面又说到用那个天理干什么。所以这也是我疑惑的问题，后来王阳明也是要那个天理，要的是把道德普遍性确立的天理，而不是所谓的我们前面说的近天理便是易——change in itself 的那个天理。王阳明不讲那个了，道德的东西我们只是做就行，管实践层就行，不需要一种所谓的形而上学担保。这不仅是中国的，西方的也是这样。西方哲学到今天，道德要什么形而上学？伦理学不需要本体论的承诺。今天人类不讲了，但过去人就这么讲的。在宋明理学对二程和朱熹来说这个非常重要，它更重要的就是要回应佛教和道教的宇宙论。佛教、道教的道德观是由宇宙论入手的，儒家先前没有这个，很薄弱，所以二程的贡献在那个时期的过程才确立了天理、物理、人理三层之道，将其重新细化。所以在某种意义上，在那个时代，排佛辟老来说，天理是排佛辟老的神兵利器。我的回答就是这样。

李朝东：胡老师，我想您肯定还有问题，并且你没有评论完。我们穿插着进行。我们欢迎晓春教授分享他关于道德形而上学的知识，并对胡好博士和我提出的问题做出回应，咱们欢迎晓春教授。

李晓春：谢谢大家，我很高兴能够参加西北师大这样的一个学术沙龙。我觉得非常好，兰州大学之前没有过这么大的沙龙，所以我很荣幸。

如果让我提出一个明确的意见，可能也没有，但是我是针对前面几位老师的辩论，从我自己，用中国哲学的视角说一下我的看法。

首先一点，为什么我们存在中国哲学和伦理学的这种差别呢？就是我们过去都是有一个误解，尤其是西方人，他看到我们中国人的这样的一个思想，比方说看到孔子的《论语》，看到孟子，那么这些都是一条一条的。像康德、黑格尔看到以后就会说这是每个民族都有的一种伦理格言汇编，他们会不自然地得出这样的一个结论。但是我觉得这个地方我们可能要意识到一个问题，中国的哲学研究的核心的问题，当然包含伦理的层次，但是它不仅仅是伦理，所以我觉得在这个地方我们就要意识到，在中国哲学的范围之内，可能要区分道德和伦理的概念。我们知道，中国人所追求的是道，西方人追求的是真理。当然不能说我们中国人不追求真理，今天一个物的世界已经向我们展现开来，我们也意识到了真理世界存在。但是在过去的时代之中，中国人最为关切的不是真理，而是道。我们中国人所说的道德概念，其实不仅仅是一个伦理学的意义，它包含着更深层次的含义，如果你仔细看它的实质，它其实不是主要讲伦理的，它更重要的是讲我们的心性本原的。举一个我最喜欢的概念，中国哲学最核心的概念。大家都知道儒家哲学最核心的是仁、义、礼、智、信这五个概念。那么在这五者之中最核心的又是什么呢？是仁。仁这个概念是什么？中国人在讲事情的时候你会发现，他在讲仁的时候或者在讲任何一个概念的时候，没有西方人的逻辑性的这种概括，它是一个多方位体性的界定，所以你从历史上去找，仁的概念界定很多，仁者爱人等等，你能找到好多。但是哪一个是准确的呢？我们又很难把它确定清楚。但是到宋明时期，我们发现，中国儒家哲学对仁的一个核心概念，核心的意义体现出来了。仁更核心的意义讲的是我们对周围世界的一种敏感性。从这个视角来看，它不是一个伦理学意义上的问题，它讲的是一个我们对周围世界意义上的敏感。比方说我们坐公交车，一个孕妇走上来，那么我们中国人从我们的修养的角度来说，看到这个孕妇，我们说你有没有仁心？这个很重要。这些年我觉得特别好，就是上公交车的老人、怀孕的妇女上来以后，大家都会让座的。那么以前的公交车上挤的时候，有的人好像就不太愿意让。但是在我们中国哲学的角度上说，那你是不是有仁心？这个仁心是什么？首先不是说我对别人有多么得好，而是你能不能敏感地感受到别人有这样一个需要，设身处地地去想，这是来自我们心性本原的一个东西。那么说到仁，我们中国人说杏仁、果仁、桃仁，为什么把这些叫"仁"？它是我们生命的根基，生命的种子。所以在这个意义上，仁其实是中国人生命的根基，它不仅仅具有伦理的意味，它的意味是更加深远的。没有仁，他就不是一个中国人。

当然我们说"文化大革命"之后，我们儒家传统断了，我们甚至不理解，我们儒家所追求的这些东西到底是什么。其实我们每个中国人的血管里，都流淌着儒家的血液。我举一个简单的例子。在这个大的世界之中，不信神的民族是很少的，只有中国人存在明显状态的不信神。当然有的人可能会说，中国人不是也信神吗？佛教那不是神吗？大家知道，佛教所信的这个佛它不是严格的西方意义上的神。在西方意义上，你不可能成为真正的上帝，但是在中国的这个意义上，在宗教的这个意义上你有可能成为佛，这个是完全不一样的一个意义。这是我所要强调的一点，就是我们应该要意识到我们中国人所说的伦理和道德这样的一个差别，意识到我们中国人所走的思想路径和西方人有很大的差异。第二个方面就是存在不存在一个在全世界的意义上的一种伦理的规范，每个民族每一个人都遵守的这样一个准则？我虽然不讲伦理学的课，但是刚好我们学院讲伦理学的老师张言亮有一年去美国进修了，然后我就帮他代了一下（课），就自己看了一遍伦理学的书，然后我就发现伦理学的派别太多了，根本就统一不起来，没办法统一。比如说像我们儒家的这个伦理学，我才看了伦理学的时候，发现人家把我们这个伦理学叫做德行伦理学。这样的话，我们就发现我们对于自然的认识，会有一个统一的标准，原因是什么呢？因为我们的视角，我们都是人，我们的视角是一致的。但是到了人的这样一个范围之中的话，我们的视角马上就发生了非常大的差异。比如我们现在在一个教室里面，听见我在说这个话，大家的反应都是不一样的。这样的话，在全世界的范围内找到一条大家完全都能遵守的伦理道德非常困难。刚才美宏教授讲的时候最后也说到我们完全能够（统一、认可）说的词非常少，可能也就是一两个词。你说大家不同意的好多概念，没办法搞成这样一个统一的东西。所以，我们是不是能够找到，反正我感觉是很难找到我们大家都能够认可的东西。每个人都会从不同的角度来（思考）。比如说我们刚刚举过的例子，康德的哲学思想，我在讲课的时候说到的，康德说你绝对不能撒谎。但是在其他的哲学流派中他（他们）就觉得撒谎在一定条件下是可以的。每个人的视角其实都是不一样的。这是我说的第二个方面，是不是我们能够找到一个道德的形而上学，无论是西方意义上的还是中国意义上的。首先，中国的形而上学与西方的形而上学的差别，确实这个差别很大。西方的形而上学是以"是"为核心的逻辑推演的一个过程，中国的形而上学其实讲的是形而上者谓之道，他讲的是道。

　　我回应一下刚才张教授对天理的理解，我从另一个角度说一下这个天理。在中国，早期的时候我们把它叫做道。再往后我们把这个道在王弼的思想中体会为无，就是有无的无。再往后，经过佛教的洗礼后，到了宋儒理学时期我们逐渐把它延伸为天理，这个天理的概念其

实是有一个很长的延展的过程。对中国哲学当然我们经历过一个当代
哲学的一个反本体化的历程，但是我们现代哲学好像又有些人对这个
本体念念不忘。包括我自己在内，我感觉好像缺少了也不行。本体是
我们人看待这个世界的一个综合的基础，如果没有这个东西也是一个
很大的缺憾。所以我看在希腊哲学史中（汪子嵩他们写的那套书中）
就说西方哲学中的存在，在中国哲学中找一个词比较恰当的与之对应
的，不是"有"而是"无"。那么"无"在中国哲学中代表什么呢？
其实就是"道"。"无"是什么呢？是我们认识的极限，我们并不是
说这个东西一无所有，而是说我们达到了它的极限，那么它的背后是
什么呢？其实是很难言传的，说的就是这样的一个意思。所以我们说
在宋明理学时期的这个天理，其实是把"无"理论化的倾向，想把
它解释清楚的倾向。但是，中国哲学的这样一个天理和西方哲学的严
格意义上说的理性的这个"理"区别是很大的。包括我们对（我回
应一下前面几个老师提到的）这个物理、人理或者说天理的区别的时
候，我自己觉得，也可能是我的一个谬论，比较极端，就是我觉得在
西方的哲学或者西方的自然科学没有进入中国以前，中国人生活在一
个是的世界之中，当然我们会说，我们中国人也会悟，比如河流、山
川、月亮等等这样一些东西，但是这些东西并不是作为西方意义上的
物给予我们的。西方意义上的物最核心的意义是规则。但是我们中国
人在面临物的时候他不是把这个东西看成规则，而是看成一种我们参
与的一种对象，我们的一种氛围，我们的一种背景。而西方意义上的
物是我们不可以违背的一种规则，这种规则比如说事的系统，这个东
西你没有办法违抗。所以我说当西方哲学或者说西方的自然科学进入
我们中国的时候，中国人第一次感觉到物的世界在我们的面前呈现出
来，那就是什么呢？军舰、大炮，这些进来以后，他才意识到有一个
东西是我们没办法违抗的。你再怎么神勇，你再怎么修身养性，你也
没办法对抗这样一个物的世界的来袭，这个是没有办法的。所以从这
个意义上来说，我们中国人比西方人又多了一个世界。对西方人来
说，他有一个宗教的世界，有一个物的世界，那么我们今天也有了一
个物的世界，所以我们要学习西方的东西，这个西方的真理的世界也

向我们开始展现开来，我们没有办法忽略掉这样一个世界。

我们回应一下美宏教授刚才讲到的强调心体与性体，但是忽略天、理的这样一个问题。我其实对美宏教授的这样一个说法也有同感。就是说因为我们中国哲学在过去的时候，都知道就是伦理学讲到最后其实是逻辑事实都没有办法作证的，它最后其实是一个信仰或者境界的问题。在西方是信仰，在中国可能是一个境界的问题。你没有办法论证它，你没有办法论证说我做的这个事情必须要这样来做。所以，在这个地方中国人找到一条路，这条路是西方人没有的。所以我觉得我们今天把它扔掉特别可惜。中国人有这个路，但是我们学习了西方的东西，西方的理性的东西，人家是有上帝做保障的，你又不信上帝，你又把自己的东西扔掉了你的根基就没有了。所以我觉得中国人一定要把这个东西恢复起来，因为中国人讲心性的自觉，就是通过心性的自觉，把中国的道德的形而上学建立起来，它可以自我澄明地向我们展现出来。所以你看我们中国的这几个学派，比如说佛教也好，儒家也好，道家也好，尤其是佛教。佛教的一些顿悟的思想，说一个和尚他要顿悟佛性，突然一个庙顶上就是房檐上刮过了一阵风，他就顿悟了佛性到底是什么。这个顿悟是难以言传的，我没有办法告诉你。比如说我们儒家讲仁义礼智信你必须要遵守，我没法告诉你仁义礼智信你为什么要遵守，但是如果你在生活中一点一滴地去做，有一天你就会突然明白这个东西是我们必须要遵守的最高准则，是我们儒家明心见性的一个表现。这个东西不是论证的，而是一个民族选择的思想的路径。

我最后再回应一下我经常想到的一个事情，就是其实我们这个伦理道德的选择有时候是迫不得已的。举一个我们经济学上的例子。以前我在上硕士的时候，我的对面刚好是一个学经济的同学，他老说一个事情，他说其实我们已经被绑在了一个战车上，谁也下不来，没有办法摆脱。比如说我们今天在全世界的范围之内有这么多的国家，这么多的国家要进行竞争因为我研读过几年经济学的著作，比方说马克思的、凯恩斯的、亚当·斯密的经济学著作，在他们所表述的理论中我们会发现，不同的理论都是有其优点的。尤其是马克思的剩余价值理论。比如说在当代社会当中，我们有些人的贡献很少，但是获得的（报酬）非常多，这就有巨大的剩余价值在里面。在亚当·斯密的理论之中，它是市场调节的结果。从凯恩斯的理论之中我们可能（得出）必须要通过一种耗时耗力的方式促进经济发展，我们国家现在就在采用凯恩斯的这种经济刺激理论，如果碰上经济疲软，我们派上一些人去沙漠里埋上一些货币，然后再派一些人去沙漠里拿着铁锹去挖，把货币挖出来，谁挖出来这些东西就是谁的。但是我们发现这个过程是个巨大的浪费，以及环境的污染。但是每一个国家都没有办法脱离这样一个轨道，为什么呢？你的这个产业系统越齐全，那么你在经济竞争中越占据优势。比如说中国，汽车工业的所有配件都可以生产出来，然后你可以生产更高级的东西。如果你不发展，你说我为了保护环境，中国人这么多，我们少生产一些汽车，那么经济发展不起来，最后你在竞争中可能就会处于劣势。这样的话，道德的问题就可能出现了。其实我们伦理道德绑在科技经济的这个战车上，就好像要失控一样。我说的意思是什么呢？其实是我们人的伦理道德不能最后左右人类发展起来的这个巨大的车轮。我觉得这就是讨论人的伦理道德的一个非常核心的问题。因为时间的关系我就不再多说了。

　　我觉得美宏教授的这个讲座是非常好的，真的非常好，对我的启发也很多。谢谢大家！

　　李朝东：晓春是我们的老朋友，给予我们学校哲学学科的建设很多的支持。每年的中国哲学专业的研究生论文的答辩，我们都会请晓春教授做我们答辩委员会主席，今天，又不辞辛苦担任我们这个发言（报告）的评论嘉宾。刚才我们也分享了他关于天理、物理、人理以及道德形而上学方面的精彩的观点和智慧，我们感谢他。胡好博士，你还有没有问题要回应？

　　胡好：要不他们先提问。

　　李朝东：好！我们同学们有什么问题？

　　同学：各位老师好，我叫邓宏斌，是研究生三年级的学生。我想问一下道德的形而上学和形而上学的道德的区分是什么？

　　张美宏：你的这个问题比较大。道德的形而上学与形而上学的道德。道德的形而上学我今天晚上基本上讲清楚了，我已经说了很多，我不知道你们大家清楚不清楚，但是我觉得我讲了很多，努力在讲。那么形而上学的道德是什么呢？实际上在牟宗三的表述中就是宇宙中心论或者宇宙论的中心。这个实际上就是说由宇宙或者外在对象世界来支撑道德的有效性。牟宗三举出来的一个例子，董仲舒的天人合一、天人感应说。这个问题怎么来的呢？就是我前面讲过的那两个，从 to be 到 ought to be，还是反过来从 ought to be 到 to be，如果从是到应当是，那就是从实存领域到应然领域，这种直接推导，最后会导致形而上学的道德。在董仲舒的表述中，他把所谓的道德的基础，恰恰建立在所谓的天的基础之上。这种建立对天的预设实际上是一种以天为中心的言说道德。这就出现一个问题，道德的善是怎么来的？是从天上来的。天子有颁布命令的任务，天更有颁布命令的义务。所以，在董仲舒的构架中，在形而上学的构架中最终的那个东西是善的。这就出现了一个问题，现实的恶怎么办？尤其是把天理解成善的根源，自然的恶怎么办？出现了一个对恶不能理解的问题。我们都知道，天人感应，天既然是善的根源，人间的善，天地之大德曰生，我们把它理解成一种所谓的善的根本，所以这就出现了一种原教论的方式。实际上这个在神学里边也有，上帝是善的根源，中世纪出现的问题也是同样的，形而上学的道德。神，上帝作为万善之根，但问题是神还有恶的一面。《旧约·创世记》第一篇，耶和华神告诉亚当、夏娃，园中所有的东西你们都可以吃，除了善恶树上的果子不能吃，亚当、夏娃偷吃了禁果，被赶出了园子。神一方面创造了他们，另一方面又给了他们这样一个诱惑性的叮嘱，所以蛇挑唆亚当、夏娃之后，夏娃经受不住诱惑，跟亚当说吃，他们就吃了。吃了之后，神找亚当算账，说你干的什么事？亚当说你赐给我的这个女人让我吃了果子。不是我要吃，是她让我吃的，这个女人怎么来的呢？是你赐予我的。其实我也不孤单，你觉得我孤单。所以这里头这个原善，这个神是善的，怎么办？明明神做得对，把人又（做得）这么狭隘、神的高尚性在哪里呢？董仲舒说的天既然有包容心，万善之根，那恶，自然的恶怎么办？明明发生了地震，又有人因为地震掉了脑袋，所以这个自然的恶要怎么办？你必须要把它说成善。因为根源天是善的支撑，自然的恶又成为问题。所以董仲舒最后发现了一条更有意思的，叫做感应。自然的恶是什么呢？叫做善意的谴告，所以这个就圆场了。上帝惩罚亚当怎么回事？是善意的一种劝诫。在神学体系里边也有一个原善的问题，在形而上学的道德里边也有一个原善的问题。所以最后出现了一个什么呢？天依然是善的，至善的。这就叫做形而上学的道德。在这里头，天人感应是不靠谱的，是经不起理性论证的。你说天是善的恶的，实际上是无所谓善恶的，天就它 to be 来说，就是事实的存在，就是存在或者是。这个善不善，恶不恶是个评价，是进入人的实际世界评价之后，我们给予的意义赋予。所以我们说 to be 就像天下雨一样。下雨那是 to be，是事实的发生，它是善的还是恶的？只有进入到我们的评价的领域，才有善有恶。所以说这个无所谓善和恶。天在这个抽象意义上不能作为价值的核心存在，在形而上学的道德的意义上，在今天是经不起我们分析的。牟宗三也是批评的，我认为这是过去一种有限的理论，所以进入宋之后，儒学的理性主义复兴首先把汉学基本上清除出去了，它的确在逻辑上也好在理性上也好，都有这样一个诉求，它走向道德形而上学，而不是形而上学的道德。这个问题清楚了没有？一个是从 to be 到 ought to be，一个是从 ought to be 到 to be，它是这么一个思路。

李朝东：好，谢谢美宏教授！我突然发现我们文学院院长韩高年教授也光临我们的论道现场了，希望您能到前面来，参与我们的讨论。高年你是先听一会儿还是参与讨论？

韩高年：我先听一会儿。

李朝东：宏斌就一个问题吧，我们给其他同学点时间啊。海斌，我看着你好像跃跃欲试的，给你一个机会。

朱海斌：我是有个问题请教张老师，一直搞不太懂，关于天理、物理和人理，按照我的想法，朱熹的世界或者说整个宋明理学的世界，其实并不是一个自在的自然世界，他应该是一个人参与其中的这样一个价值世界。在这样一个世界中，我们从天理到物理到人理，或者说从天理到人理，有这样一个奠基秩序，确立一个这样形而上学的系统，但这是有问题的。要么从天理上首先确定"生生之谓德"的形而上学原则，然后为了确定这种生生不息，我们需要有某种具体的规则，这个规则和生生不息的原则相符合；要么我们把它颠倒过来，但形而上学颠倒过来还是形而上学，从天理到人理那是一套形而上学，然后我们觉得这个有问题，的确从 to be 到 ought to be 这是很难的，但是反过来也有问题，实际上依然在形而上学里打转。这一套东西我觉得张老师也是不满意的。如果儒学要有一个重建的话，在形而上学之后，你觉得有没有什么更好的方式能够排除这种形而上学模式，而且又具有一种更好的一种解释性？

李朝东：海斌提出的是一个后形而上学的问题。

张美宏：后形而上学的道德重建这个问题的确具有挑战性，是现在理论界和学界面对的一个问题。你前面说到的是在人的视域下、参与下讨论形而上学的一个意义。你刚才说到的，我非常同意，但有些地方不同意，朱熹和二程的不是这么个思路。他们理解的世界是一种天理的外在世界，这个在人的视域下呈现的世界，在陆象山和王阳明的体系中，是所谓的"天下无心外之物"。所以朱熹和程朱的这么一个体系，他们是承认有世界的，并且还有一个外在的世界，这一点我想是对的。另外一个方面，你说关于儒学的重建，儒家道德形而上学，我刚才给胡老师的回答，的确那是历史中的，是非常有作用有意义的。从王阳明以后，这个就不讲了，他觉得这个东西不需要天理担保，所以今天来讲，儒学的价值我们要重建，中国哲学、儒家哲学包括在内，尽管有各自的传统，有各自的特性，但依然要重建，我们面向的是世界，而不仅仅是中国，这是第一。第二，我们面向的是今天而不是过去。过去的那些什么：喜怒哀乐之未发，谓之中；发而皆中节，谓之和。这是过去的说法，今天究竟是什么问题，必须要把它点破，先把儒家的这些问题点破，不能羞羞答答，我们整天给古人背书，背一大堆，这是不对的，今天我讲 20 世纪以来现代学科建制，最基本的要求是清清楚楚把问题交代清楚。在这个领域，我想是非常重要的。就是用今天的话来说，而不是背书给古人听。第二个是怎么样的问题？这就进入评价的问题，儒家传统中是什么问题，今天我们怎么看？在世界构架下，大家目前能够确立的儒家基本的精神，确立的就是仁，仁这个观念。前两天有人讲仁学的问题，李幼蒸说不叫儒学，他叫仁学，孔子的仁。从这个基础观念的角度来讲。这个仁何以确立，怎么理解仁，尊重人，关心人，爱护人。西方世界的目的也无非是尊重人，关心人，爱护人。我们要把它拔到最高，你说在今天能不能把它建立出一种"放之四海而皆准，置诸古今而不易"的高度？这个我想也有难度。普遍主义面临的独断触到了相对主义的挑战，所以你说仁是目的，我们的核心不管是基督的爱，孔子的仁也好，它的核心是尊重人，关心人，爱护人。但今天还有相对主义，把问题延伸一下，这是后现代相对主义的挑战。对一个自杀的人来说，我们怎么实施仁？怎么实施神的爱？我们是尊重他关心他爱护他阻止他自杀，还是满足他本人的意愿，帮助他完成自杀的任务？这是个很吊诡的事情，在今天是相对主义很麻烦的问题。一方面我们说不能自杀，基督徒肯定会这么说。我接触过一些台湾还有西方的学者，他们也认为杜绝自杀是我们的基本信仰。但相对主义者认为一个人连自己的生命权都不能主宰，那是无自由可言。所以从某种意义上相对主义也是对的。所以，在这个意义上文化是多元的。儒家的话就叫和而不同。实际上就是这么一个思路。好，谢谢！

李朝东：海斌博士刚才提出来的这个问题，晓春教授你认为有后形而上学的道德是不是一个问题？是否可能？如果可能，后形而上学的道德如何？当然如果第一个问题不可能，那么第二个问题也就不用回答了。我想听听你的看法。

李晓春：我想说一下我自己的考虑，就是我们中国哲学面临的一个最重要的问题，就是我们现在搞好多小孩子的培训班，背国学典籍。但是我们都知道，这些国学的典籍其实就是针对过去的时代的，它不是针对我们当代的。中国哲学从清代之后就没有出过大的哲学家。每个时代都应该有自己的哲学家，这么长的时间就一直没出过像王阳明、朱熹这样一些引领性的哲学家。为什么呢？是因为我们遭遇了一个强大的西方思想的碰撞。碰撞是一个好事情，它给我们打开了一个新的视野。我们会发现我们过去的好多东西都不再实用了。五四之后，中国的学者经受了一个长期的吸收西方哲学或者说西方思想的历程。所以大家刚才说到，是不是有一个后儒学的时代？我觉得呢，其实我们儒家的核心思想，可能有点极端。就像陆象山说的，五百年以前是这样，今天是这样，五百年后也是这样，只不过是你理解不理解罢了。但是今天我们要做的是什么呢？因为我们的处境不一样了，那么言说就有一个很大的差别。比方孔子说的话，"唯女子与小人难养也"这个话，尊孔的人会说，我维护一下孔子。它说的不是女子，它说的是别的东西。我们论证一下。但其实呢我们知道，儒家是开放的，他绝对不会说孔子是不犯错误的人。因为我们中国人是一个心性自觉的。孔子说这个话是有他的时代限制的。在这样一个时代限制下，在今天我们主要面临的是中国哲学怎样面对西方哲学提出的这么多的问题。到现在为止，我就没有办法把张载啊朱熹啊他们所说的物理和西方的物的世界打通，没办法打通。你要打通这个物理的话就丢失了我们过去的东西；如果我们保守过去的东西，我们就没有办法向这个新的物的世界展开。所以我觉得我们需要一个综合创新。就是我们要吸收西方的东西，又要创新自己的本体的世界。但是本体的世界，我们中国人已经有了，我觉得我们各个时代理解是一样的。但关键是我们如何把它们重新组合起来形成一个新的哲学系统。那么这个哲学系统是我们当代人每一个人都能够理解的，就像美宏教授说的我们都能理解。不仅能理解，而且能够遵照去执行。大家做了以后觉得很好，形成一个社会的思潮，大家都会这样去做。所以我觉得现在最重要的是中国哲学的创新，而不是保守。我就简单回应这些。

李朝东：我对上述三位博士的观点做个回应。先说形而上学，形而上学这个词的英语德语的读法都差不多。英语是 Metaphysics，德语叫 Metaphysik，就是 physics（物理学）的前面加一个介词，在……之后，直译就是"在物理学之后"，亚里士多德一生写了很多著作，讨论物的著作，我们后来命名为物理学。其实这个翻译很有问题，应该叫"物质理学"。这个物理学不等于咱们界定的狭义的物理学，而是指天文、地理、生物、植物，凡是以物为对象，探究物质理的学论统称为 physics。它有点类似于我们英语里的 science 这个词，比我们在大学、中学学到的那个物理学含义要宽泛得多。那么 Metaphysics 是什么？我们西方哲学工作者，现在都倾向于把这个词不再翻译成形而上学，而是翻译成后物理学，那么翻译成后物理学以后，西方哲学从柏拉图那个时候开始，亚里士多德以 Metaphysics 为核心的哲学，他所处理的对应关系是哲学和科学之间的关系。也就是说，哲学是为科学奠基，而不是用来论证的，尤其不是用来论证道德的。那么后来呢，康德编写了形而上学，虽然我不太同意胡好博士的观点，康德道德形而上似乎是上帝专门被安排在一个时候才出场，纯粹理性批判里没他的位置，实践理性批判也不需要他的位置，只有到判断力批判，讲人的希望的时候，上帝才出场。这个问题，下来之后我可以和胡好博士再讨论再交流。为什么呢？因为西方的道德和中国的道德有一个很大的不同，这个不同就是：他的一切道德命令或者最早的道德品质在我们今天看来最主要的有七项。古希腊提供的四项，就是柏拉图概括的，也是他的《理想国》陈述的，国王所拥有的品德是智慧；武士是勇敢；普通老百姓是节俭。智慧与勇敢、节俭三者合一，构成一个综合性的品德，就叫正义。所以正义、智慧、勇敢、节俭这是希腊人奠定给西方人的四种最重要的品质。到了基督教世界的时候，基督教又提供了三种重要的品质，就是信仰、盼望、博爱。把它们合在一起就构成现代西方世界七种最主要的道德品质。这七种最主要的道德品质一起构成了西方人遵循的最主要的道德品质。就如同我们在五四运动之间，中国社会基本遵循的是三从四德。西方人的这些道德命令经过中世纪以后，它变成了神的言说，因此，西方人的道德主要来自神律。那么，包括康德在内的哲学家，并没有提供道德律令，他只是给道德律令的合理性提供一种哲学论证。即使功利主义，也只不过是我在道理上把这些道德给你讲清楚，当你选择的时候我给你一个选择的依据，但是你只能听上帝的言说。上帝说不许说谎你就不能说谎，所以我觉得纯粹理性并非在《实践理性批判》中没有上帝的位置，康德只不过是为这些命令提供一个学理根据而已。我举例说，就如同我们定了一个刑法，这是国家法律制度的体现，法律是公共意志的体现，是国家意志。一个刑法学教授写了一本教材叫《刑法学》，法官判案的时候是按刑法条例来判案还是用刑法学教授的刑法教材来判案？肯定是前者。很显然，道德命令的颁布者来自《圣经》，来自宗教。康德的道德论证类似于我们的刑法教授的《刑法学》这本书，那么人的行为，道德命令遵循的、听的是谁的命令呢？听的是上帝的命令而不是听康德的命令，康德只不过是提供了一个论证。

　　那么第二个问题，为什么要写道德形而上学这个问题？就好像是Metaphysics 是为 physics 奠定基础。康德深感到近代以后，尤其是文艺复兴以后，人们的道德没有一个统一的基础，所以他要给道德寻找一个基础，这个基础，我们这里用的是形而上学这个词，也就是道德形而上学，就是要给道德寻找一个基础。为什么要给道德寻找一个基础呢？最核心的问题是我们的道德已经陷入了一个相对主义时代。那我们举康德的例子来说明一下，康德说不许说谎是一个道德命令，我康德颁布你不听，说谎以后你康德能把我怎么样？黑格尔说不许说谎，人们也可以不听黑格尔的，路易十四、路易十五、路易十六（法国的国王）说不许说谎，我也可以不听，你能把我怎么样？但是只有上帝说了，人们才听，为什么呢？因为上帝规定了天国和地狱，你不听，那么你说谎了，道德上是一个污点，你死了以后，宗教上说灵魂皈依问题，我说谎了道德上有污点，我死了以后灵魂沉入地狱，由于对灵魂被打入地狱的恐惧和担忧，它对我们此生此世的生活就形成了一个道德规范。那么，我们看一下，为何这样说呢？康德有三大批判。其中分别讲的是理性、道德、审美，但是到黑格尔的时候，黑格尔的著作里就没有道德形而上学，在黑格尔那里取代道德形而上学的是宗教形而上学，他把道德问题纳入宗教里面来讲。以我刚才讲的来说，继续以康德为例，不许说谎。这个界定胡好老师解释来自自由意志，但是自由意志是中世纪讨论的问题，基督教神学讨论的核心问题就是自由意志，以便来解释人为什么会作恶，又为什么会行善。行善与作恶都是来自自己的意志选择。以前我写过一篇文章叫《意志自由与责任承担》专门讨论道德行为，人必须要承担你的责任，你的意志是自由的，所以你要为你的意志自由选择的任何行为产生的后果承担责任。我们来解释不许说谎。康德举了个例子：我是个杀人犯，我追着杀你。你跟我无冤无仇，既不欠我的钱，也没有惹过我。然后你跑到朱海斌这里，你说能不能把我藏起来，他要杀我。海斌问你说为啥杀你，你说我不惹他、也不欠他的，无缘无故要杀我。不知大家有没有看过波兰的一个导演拍过《圣经》十诫里面的一节，《十诫》这部电影叫不许杀人。讲的是一天那个人出来以后，提着枪，没有任何缘故就想杀人。结果他去撞这个人，希望这个人瞪他一眼，踢他一脚。可是那天那个人脾气特别好，他撞了以后人家也不瞪他也不踢他，然后他过去以后故意把那个人推了一下，那个人也跟他没有任何脾气。总是让着他。所以他那天特别失望，回去以后找不到一个理由杀人。现在在康德的语境中，这个人找不到任何一个理由杀人，他就是想杀他。海斌把他就藏起来了，藏在他家的房间里边。半个小时以后我追过来问他。我要杀一个人，那个人不惹我不欠我，我就是想杀他，你见过他没有？海斌这时候就面临是否说谎的问题。如果说我见了，他藏到我家了，就说明海斌没说谎。如果说我没见过他，或者他半小时前从我家前边跑过去了，你追吧，快追还能追上。这样做海斌就是说谎。那按照我们中国人的观念救人一命胜造七级浮屠，但是康德的论证中就是这个时候你能保护他就和我决斗；如果你保护不了他，让开，让我去杀他。宁愿牺牲一个人的生命也不要去说谎。所以说康德的道德也非常的冷冰冰。但是康德说，我如果是海斌说谎了，以救人一命作为说谎的理由，那么我们就会形成一个普遍的法则，就是找个理由就可以说谎。那么这个时候。我们下次再遇到这种情形。儿子看到父亲犯罪了，杀了人了。儿子到法庭上只要以为这是我的父亲，我就可以作伪证，本来他杀人了我就可以作伪证说他没有杀人。为什么呢？我找个理由就可以说谎。康德说在救人一命的这个事件中，如果我们说谎是温情脉脉的，但是他会败坏道德和法律的基础。以后每个人在法庭上都不会作实言证词。如果考虑到他是我的亲戚、他是我的朋友、是我的女儿、是我的父亲，我找个理由就可以说谎，那么我们法律的基础就崩溃了。所以我们说在康德的理论中，西方人之所以建构了现在的法治社会，是因为真正是以道德作为基础的，而道德的背后是以上帝和信仰作为担保的。所以，我们最后回到一点是，康德的道德形而上学并不是要给人们颁布道德命令，而是要给背靠神学的道德命令提供一个伦理上的论证，以便人在选择的时候可以就近去选择究竟是说谎还是不说谎。说谎会怎样，不说谎会怎样。我把这些道理讲清楚。好了，这是我的一个回应，回应胡好博士的康德哲学实践理性必然有上帝的出场。其实，我们知道宗教对于西方人来说就是宗教的模子，谁都知道康德首先是一个信教徒，过着信教徒全徒般的生活，在他的日常生活言行中，尤其是他的理论中，宗教都是他抹不去的背景。最后，我想对中哲的两位博士做一回应。其实，在今天的中国我们面临的最重大的问题仍然是在一个道德相对主义时代我们如何寻找到一个绝对的道德根基。不说谎就不说谎，不杀人就不杀人。道德的绝对根基是文艺复兴以来，西方神扭曲以后康德面临的重大问题。怎么给道德找到一个绝对的根基，也就是以道德绝对主义来克服道德相对主义。这个问题也是我们今天中国社会面临的重大问题。你看我们今天的道德也充满着这种相对主义，谁都可以根据自己的理由，根据自己的现实境遇来找到自己行为的依据和标准。但其实呢是人和人之间的关系缺乏了规则、缺乏了信任。所以我不断重复海斌博士的问题是不是有一个后形而上学的道德呢？也就是说，有没有绝对根基的道德？这个道德如何重建？我想问的问题是道德的绝对性。以什么样的道德的绝对性来克服我们这个时代的相对主义。因为相对主义的必然阶段就是虚无主义。对什么都不信，对什么都不在乎。后现代主义的口号就是怎么都行，在这个怎么都行的后现代主义，抹去了一切道德规范的基本规则，谁都不再遵守游戏规则。好！这是我对我们论道的讨论和争论，有不对的地方希望大家指正批评。我们还有同学想继续讨论，好，我们继续。

学生：李晓春老师，儒家伦理如何看待现代的同性恋？

李晓春：我简单回应一下，这个问题我没考虑过，但是我可以解答。因为现在每个人都面临着一个对儒家思想隔膜的问题，用儒家传统的话来说就是道统断亡，道统断亡已经有几十年了，我们根本就没有那个环境了。现在第一个问题中隐含的意思就是儒家新兴理论所包含的意思就是既然不能论证，为什么要让我相信？你没办法论证这个问题，但是我们都知道，过去的时代所有的士大夫都相信这个问题。这是因为有文化在这个地方存在，你想，我们每一个家庭从小就读四书五经，就有一个文化熏染，最关键的问题就是有朝一日，你按照儒家的思想去做，有一天你会顿悟的。顿悟的意思就是你突然经过生活的磨砺，就觉得这些规则你真的要遵守。这些规则你遵守起来，可能大家没有顿悟的体会。我自己真的有这个顿悟的体会，不敢说是体会，只能说是有一个小小的经历，这个东西是存在的，不是说没有。我觉得中国哲学和西方哲学最大的不同就是西方哲学强调一种论证性。这种论证其实就是一种叙述，但是中国哲学讲的一个核心意义其实是通过顿悟来完成的。这个根基我这样给你说了，有时候我们会问你为什么不信呢？是因为你没有融入到这种文化体制中，你和他已经隔膜了，所以你不信，你也不实行。但是如果你真的去做，我们中国世世代代几千年都有人这样做，为什么我们大家都会这么相信呢？这个东西有朝一日通过践履你更会发现它是真实的。这个真实就像什么呢？我举个例子，比方说这个牌子上的红色，为什么它是真实的？它就这样向我呈现出来了，它的意义就这样向我显现出来了。你说它真实不真实？儒家的伦理也是这样，它有朝一日就会像这样给你显现出来，那么你这样做的话，它的意义就这样显现出来，你没办法论证它为什么是这样的，你就明白它是这样的，就像你看见红的这个颜色一样。然后我说一个，就是你说的潜台词，儒家过去说的三从四德、君君臣臣、父父子子这些，其实儒家现在都不坚持这些理论了，这些理论都是一个时代性的产物。为什么呢？因为它是一个过去的理论，同时我们坚持的是儒家最核心的理论，我们要坚持的是仁、义、礼、智、信，这个是跨越时代和空间的，我觉得只要中国人存在一天，这个就不会泯灭，除非有一天，所有的中国人心中都没有这几个概念，那我们就是完全西化的西方人了，文化意义上的中国人也就不再存在了。你的最后一个意思是说同性恋的问题，你觉得儒家学者会不认同或者很排斥这个东西吗？因为我是尊崇儒家的，我倒认为应该用一种宽容的态度来看这个，因为大家都知道著名的哲学家维特根斯坦，他就是一个同性恋者，他对哲学做出了很大的贡献。但是，就是说这些问题其实是我们因不同的时代不同的视角会有不同的看法，这就是一个变通的问题。为什么说我们今天要重建儒家的哲学，人家西方还能提供一些规则，那儒家就提供不出这些规则呢？是由于儒家的道统规则，过去，我们有三纲五常，三从四德等这些规则，但是过去的规则不适用了，今天我们又没有建立起新的规则，尤其是礼仪的缺失，我们可以去看韩国的电视剧，全部都是从过去儒家中国传过去的东西，那些礼仪，我们感觉到彬彬有礼特别好，是吧？但是我们中国已经丢掉很多了。这些礼仪如何重建呢？我觉得这不是某一个学者能说了算的，这是整个民族凝聚共识，最后能够再次形成这样一个传统的过程，也就是说不是我们没有这些规则，是这些规则还没有重建起来。我这个回答不知道你满意不满意，我就简单说这些。谢谢！

李朝东：好了，今天晚上这个话题我们就讨论到此，只要大家有兴趣，我们会一直讨论下去。根据今天晚上讨论的话题，给大家提供几本书籍，供大家延伸阅读。王阳明的《传习录》、牟宗三的《心体与性体》、康德的《实践理性批判》和《道德的形而上学》、黑格尔的《宗教哲学讲演论》、汉斯·昆与秦家懿合著的《中国宗教与基督教》，尤其是汉斯·昆与秦家懿的著作，秦家懿是中国人，后去加拿大，他们两个人分别从基督教的视角和儒家学说、道家学说的视角来讨论，实际上是一个中西文化的对话。王阳明的《传习录》、牟宗三的《心体与性体》，心性学说就是刚才晓春老师在讲述的过程中提到的，他认为我们中国哲学以后建构的基础就是心性。所以，牟宗三对心性在现代学说里进行了最完善的论证。三卷本我是多年以前读过的，他是把康德和王阳明结合在一起构造起来的一套理论体系。康德的《实践理性批判》这个我们已经多次提到过，我为什么要提黑格尔的《宗教哲学讲演论》？因为道德问题在黑格尔那里是放在宗教的语境下写出来的，我们可以获得康德之外的一个新的视角。今天我们就推荐这些书，大家就去先读，可能对我们今晚上讨论的问题会有一个更好的理解和把握。好！我们今天晚上的讨论就到此，谢谢同学们！谢谢各位领导！

第三讲 以孤绝之思爱这个世界

——现象级的阿伦特与阿伦特眼中的艾希曼现象

李朝东：今天晚上，我们邀请的是西北师范大学法学院的苏婉儿博士。她与我们分享的主题是"以孤绝之思爱这个世界"，副标题是"现象级的阿伦特与阿伦特眼中的艾希曼现象"。可能细心的同学发现我们在出海报的时候没有打印"现象级的"四个字，主要是由于副标题太长，且因为我们想要标题更醒目一些所以就没打上。当然在具体的讲演过程中苏老师会给我们具体地解释"现象级"的含义。苏婉儿博士以前是我的同事；2012年以后，政法学院的法律系独立成立法学院，所以说我们曾经是同事。我曾经受高等教育出版社委托编过一个全国高校使用的现代西方哲学思潮的教材，其中有一章法哲学我就邀请婉儿博士和她的爱人曹明博士两个人来编写这一章，写出来是非常的精彩，但是由于语言过于的学术化、比较晦涩，和教材的风格不太统一，出版社的编辑觉得风格不统一所以就没有进入教材。所以对苏老师我一直有个亏欠，今天我们就以"中和论道"的方式聚焦于一种特殊的时代现象"艾希曼现象"，我们分享一下婉儿博士对这一现象的理解。我们把主要话语还是交给苏婉儿博士，同时今天晚上我们也邀请了评论嘉宾，一位是法学院的曹明博士，他是做法学研究的，主要是法理学和西方马克思主义思想史；一位是哲学系的胡好博士，他上次已经亮相了，而且在上次的讨论中他的观点也没有充分地表达出来，今天我们再以这样一个题目给胡好老师一个尽情表达思想和见解的机会。今天我上课的时候，听他的爱人说他在家里正准备今天的评论呢。昨天我和胡好老师微信沟通时，他说自己正在看康德的书准备今天的评论，今天他又在读苏老师的文本，看来他是做了充足的准备。但是有一点，无论是胡好老师还是曹明博士，来我们的论坛不是寻找认同，而是争论，我们的理想是接近思想、开启智慧，只有在交锋中、争论中才能激起同学们思考的火花。所以，尤其是曹明老师一会儿做评论的时候要多质疑、多提问、多争论，不能一直说好话，因为他是婉儿博士的爱人。好，下面有请婉儿博士。

苏婉儿：各位老师、各位嘉宾、各位同学、朋友，大家晚上好。我很感谢李院长，我最后一次叫李院长，我觉得我们这样一个交流和讨论的环境就没有官衔之分了，在之后的发言中会称李老师。我很感谢李老师给我一个这样的机会，让我有机会把阅读阿伦特的一些经验和感受做一个总结。其实从 2013 年我和曹明博士共同翻译了《康德政治哲学讲稿》并出版之后，我一直都想对阿伦特的思想做一个整理。1961 年的时候阿伦特自己知道有艾希曼的审判，她说"一定要亲自去听一下这个审判，这是我与过去做的一个了断，如果我想不明白这个事我会一直很难受"。所以说，我在阅读阿伦特的过程中也有各种不解，但是因为各种事情，这些不解并没有得到及时的解决。在一个月之前我接到李老师邀请我和"中和论道"的各位朋友交流一下，我觉得这是一个很好的契机，让我有机会整理之前的一些思路，与过去做一个了断。我想今天来的各位都是希望成本花费最小，收获最大。我会让大家收获尽量多一点，如果收获不多，不要怪阿伦特，也不要怪李老师，只能怪我表现得不好。不过即使大家对我的表现不满意，我也不会对自己失望，我还是要感谢李老师给我这次机会、感谢各位朋友来聆听我的一些想法。

刚才大家会看到，可能感觉我的标题很抢眼，有"标题党"的嫌疑。这里我用了一个"现象级的"概念来描绘"阿伦特热"——我在现象学专家李老师面前不敢造次，其实我这里是用了一个不是很熟悉的哲学术语来描述。这种描述源于与《康德政治哲学讲稿》的责编的一次聊天，她说到出版界的一些奇特现象，谈到柴静的《看见》一书大卖上万册。柴静这种高影响力、高发行量的书的出版堪称出版界的"现象级"事件。我当时听到这个评论觉得很有趣，为什么她会用"现象级"这一个貌似很学术化、好像又是很流行用语的词来描述这个事件？我就按聊天的思路想下去，我听她的这种表达，我发现以"现象级的"这个表达去描述眼前的世界和人物，恰恰是阿伦特观察世界的一种方式。就说我们每天会经历很多事情，也会有很多热点事情，但这些热点事件可能是一时、一事的，过去了我们就忘记了。于是我开始思考为什么这一术语来描述会显得很贴切？何为"现象"和"现象级的"，用"现象级的"这一词来描述事件意味着什么？

　　我们身处的世界，过去、现在、未来，时时刻刻在上演着这种各样的事件和各种各样人物的出场，并不是所有的人物和事件都被记住，因为被遗忘，所以不能成为"现象"。要成为现象就要有一定的量的规定性、质的独特性，也就是超乎偶性的普遍意义做支撑。所以，我把"现象"定义为"具有普遍性或普遍意义的特殊事件"。它只是简单事件，一个事件要变成现象，必须具有普遍规定性。接着，我发现当某些值得关注的特殊事件被关注、被观看之后，被定义为"现象"或"现象级的事件"。这时，便有了一个"观察者"或"旁观者"的维度被引入，出现了一个思索着的、评述和下判断的第三方。也就是说，某一事件，要成为现象，一方面，其本身必然有着自身的某种普遍性，而另一方面这种普遍性要显现出来被人看见，则需要一个旁观者的言说，旁观者在把事件具有的特殊性挖掘出来的同时也就把"现象级的意义"赋予了这一特殊事件。这正是阿伦特评论本雅明时所说的"深海采珠人"的工作：去看、去挖掘、去言说、去点亮被遗忘、被偏见、被虚像、被偶然性充斥着的黑暗。于是，用"现象级的"来描述阿伦特，便有了三层含义：①从量的规定上看，使得阿伦特本人引发的热潮，堪称现象，从这个现象中我见到了哪些外观和表现？②一定有某些质上的特殊性，使得阿伦特热不只是一个偶然现象，而是有着现象级的意义的，那么这个普遍性是什么？③当我们试图挖掘出其中可能的普遍性时，我们的思维活动，就有了使现象存续下去的所需的第三方。我们作为观察者，通过观察阿伦特现象体验、实践她观察世界的方式。所以，我们便是以阿伦特言说世界的方式在言说阿伦特，那么阿伦特的方式是什么呢？

　　我的演讲尝试完成这样的三项内容：①首先，我们从量上看，作为一个现象的它，有哪些外观上的表现？比如，受众广，影响持久。②试图抽离一些质上的独特性。③看这些独特性是如何体现在阿伦特身上的，我们将选择阿伦特生涯中极为重要的一个经历——对"艾希曼的耶路撒冷审判"的旁观者的言说，作为切片来探讨她是如何思考的。

　　接下来我们看一下阿伦特是谁，她如何被称为是一种"现象"？阿伦特出生于1906年，2015年10月14日，是她诞辰109周年；12月4日，正好是她去世40周年。所以我想我们这个讲座还是很有意思的，纪念她的诞辰，在这个时候可以算是一种祭奠。在19世纪末出生的这一代我们经常称他们为"迷失的一代"，他们多经历了一战和二战，还经历了30年代的经济危机，我也把阿伦特的师长和她的学生包括她在内的三代人，从广义上称为"迷失"的一代。20世纪初的这段历史对我们来说是很有诱惑力的一段历史，是我们都很想去弄明白的一段历史。阿伦特出生在这个时期。她的身上凝聚着很多传奇的色彩。熟悉她的人都知道，阿伦特是犹太人。犹太人就已经很传奇了，她还是一个女哲学家、思想家，虽然她本人并不喜欢这种称谓。她还是师从名门，跟海德格尔、雅斯贝尔斯都学习过。有人说，光靠这一点资历就足以闪耀江湖了。她还是一名流亡知识分子。她所经历的已经不是我们这一代可以想象得到的了。她在45岁时一夜成名，发表了她的第一本英文专著《极权制的起源》，声名鹊起。从1951年起，开始了长达20年的"井喷时期"，阿伦特不仅生前成名而且身后更红。从50年代到70年代关于她的争议风起浪涌，而去世后的40年里她的著作被翻译成13种语言，几乎每隔几年就会在世界不同区域兴起一拨出版或研究的小高潮。但是我们可以看到与阿伦特观点不同、纠缠不休的人其实都没有看懂阿伦特，也就是说她的这些观点是经得起时间考验的。比如说施特劳斯与阿伦特是青年时期的旧相识，也是在1960年代芝大有过任教时期的交集，但成名后的他很少提及阿伦特。伯林也只有在采访中被问到阿伦特时，才不掩对她的冷嘲热讽，直接说她是在玩文字游戏。这些智识一流的思想家对阿伦特刻意的缄默不语和尖酸刻薄，似乎可以理解为"同行相轻"，从反面表达了对她的认可和尊重。

之后持续到 70 年代，阿伦特去世，她的手稿几乎被全部保存，她生前的作品保存在德国马尔堡的档案馆。在她去世之后有关她的研究非常火暴。比如在 2002、2003 年前后在中国，最近似乎又在第二拨回暖。如 2011 年霍尔、海特尔主编的《阿伦特手册》其实是对她的文稿的思想做一个综述，每年的研究文本包括一手材料、二手材料、三手材料呈几何级数增长，所以想在短时间之内做一个阿伦特的研究的综述是很难的。甚至大众媒体、舞台剧、小说、纪录片、电影，也对此有所反映，比如 2012 年的电影《汉娜·阿伦特》。

以上关于阿伦特的状况，都说明了阿伦特有着很大的特殊性，但不仅仅因为她是一个犹太人，一个女哲学家、思想家。所以接下来我就要说明她的独特性，即阿伦特的现象级意义。

阿伦特的身后名声远远超越了她的身前的光芒。她本人也谈到身后名的问题，她觉得人身后成名是一件很悲伤的荣耀，尤其是对那些生前黯然的人，是一种辛酸的回报，因为他们远远地走在了同代人的前面，他们跑得太快了，以至于超出了人们的视线。而名声、荣耀、意义追逐的往往是"绝对原创性"，它一旦被人看到，就会立刻扩散成为一种现象，不管何时。那么"绝对原创性"指的是什么呢？"原创"意味着他们不属于此前任何一个既定的秩序和套路，"绝对"则意味着其独特性已经独绝到无法创立一个新秩序或门派，他们就是他们自己、只能是他们自己，既无法被超越也无法被模仿。他们的名字后面也无法被附上"主义"两字，所以之前没有他们的"山头"，之后也追不成"主义"，他们永远是自己，这种评价也同样适用于阿伦特自己。

那么，根据我对阿伦特作品的阅读和思考，概括出几点：为何阿伦特在去世之后依然能够跨时间、跨地域地受人关注？其绝对性就在于以下三点。

①思想书写的反体系性与其作品反体中暗含的体系性，开启了后续研究的无限可能。西方思想性的书写从柏拉图和亚里士多德以来，

一直都有体系化和反体系化的两条路线。不管是体系化的表达还是非体系化的表达，好的思想是能够让人跟着想下去的思想。一个封闭的思想体系，没有更多的讨论空间，要么接受要么放弃。非体系的表达充满跳跃的灵感和启示，但缺乏整全。阿伦特的话语空间里，具有体系化和反体系的双重优势，因此，让对话、研究和拓展成为可能。

②阿伦特话语空间的开放度高、切入面广、可入性强，源于她对属于生活的"间性"的发现和探索。阿伦特的作品有明显的跨界性，我经常这样调侃说阿伦特是学院派里的公知，公知里的学院派；学术作家里的畅销作家，畅销作家里的学术作家。她的立场是跨民族的，而她的作品也是跨学科的，主题是多样的，有哲学、政治、历史、法学、社会学、文学。她的思想是跨语言的，阿伦特的思想结构是德语式的，我们常说最擅长表达哲学思想的语言是德语，阿伦特的思想反映出德语的思维模式。母语给了她思想范式。法语跟英语有规范性和逻辑性，英语是特别擅长表达法律的语言，德语是擅长表达哲学的语言，这些语言本身的特色都在她的写作和思考中有展现。顺便说一句，我觉得中文是特别擅长表达灵感和诗意的语言。所以在阿伦特身上有很大的跨语言性，她用不同的语言特色形成的作品就跟使用单一语言表达的作品不同，这是她的跨语言性。除此之外，她自己还是犹太人。在艾希曼案件之后，她几乎被犹太人开除了教籍。用我们的话来说，阿伦特是犹太人当中的受害者，她自己也在集中营待过，自己也是九死一生，经历了集中营和大屠杀的苦难，那么，作为受害者，她的心态本来可以是这样的：觉得自己是受过伤的人，所以谁对她说不，就会用这种情感、以这种激情去追求正义，用这种悲痛蒙蔽一种客观的理智的立场。但是阿伦特不是这样，她从来不用自己的苦难去要求正义。当她谈论问题的时候，她从来不说因为我是犹太人所以犹太人说的都是对的，她是剥离了民族立场的，她的立场是跨民族的。她看到了人的本性当中的一种"间性"，她创立的词语叫 in between。我们都知道亚里士多德，古希腊的哲学家定义人性的时候说人的本性是政治的动物、是城邦的动物。阿伦特把人重新定义了，说人的本性是政治性的，这其实是从人的间性当中、人与人之间的共同性当中推

出来的，所以第一位的本性是间性，而非政治性。间性是城邦政治的根源，那么这里，或者我们讲到的这个词本身是她的发明。阿伦特会用一些新的词汇来构建全然不同的思考。你看到，她用新的词汇来突破思想的边界。间性这一提法是从阿伦特这里来的，但她并没有专门且明确地界定或详陈何为间性，不过，她经常在她的作品中用到这个提法。1968年，她在汉堡莱辛奖的获奖致辞的时候说：世界存在于人们之间共同的生活，这种"间性"是现在人们关切的最大对象。她最基本的判断是：古典世界到现代世界的变化刚好是间性的衰落，现在我们专制，我们集权，经济生活将以前古典世界政治上的人变成经济上的人，将以前古典社会的公民变成私人、经济的人或者市民，看起来我们依然在共同体当中生活，不是孤苦伶仃地宅在家里，但人与人之间已经变成了一种原子化的个体的简单聚合。极权制的根本原因在于间性的断裂，人们全都变成原子化的个体之后，才会迷信专制的权力，才会出现极权制。古今之间很多哲学家都会思考古今裂变、古今转换的原因，她概括的就是间性的丧失。

　　她说，西方人把远离政治当成了最基本的自由。远离政治就是离开了公共空间，就意味着丢失了这个世界或者离开了这个世界。这里讲政治的概念我补充一句，阿伦特讲的政治就是雅典城邦的阿果拉（agora）生活、广场生活，我们在共同体当中要一起商议，我们要在一起讨论。这是在agora、集市或广场上说话和讨论的生活。所以她说现代的人不再关注公共的空间，我们都被迫退缩到自己的私人领域、经济生活当中。真正的政治不是统治和被统治，服从和被服从。亚里士多德说政治不是为了生存而聚在一起的生活，而是有爱的公民在一起的公共生活，当政治沦落为统治与被统治、服从与被服从、治理与被治理，这就是间性的丧失。所以，我认为，刚才我说的第二点，阿伦特在她的作品中之所以会有那么大的跨界性，其实都还只是表象，根本的原因是她推移了人性认知中的原点，她用间性来指认人性最本质的特点。

　　③我想与阿伦特看待世界的基本方式有关。我把这个基本方式，概括为"以孤绝之思去爱这个世界"。什么意思呢？看起来有些怪。

我先概括下，以个体的、无可泯灭的不可减缩的独立性去思考，以自己的名义给出普遍化的判断，然后去理解这个世界的存在。理解个体、理解这个世界、关爱这个世界。她眼里的海德格尔，还有她眼里的其他一些哲学家，都是高高在上地看待这个世界，其实是退离这个世界。但有些人，可能说我并不讨厌这个世界，也不讨厌人群，但他并不思考。我们看"以孤绝之思"，这样一个说法是阿伦特从康德那接过来的，"以孤绝之思"是我文学化的概括，阿伦特的概括是"你要以自己的名义去想"。大家看，这点非常康德化。她说思索就是"thinking without bannister（Denken ohne Gelënder）" "无扶手的思索"。这里面反映出阿伦特的双语式的思考。这是她在一次访谈中所讲的，所谓"无扶手"，字面意思是不靠什么，也可以理解为无所依傍的思考，亲自去思考。独自、亲自思考的意思是什么？她说就算我们全然丧失宏观的标准，就是价值观完全崩盘，丧失了基本的道德基点。什么是对什么是错，是非判断的标准没人告诉你了。这个话看起来很怪，这一点有些陌生。因为阿伦特最开始论文写的是奥古斯丁。她认为每个个体就是一个开端，整个世界不能提供给你是非判断的标准时，你自身就足够创造价值体系。阿伦特十四岁的时候有一个不能抗拒的诱惑，就是她要去想这个世界。只有理解了才能跟这个世界有一个和解，当你没有价值观的时候，你无需借助任何他人。也就是说，每一个人都是一个开端，都可以弥补价值崩盘后的真空。这一点，因为阿伦特最开始是研究奥古斯丁的，她的博士论文是写奥古斯丁关于爱的概念。她很关注奥古斯丁关于人的出生境况，她认为每一个个体就是一个开端。每一个个体，你就是世界的创造者，你就是世界的开启者。所以她说，就是整个共同体、整个社会已经不能够提供一个判断是非对错的标准，价值观、道德观完全崩盘了。这时候，你就是一个价值观、道德观的制定者，也就是一个本质上作为开端的存在者。你自身就是起源，你自身就足够创造整个价值体系。刚才我们说，阿伦特曾说，她十四岁的时候就有一个不能抗拒的诱惑，她要去理解、去想明白这个世界。后来我们会讲到，只有理解了，你才能够和其他人和谐共处，你才能够安心，与你所在的世界和解。所以她说，当没有价值观的时候，自己就是起源，自己足以去理解，你无需借助任何先入为主的范畴和判断。比如说，党派的判断、共同体的判断、历史的判断、国家的判断或是任何一个集团给你的判断，你自己也可以去想，你自己也可以去开启判断，不用借助任何既定的习俗规则或是道德体系。

无扶手的思考或是独自的思考意义非常重大，在一个铁板一块的社会，在一个伦理生活或是价值体系完整无损的社会中，在一些很确定的时代，独自思考的意义在哪里？在于启蒙，当这套价值体系完整的时候，我们每个人的思考都具有启蒙意义。但是我们的社会也会经常有价值崩盘的时代，比如说，"二战"的时候，"文化大革命"的时候，一个转型的时代，像中国目前的时代。任何一个社会都会遇到道德失范、道德体系崩盘，历史与传统相互分裂，传统被连根拔起的这样的时代，一个焦虑的时代。会有这样的时代，对的变成错的，是非不分，价值缺失，是非对错混乱的时代。这时，无扶手的思考的意义在哪里？在于扎根，让你给你自己一个安定的处所，能够给予自己的判断。所以我们说，无扶手的思索的意义非常重大。

无扶手的思索会遇到接下来的问题。思索以后，如果你是一个行动者，那么思索阻止你去作恶。只有经过想了之后，作恶的可能性才会减小。因为思索的最高原则是不矛盾，当你知道说谎是不对的，你仍然说谎，对于一个有思想的人、一个思考的人，这是矛盾的，你无法忍受一个做了和你认知不同的事的人共处后半辈子。其实这是一个苏格拉底的方式，当一个思想的人知道什么是对错的时候，他就不应该去做错，所以说，当你思考过之后呢，就会阻止想去作恶的那个自己作恶。阿伦特认为，如果不启动和运转每一个人的思考能力，纳粹所造成的浩劫便是不可避免的。

你思索以后可能会有另外一个结局，你可能去讨厌你所处的这个世界，你会觉得这个世界的恶行不断，非常的丑陋，你可能会离开它，你可能会厌弃它，哲学家可能就有这种思想。比如毕达哥拉斯。看到世界上诸多丑恶的地方，就会离开它，这可能是思索后的一个结果。还有一些人思考后会有怎样的结果呢？比如马克思，他思考后发现这个世界有着太多的不公，有太多的压迫、欺压，于是他就想要去改变这个世界。在阿伦特看来，世界就像是一个剧场，表演者很重要，但是观众更重要，阿伦特的整个活动和我们今天的整个活动，其实都是一个观看者的活动，世界上如果没有观看者，是寂寞的，是一个荒漠，所以她说整个世界像是一个剧场。如果观看者发现台上的表演者表演得特别糟糕，你可能会起身离去，你可能就不会再参与到这个世界中去。或许你认为他演得不好，然后你冲上台去把他赶下去你自己演，结果你自己演得还没他好。也有可能你冲上去后被演员绑架。这是思考之后的两种可能性。对于旁观者来讲，这两种可能性，你可能会离开这个世界，你可能讨厌这个世界然后极力去改造这个世界，当然这可能会导致一些暴力革命或是一些与初衷相反的结果。但是阿伦特认为，思考以后说出何为对错、鉴定美丑的能力显得特别重要。

　　当你思索后，已经判断出台上的表演者好还是不好时，我并不因为他表演得糟糕就离去，也不因为他表演得糟糕而冲上台去，而是在一个公共的舆论空间说出什么是对什么是错。"说出"很重要，思索后说出什么是对什么是错，非常重要，这会形成一个公共空间，形成一个讨论的空间，这个讨论的空间才是世界的本身。阿伦特思索世界的角度和哲学家退守的角度以及直接去改造世界的角度是不一样的。从苏格拉底之后，西方一直有这样的区分，思索的生活和行动的生活，不管是古希腊还是中世纪，思索的生活本身是高于行动的生活的，所以在哲人的眼里，行动的生活是一群疯子在胡闹。有很多人呢，会离开这个公众生活，比如海德格尔。但是苏格拉底是非常爱这个世界的，我们常讲，谁最爱这个城邦？谁最爱这个世俗生活？谁最爱这个城邦的人民？是苏格拉底。因为苏格拉底深知雅典人想不清楚，不爱思考，但是苏格拉底并不嫌弃他们，苏格拉底还会每天去广场上和雅典公民讨论。当你知道什么是对错真假的时候，你不是不吭声离开了这个世界，而是和自己的同伴去交流去探讨，阿伦特说，这不是一个退守的态度也不是一个改造的态度，而是爱这个世界的态度。固守这个世界其实也是爱这个世界的态度，那么，爱这个世界，就不是初看起来的那样，仿佛是我找了一个特别吸引眼球的词来给阿伦特打广告。

　　拉丁文 Amor Mundi 意思是爱这个世界。1958 年，阿伦特的《人的境况》这本专著问世，《人的境况》的汉译本是 1999 年翻译出来的。这本书呢，在德文中的意思是"积极生活"，正好是阿伦特在讨论积极生活也即政治生活的一本专著。这本书问世的时候，阿伦特就想把这本书的副标题称为"Amor Mundi（爱世界）"。这里面有一个背景就是，她认为苏格拉底以后的哲学家都不是爱这个世界，因为他们都不是真正地关注行动生活和政治生活，要么是横加指责，像科学家那样去改造它。而"爱世界"，是在恢复苏格拉底对城邦的爱，我不仅知道什么是对什么是错，我还要跟别人去交流，去体会别人在怎么体验这个城邦生活的。她想以"爱世界"来命名这本书，当然后来由于其他原因没有达成，但是她好多次提到这个拉丁文，爱这个世界，这地方还有一点，她还会引用相关的另一句拉丁文，这句拉丁文是奥古斯丁说的，也是海德格尔从奥古斯丁的著作里面摘引来送阿伦特的，这句话阿伦特后来经常说成："Amo：volo ut sis（I love you：I want you to be）"，意思是"爱你，就是要让你存在。"是什么意思呢？爱你，不是要离开你，而是要跟你在一起，跟你在一起发现你的意义，跟你一起交流，发现世界普遍现象的意义，发现世界普遍现象的永恒性，发现存在的真正价值，发现你是其所是的真正原因。所以，爱你，就是要让你存在，这是阿伦特与世界相处的一个与众不同的态度了。因此，我有这样一个概括，她是集合了康德和苏格拉底的两种方式，即启蒙哲人的纯粹知性和古典城邦的有爱集于一身的最后一位政治哲人：用思索性的方式和判断性的陈述来进入公共领域，去关爱这个世界，进而去构造这个世界。所以后来像哈贝马斯搞主体间性，商谈政治，根源都是来自阿伦特。当然这里面可能涉及一些理论背景，但这不怪阿伦特，怪我，怪我没有讲清楚，阿伦特比我讲得清楚多了。

　　下面我们来讲阿伦特作为一个"无扶手"的思想者，进入公共领域这个剧场中去制造这样话语空间并参与构造整个剧场，她的这一个方式是怎么进行的？我们就取一个很特殊的事件"耶路撒冷审判"来展现阿伦特这种独特的与世界相处的方式。

我们知道，"耶路撒冷审判"就是在审判艾希曼这个人。"耶路撒冷审判"其实是二战之后众多审判中的一个，它的一个基本模式、或说基本先例是纽伦堡审判。纽伦堡审判的依据是1945年的《伦敦宪章》，《伦敦宪章》设定了三个罪：战争罪、反和平罪、反人道罪。我们都知道纽伦堡审判是在1945年到1948年进行的一系列审判，它主要审判了纳粹时期一些参与重大决策的政治人物，还有法官、行政人员等等。这一系列审判到后期，引起的争议是很多的，首先是人们争议它的合法性的来源。而且到了后来，随着冷战的到来越来越明显，审判者内部发生了裂隙，审判者似乎要和被告联合起来对抗审判者中的另外一支，就是英美和苏联之间有一些裂隙，所以这个审判最后还是有一些走过场和不了了之之嫌。所以，纽伦堡审判伴随着一些质疑、理论上的难点、法律上的难点，包括一些政治上的不得不甚至苟且的交易。所以说，审判到最后呢就有点像"审判秀"了，就有点走过场。

但是纽伦堡作为一个审判的样板，后续像希腊、南斯拉夫的一些类似审判还是以它作为标准的。但后续的类似审判可能都已经被人们忘记了。人们只是在一时之间宣泄了复仇的热情，像东京审判也是这样，人们觉得这样的审判很好，它为受害者们宣泄了复仇的情感。但是里面的难题是很有争议性的，但是后来没有继续提下去。这一系列的审判中的法官、被告以及为什么会这样判等诸如此类的很多疑点和麻烦很快被人们遗忘了。但是艾希曼审判不一样，艾希曼审判几乎是二战后一直被人们津津乐道而同时被人们一直研究的这样一个案件。为什么？就是因为这个案件有一个独特的观察者。这个案件被一个独立思考者，被一个善于发现现象级意义的人记住了并记述下来。然后她把这个审判中的疑难和这个审判中的普遍性的意义挖掘出来了，也就是说，耶路撒冷审判对于很多人，对于犹太人，对于以色列人，他们只是认为把一个迫害他们的人抓到了，审判了，吊死了，他们只是宣泄了自己的民族情感，彰显了自己的能力，认为这是一个合法的复仇。但是阿伦特看到的更多，她看到艾希曼审判本身不是一个国家或是一个民族的审判，而是一个人类的问题。这是艾希曼的简单情况，我们大概地回顾一下。

艾希曼审判有一个原罪：以色列抓艾希曼很不合法，这牵扯到一个引渡问题。但是当时的情况又另当别论。当时以色列刚刚建国，所以以色列管辖权的合法性也是一个问题，因为在二战纳粹屠犹的过程中，以色列还不存在，但整个案件是从1960年开始的。艾希曼是一个纳粹中校，他的职责就是将犹太人遣送到集中营灭绝。他是一个庞大事件中的一环。他并不是决策者，但他是有效执行者。那么这个人在布宜诺斯艾利斯被以色列特工抓到以后呢，基本上是以绑架的手段弄回到耶路撒冷，这个既非犯罪行为地也非被告住所地的地方。然后呢，第二年就开始一审，审了大概一百多天，完了就开始判决。审判结束后，艾希曼本人又进行了上诉，希望被宽大处理，但是二审火速结案，很快他就被施以绞刑。

在整个庭审过程当中，其实更多的不是艾希曼的回答和表现，也不是他的申辩，庭审的重点成了犹太人的一场诉苦大会。犹太人通过这样一场审判向世界上所有人展示他们悲惨的历史。而当时阿伦特是美国人的身份。当然这时候她已经移民了，她作为一个被迫害的犹太人，逃到美国，并经受了十八年无国籍的生活后，成为一个美国公民。艾希曼审判的时候，她以《纽约客》通讯记者的身份亲自到耶路撒冷去观察和报道这个案件。那么报道的结果，就是《纽约客》周刊的连载报道。连载结束后，她就出了关于艾希曼在耶路撒冷接受审判的一本书，这里面就涉及我们都知道的"平庸的恶"这样一种说法。

在这个报道中，阿伦特讨论到这样几个问题：审判并不是为了昭示主权或者为受害者复仇，也不是记录历史，而是为了伸张正义。而她看到这场审判已经不是在实行正义，而是在展示主权和民族情感。

还有她提到了犹太人在灭绝犹太人活动中起到的作用，她问道，犹太人为什么大规模地守纪律地去被宰割？在这个涉及某种庞大管理系统的杀戮中，犹太人自己起到了很大的作用。一些犹太人的不作为导致了许多人被杀害。她这样的质疑就很有康德的思路，比如她对一名著名的犹太拉比 Leo Baeck 的质疑。Baeck 参与对犹太人的管理，他知道犹太人最终的目的地是毒气室，但是他没有告诉同胞，他的理由是，与其让同胞在恐惧中死去，不如让他们从容赴死。阿伦特的质疑是，善意的谎言本身就是一个矛盾，你这样就没把同胞当成同胞，你凭什么认为别人认为在恐惧中赴死不好？去替别人做决定？你给他们真相，他们总有选择的可能。阿伦特质疑犹太人在这样一个庞大的管理系统中的作用，可以想象这样的观点会引起多大的反感。她是在错误的时间抛出了一个正确的观点。她还引出了判断的可能性问题，有人反驳阿伦特对 Baeck 及当时犹太人——尤其是犹委会——的行为的质疑，说惨剧发生时你并不在场，你有什么资格或者说你凭什么判断 Baeck 及当时犹委会甚至普通犹太受害者的行为及选择的对与错？阿伦特反驳说，那么，法官有什么权利下判决？

另外是她对艾希曼本人的讨论让人觉得她是在为艾希曼开脱。对艾希曼判决的报道一经出版后就遭到有组织的抨击，有人说她是纳粹党，毫不客气地说"有个犹太娘们写了一本力挺艾希曼的书"。后来很多人都不知道阿伦特写了什么，只知道她为艾希曼开脱。她是一个仇恨自己民族的人，她仇恨犹太民族。其实对于她的一些评价，很多人后来都不知道阿伦特究竟写了些什么，尤其是阿伦特在《艾希曼在耶路撒冷受审》这本书到底写了什么，但人们就是知道她在为艾希曼开脱。她是一个自己仇恨自己民族的人，她仇恨犹太民族自己给自己脸上抹黑，于是，就对她进行了一个重大的围剿。炮火的强烈以至于有人私下嘀咕，天呐，这到底是在审判艾希曼还是在审判阿伦特呢？这是她这本书所引起的一个争议，这个争议的原因我们会发现是认真负责的读者太少了，很少人看阿伦特究竟到底写了什么。阿伦特在《艾希曼审判》这本书再版时的序言中不断在说"他们组织了成规模的围剿运动来绞杀我，实际上绞杀的是一本我根本没有写过的书。他们抨击我的一些观点根本就不是我的观点，他们是面对着一些影子、面对着一个假想敌在攻击"。所以，在这舆论的风暴当中，人们已经不知道阿伦特究竟在说什么了。那么我们事后来看，她的旁观及记述，对艾希曼的审判内含的普遍性的挖掘意义是非常重大的。

抛开宗教和科学这些方面不说，她会分析检控双方的问题，并会对之做一个判断。她认为整个大法官的判决是有力但不够伟大的，人们对反人类罪或反人道罪的认知其实是很不到位的。她会说《伦敦宪章》和纽伦堡审判，其实是人们把有先例的战争罪和无先例的反人类罪搅和到一起了。这是一场有组织的屠杀，这个行为和事件本身是史无前例的，应该用史无前例的罪名来定性，但她发现整个司法界对于反人道罪的认知是不清楚的。阿伦特在她的作品中对于反人道罪的探讨是史无前例的，包括它的法律性。那么我们来看一下关于恶的一些说法，我们看到"平庸的恶"这个提法其实非常有意思，知道阿伦特的人、不知道阿伦特的人，反正都知道阿伦特创造了一个词"banality of evil"。这个术语在《艾希曼审判》这本书中只出现了一次，就是在结尾的时候，最后三个字里，她说，艾希曼被吊死的时候，就好像在他生命的最后几分钟，总结了整个人类恶行留给我们的教训，什么是最可怕的，最挑衅我们思想的言行，她认为这种恶是无法被思索的，挑衅你的思想，挑衅你的言词，这就是 banality of evil。

我还想跟大家交流一下 banality of evil 的中文译法。在中国学界我们都会说，阿伦特创造了一个说法就是平庸的恶，或者恶的平庸。我最开始在翻译她的《康德政治哲学讲稿》的时候，注意到 banality of evil 字面意思就是恶的平庸，因为她在强调一个恶的性质问题，这就是我马上要讲的，它跟"极端的恶"或者说"深彻的恶"的一个区别。所以我最开始的时候很纠结的一点就是，前后两个名词应该怎样搭配的问题，平庸的恶还是恶的平庸，平庸的恶好像是说恶的类型，恶的平庸指的是恶的性质，但是后来我发现前后搭配在英文当中是略有区别的，但是在中文当中平庸的恶还是恶的平庸其实区别不大，小到可以忽略不计。然后我发现真正翻译的关隘在于 evil 这个词。翻译成平庸的恶，平庸这个词在中文语境当中是"不够出色，不够杰出，能力不够优异"的意思。但阿伦特的意思并不是说一个平凡的人、不够突出的人、不够有创造性的人就是一种恶。对于艾希曼这个人，你也不能说他能力不够突出。他业务能力其实很强，作为党卫军专管犹太事务的专员，他的业务能力其实足够胜任他的岗位，不然他也不会晋升到陆军中校。而且作为一个办公桌上的杀手，他业务上也很有创意，比如说有一次他要运送一批犹太人到集中营去，但火车车皮出故障了，大批的犹太人运不走，他就说，既然火车出故障了，那我们就让犹太人走到集中营去吧。所以他也还是很有想法的，也是很有工具理性能力、有业务能力的一个人。所以我们就会发现，如果要说平庸就是一种恶，可能也不是特别准确。阿伦特是在强调"乏味"，那么什么是乏味呢？因为阿伦特会说像艾希曼这样的人他的恶行所表现出的原因是什么？原因是他没有思索能力，也没有判断能力。而判断能力在她对于康德的发掘当中指的是什么呢？我们说中文可能有点陌生，简单来说就是，康德说判断能力是一种神秘的能力，既不是知性也不是完全的感觉。它的起源很类似于味觉，味觉是我们的五种感觉当中最需要判断力的一种感觉。什么意思呢？比如说我们听到一首歌，我们觉得特别难听，或者说我听到一首交响乐我不喜欢，我们就可以充耳不闻。如果我看到一幅画我觉得太难看了，我闭着眼睛也可以视而不见。但是她说味觉不一样，味觉就是当你吃到一种东西的时候，你立刻就会发现你到底喜欢它还是不喜欢它。你吃到一口不好吃的东西立刻就会有本能的反应，就会吐出来，你吃到一口妈妈做的菜你可能会感觉到很舒服，你会很享受地咽下去。所以，康德发现味觉是一个最不能够抗拒判断的感觉。舌尖是一个自动的点赞机。味觉必然联合着判断，你一定会说这个味道好还是不好。所以说思索或者说知性是可以孤独的，口味是一种共同的话题，所以他说判断这种能力来源于味觉。味觉就意味着你需要跟一群人一起去分享一个味道，会觉得好坏是不可以抗拒的，吃到妈妈做的菜一定是非常好吃的。所以说品味正好约等于判断力，所以阿伦特说艾希曼之所以会精明强干地处理屠犹事务，根本上是因为他的"味觉"失灵了，也就是说他的判断力失灵了，他没有品味了，当然品味和知性能力之间有一个非常复杂的联系，这一点我们就不说了。所以我认为用"乏味"来翻译可能还更加准确一点。因为乏味有时候也带上一点平庸的意思。然而更重要的是，她强调人作恶时，其实是味觉失灵了。所以这就是平庸的恶的一个翻译问题。

那么阿伦特为什么要用这样一个"banality of evil"的提法来形容艾希曼呢？其实是意有所指的。她是针对两种靶子来提出她这样一个"乏味的恶"的。顺便再强调一下，乏味的恶并不是说她的一种理论，只是这本书后面最后的三个字。她其实针对的是两种看法，两种主要对于恶的看法。一种是舆论当中对于恶的看法，比如说针对艾希曼这个案子，整个国际社会和犹太人都会认为，纳粹的这些战犯及相关的人，他们就是禽兽，他们就是变态，他们就是一群恶魔、一群疯子。但是阿伦特说他们其实不是疯子，不是禽兽。她说如果说犯罪的人只是禽兽的话，那么，动用人类正义的资源和正义的力量去进行一场审判，只是在审判一个禽兽，这有什么意义呢？如果说整个纳粹的灾难就是一些禽兽在干的话，这就相当于是一场地震一场洪水一群蝗虫来了，跟这样的性质没什么区别。比如我们说一个村落被一群无法想象的野狼或者疯狗袭击了，你会去追究这些野狼和疯狗的责任吗？如果说是一场洪水来了或者说是天灾，你会去追究天灾的责任吗？所以她说如果我们仅仅把犯罪分子或者说艾希曼这样的人当作禽兽的话，我们就把我们自己看低了，我们是在跟一群禽兽谈正义，那我们是什么呢？而且她会说你们把犯罪分子，比如说艾希曼看成禽兽，实际上还是把他给抬高了，把他搞成枭雄了。也许希特勒这样的人，他们是禽兽、他们罪大恶极，反过来还证明他们在干一件很大的事情。

这是阿伦特所针对的一个靶子，另外一个靶子就是康德所谓的"极端的恶"或"深彻的恶"这一说法。我们知道康德费了半天的劲，搞出来这个道德律，说我们的实践理性最终会推出道德律，我们要遵守道德律。但是康德没有办法解决的是人类有时候知道正义和错误的时候仍然会犯错，就是我知道不该说谎，我有时候还是忍不住会说谎。我知道这样已经是不对可是我仍然会去做。那么他怎么样去自圆其说？他会说，怎么去解释人们知道善恶，仍然会去做恶这样的现象，他说这是根植于人的本性。然后他就会说知道恶还去做也具有自由选择的成分，再往下推一环，我们就会发现康德的这个论证实在是太费劲了，最后的结果等于没说。那就是，康德说，我们知道善恶可是仍然会去做恶，是因为我们命定如此，是因为人性如此，这就等于没说了。那么康德最后就概括出来说，恶是极端的或者说恶是深彻的。

然后阿伦特就发现，这两种说法无论是理论上还是实践中，都已经把恶看得太高了，她觉得这样是有损于人类尊严的，她觉得像康德这么有思考能力的人最后得到的结果竟然是"我知道善恶但是仍然会去作恶，是因为人性固然如此"。当然，在艾希曼审判之前，阿伦特对于恶的理解也是如此的，比如说在《极权制的起源》里，她也是认可康德的这套推法的，她说有一些令人发指的罪行出现的原因就是极端的恶，而且她当时还把康德的这个推法做了一个转述，她说，极端的恶有三种表现，其中一种就是无法理解、无法惩罚、无法宽恕，它的动机匪夷所思，极端的恶比如说纳粹这样的，这种大奸大恶，他的动机非正常人所能理解，这样的一个结果就是人类的知性无法理解一些大奸大恶，像艾希曼这样的人他没有作恶的动机，所以阿伦特在审判之前也沿袭了康德对于恶是深彻的这样一个思路。但是后来我们就发现说，你这样么就是把恶看得太高了，或者就是把我们看得太低了。所以说这都是对人类知性的一种污蔑或者挑衅。因此她后来通过对艾希曼审判这样一个现象的观察，得出结论说恶这种东西它其实一点儿都不深彻，一点儿都不极端、也不绝对。所以她提出说"恶没有深度，也没有魔鬼和禽兽的那一面"。你要说恶有禽兽的一面你还会把恶搞得很伟大了。然后她说恶，之所以会疯长，会蔓延，是因为它像霉菌一样，霉菌是没有根的，它只能够长在表面。我们之所以要思考恶，并非恶本身是高深莫测的需要费力去理解的，而是因为思索总要达到一定的深度，人的思想总是要去寻根问底，总要抵达最深的地方，因此我们要去思索恶的深度。但是阿伦特说，好了别想了，恶其实根本就没有深度。你想去找到一个真的原因，找到一个深彻的东西，其实根本就没有。你想去思索、想要想清楚这个恶，其实你会发现那里空无一物。她说只有善才是有深度的，恶其实是没有深度的。这里面其实有一个什么意思呢？就是说对于旁观者来讲，恶行你要怎么去看它。她说只有嘲笑它，只有你能够对恶行发出笑声了恶才会自行瓦解。你不能把恶当成一个肃穆的、庞大的思考对象来对待。所以说艾希曼根本就是一个小丑，他哪里是禽兽？

阿伦特是怎样从艾希曼的身上看到这样一种"乏味的恶"的呢？因为艾希曼没有任何动机，艾希曼自己说，我不反犹，我也从来没有仇恨过任何一个犹太人，而且我跟犹太人共事合作还很愉快。艾希曼的证词里甚至还说，我这个人天生怕血所以当不了医生。所以艾希曼本人没有任何的反犹和屠杀的动机。

阿伦特自己亲自旁听了长达一百多天的庭审。阿伦特后来在写作的时候阅读了大量的文献，其中还包括三千页的交叉询问报告。然后根据这些报告和本人的庭审表现，她得出来的结论是，艾希曼这个人本身没有思考的能力。她说他没有思考能力的一个表现、或者说其中一个原因就是说他语言贫乏。语言贫乏就意味着无法思考，因为我们知道思考是需要符号来进行的，而艾希曼满嘴都是纳粹的官话套话。艾希曼自己也直言"官话套话是我唯一的话，我只会说这些口水话，我只会说文件上的官话和套话，我没有其他任何的语言"。所以艾希曼本身语言非常贫乏，他没有任何的审美能力。在交叉询问的时候有一个警员为了让他放松一下，就给了他一本小说《洛丽塔》，让他看一看，缓解一下情绪。他看了两天还给警员，说这本书不好，太低俗、太污染身心、太传播负能量、太肮脏了。他当时就是用一种官方的语言来评价这个文学作品的。所以他的语言非常贫乏，而且他说话前后不一致。但这种前后不一致并不是他在说谎，阿伦特就抓到他这样几个不一致。比如说，他说："我是一个 Gottgläubiger（脱离基督教的人）"，Gottgläubiger 是德语当中的一个术语，也是纳粹党的一个术语了，就是他们是不信教、不信基督的，但是他们又会信绝对精神，信这个造世的某种灵魂，但反正不是基督教的上帝了。他说反正我是不信神的，但是他在临终上绞架的时候，又会说："在座的诸位，我们很快就会在来世见面了，这是我们每个人的命运，德意志万岁，阿根廷万岁！"对于这个，阿伦特就说，他明明是一个不信神的人，不信来世的人，他为什么会说我们马上就要来世再见了，阿根廷永生，德意志永生。她就发现他说话经常是前后矛盾的，其实他的矛盾并不是他故意矛盾的，而是说，他从来没有思考过他所运用的每一个语词的具体的含义。还有他没有判断能力，判断不了好坏。判断不了好坏的一个表现就是他的心智当中没有别人，他满脑子都是官话、套话，他看不到身边的其他人，对其他人不能够感同身受。他没有选择的能力，没有选择同伴的能力。这是阿伦特从艾希曼身上看到的"平庸的恶"或"乏味的恶"。当然"乏味的恶"这一提法本身，后来引出了很多质疑。比如说，是不是恶都是因为思索不能，没有判断力导致的？后来理论上有很多争论，我们不再做展开了，就是阿伦特这个"乏味的恶"，只是对一个现象的概括，她并不是在研究一种恶的动力学和恶的发生学。

另外，这里也要强调，当你讨论恶的时候，你自己作不作恶呢？也就是行为问题。比如说我们在球场上，你犯不犯规？你做不做小动作？这是一回事。但是旁边的人看，你为什么会做小动作？这又是一回事，那么阿伦特会说，一个思考的人在打球的时候不会去做脏动作的。为什么？因为他知道做脏动作不好，他知道小动作的好坏，所以他一定不会去这样做。所以说，如果你做了，一定是因为你还没有想清楚，或者就是你根本就没有想。我们看到，这样的伦理论证思路还是苏格拉底的论证思路，作恶者都是无知的、作恶者都是傻子。阿伦特并不是想强调行动者作恶与否的根源或者说作恶的原因，她不是在研究恶的动力学，她其实是在讲，对于旁观的人你如何看待这个作恶的人、做小动作的人、做错事的人，她要说，你要把他当成傻子来看。你不能说这个作恶的人是你无法理解的。其实作恶是你可以理解的，是因为他们没有想清楚。因此，她的"平庸的恶"仅是从一个旁观者的角度讲，而不是在考证恶的动因和恶的实践。

那么，整个艾希曼审判这个事件对于阿伦特，她自己后来讲，给她自己一个还债。讲清楚这样一个大灾难以及大灾难的原因，她就觉得舒服了。那么，阿伦特去报道这个艾希曼事件，其实理论上来讲，也是阿伦特整个理论体系一个转折点、一个关键点。因为在这个艾希曼审判中，她开始去重新思考人的心智官能当中的判断能力在她的理论体系中的作用。以上是我讲的三点。

　　最后呢，我想顺便提两句阿伦特对于我们的启发。首先我觉得要区分一个思索与行动的分离，要选择一个立场。我们说在剧场当中，有一个行动者，有一个观看者，所以当我们去思考问题的时候也要去考虑我们是行动的人，是实践的人，还是我们是一个旁观的人？可能这两种立场呢，你思考的方式是不一样的，思考的原则和思考的结果也是不一样的。所以当我们想问题、写问题的时候，你要看得清你自己的身位，你是哪个立场上的人？你是剧场当中的哪个角色？再有就是关于思索的方法，顺便可以提两句。一个是扩展性的思考。扩展性的思考，就是说，要比较。比较就是扩展性思考的一个重要方法。也要看到差异，这样你才能从自己的立场当中跳出来。你要能够看到他人。所以，我最喜欢的一句话就是："总看着自己手里面《圣经》的那个人是永远看不懂自己手里那本《圣经》的。"因为你总看着自己，我们其实每个人都有盲点，盲点就是别人都看得见，而自己看不见，所以我们需要一面镜子。扩展性的思索，简单地说，就是要能看得到差异，要能从别人的角度来看自己。这是思索的一个方法。还有就是阿伦特非常强调的——甚至准确地说，不只是阿伦特强调的，而是整个西方传统里一直强调的——一致性和不矛盾律。一致性呢，既是理论的一个美德、理论的要求，也是行动的一个标准。同时，阿伦特也非常强调思索和行动的一致性，思索和行动之间的直接的关联。所以这里面我就想顺便说我们的校训特别好："知术欲圆，行旨须直"。这恰恰是亚里士多德以来到阿伦特理论美德与行动美德之结合的最好的表现。再一个就是从阿伦特提到的，也是她的一个思索方法，就是对话，这其实是回归到苏格拉底的传统：原初意义上的"辩证法"。对话呢，这里面有几个角度，一个是跟自己对话，思索是无声的对话，你自己要一分为二，自己跟自己对话；再有就是跟自己的同伴对话；还有很重要的就是跟文本对话，所以这里很强调文本阅读。从我的专业看，我们说，西方的法学传统是一个文本传统，其实任何一个文明传统，严格地说都是文本传统。阿伦特的整个思考方式，可以说都是从阅读当中来的。因此，阅读或者文本阅读本身的重要性是怎么强调也不为过的。再有就是双语性。双语性不是思索的必然条件，但是多语性和双语性本身也反映了扩展性思索，它是一个有效的方法。还有一点，舆论和出版空间非常重要。如果没有《纽约客》杂志，如果没有庞大的出版空间，那么我们今天想了解阿伦特也是不可能的。所以思索对于世界的构建来说很重要，但思索的成果需要有自由的出版空间来呈现。再有一点就是，我们若阅读阿伦特，会对"政治"这一概念有一些新的认知。

这是我对这个报告的一个叙述。我想阿伦特对于我们的启明，如果用一句话来说，就是"一字一句地救出自己、一言一语地守住这个世界"。希望我的这个捉襟见肘的阐释，没有堵住大家阅读阿伦特的热情和欲望。谢谢大家。

李朝东：20 世纪西方有三个伟大的女性思想家。一个是汉娜·阿伦特，一个是波伏娃，还有一个是……

苏婉儿：薇依。

李朝东：薇依算一个，还有一个是美国的桑塔格。如果同学朋友们还愿意去了解其他的思想家，比如说，波伏娃的《第二性》是关于女性理论的形而上学的非常有影响的著作。这个桑塔格反对阐释，或者是拒绝阐释，是属于文学领域里面非常有成就的作家，刚才苏老师提到的薇依，她从宗教的角度来审视人类的这个生活，或者生存状态。但不管怎么说，我们今天至少已经感觉到，因为一个不平凡的思想家的介入，使一个本来平凡的审判案件变得有意义。她给我们人类揭示了什么？下面请评论嘉宾继续给我们进行评论和分析。

李朝东：请坐！为了让评论嘉宾把自己的思想申述得更充分一些，今天晚上每一个人在评论的过程中，把自己关于这个问题的思考和点评一次说完。好，上次是美宏博士讲完以后，胡好博士在评论的过程中，这个张老师他记不住，结果弄得我们胡好博士没把他自己的思想充分地表达出来。今天晚上一次性表达。

做西方哲学的，讲西方哲学的我们至少应该有一个中国哲学的视角。那么今天是一个，刚才苏老师也告诉我们，这个阿伦特的写作本身已经是一个跨语言的、跨领域的、跨学科的。但她毕竟还是以艾希曼的这个审判作为一个法律现象来给我们揭示阿伦特的思想。所以下面先从胡好博士这儿开始，我们给一个哲学和伦理学的视角，先对这个问题做一个回应。好，下面我们有请胡好博士。

胡好：各位老师、同学们，大家好！感谢苏老师，给我们讲了这么好的一个讲座，我是非常受启发的，实际上，我之前对于阿伦特很不熟悉，大概在百度里面知道她，很不熟悉。今天通过苏老师这么一讲，有一个立体的了解，我觉得非常好。那么在这个讲座的过程中呢，我比较关注的是艾希曼的这个审判现象啊，所以我从这里开始入手。我所听到的是这样的，就是说，阿伦特对艾希曼的态度是什么？阿伦特对艾希曼实际上的态度是艾希曼这个人该死？不是，在这一点上是和别人没有区别的。区别在于，她认为别人提出的理由是不对的，然后她提出一个理由说乏味的恶，是吧？我们先要了解她的基本立场。就是，她不是认为艾希曼不该死，她不是这么认为的，这是她的一个基本立场。然后在这个基本立场之下，你要知道，她进行的是一种非行动的分析，我们可以回归常识想一下，艾希曼这个人，杀人如麻，这样一个人，判死刑，难道不应该吗？如果我们根据常识是会这么想的。所以，我们根据常识会怎么样评判呢？很简单，根据行动，因为他杀了这么多人，他应该死，这是一个很简单的判断。但阿伦特就认为我们在这样的一个事情上，不能进行简单的行动分析，而要进一步追究他的动机。所以，第一个我要讲的是阿伦特，阿伦特之所以认为艾希曼该死，不在于他杀了这么多人，而在于他的动机是什么！在她的动机分析的前提下，才得出她的乏味的恶的。然后在进行动机分析的时候，她批判了两个靶子，她不是直接提出乏味的恶的，她是先树立了两个动机分析的靶子。第一个叫禽兽说，认为艾希曼这个人就是个禽兽，所以我们要判他死刑。第二个就是康德的。

李朝东：深彻的恶。

胡好：对，是深彻的恶，但是在康德的其他的一些翻译中，因为它的德文是这样的，我读的也不是很准确，叫 radikal Bösen：在德文里面我们一般把它翻译为"根本恶"。我下面要说"radical evil"，把它翻译成"根本恶"。好，那么阿伦特在进行她的动机分析的时候发现，"禽兽说"是站不住脚的，康德的"根本恶"也是站不住脚的，在这种前提之下，她才提出自己的"乏味的恶"。她认为艾希曼该死不在于他是一个禽兽，也不在于他有根本恶，而在于他有一种乏味的恶，所以他该死。下面我想试着来对阿伦特进行一个反驳。我的反驳的点是这样的，就是说，她反对禽兽说这一点我是赞同的，我比较注重的是她反对康德的点，以康德为靶子，然后提出自己的"乏味的恶"，我在意的是这个逻辑线条。因为，对于康德，我稍微熟悉一点点。我昨天拿到苏老师的这篇论文的时候，马上就开始看《单纯理性限度范围内的宗教》，因为"根本恶"是出自这本书的，我看了一下之后，我觉得阿伦特跟我想象中的康德的意思不太符合。所以我想这样做：就是阿伦特大概有两个步骤，第一步批评康德，她认为康德提出"根本恶"是站不住脚的，为什么站不住脚？因为康德自己说"根本恶"是无法理解的，所以站不住脚。既然动机分析的"禽兽说"也好，"根本恶"也好，都站不住脚，所以她在这种前提之下才提出"乏味的恶"，即第二步树立自己的观念——乏味的恶。

那么下面我要做的事情就是，第一个我说她批评康德批评不到位，第二个她提出自己的理由也不到位。当然我这个思考还不是很成熟，如果有些不妥当的地方请大伙思考纠正。

首先她说什么是"根本恶"？"根本恶"实际上在康德的这本书里面，康德是这么说的，"人是恶的，这个命题无非是说人意识到了道德法则，但偶尔又把背离这个法则当做自己的准则"，什么意思呢？明知故犯。恶是在于什么？恶在于明知故犯。就是你知道什么是善，什么是恶，可你还要去作恶。这是阿伦特所理解的康德的根本恶，但是这样一个观点，我想可能跟康德的意思不太符合。

当你说"根本恶"是明知故犯的时候，你在意的是行动，而不是动机，而康德注重的是动机，换句话说是注重准则。所以在康德看来，"人是恶的"这个命题到底是什么意思呢？意思很简单，就是说你行为的准则违反了我们的道德法则，而不在于你的行动是明知故犯。

这个非常重要的一点就是康德注重的是"准则学"而不是"行动学"。换句话说，他考察的是动机而不是行动，他在很多地方提出来了，真正的恶不在于你的行动做错了，而在于你的准则错了。他提出了两个有意思的东西。第一个他说很多人杀了人或者说谎，他这种行为是错的，但是康德说他的这种行为的恶不是真正的恶，而在于我们可以从行为的恶推论出他的动机是恶的，这才是真正的恶，这是第一个；第二个就是说善的行动有可能来自恶的准则，就是我们通常讲的坏心办好事。我们可以举一个简单的例子，就是说一个医生遇到自己的情敌，这个情敌患了重病，在这种情况下，他很想把他毒死，就开了一个毒药。哪里知道这个病人本来就中毒了，以毒攻毒把他治好了。本来他是想杀掉这个情敌的，结果把他的病治好了。坏心办了好事，从行动上看是一个好的行动，但是动机是恶的，在这种情况下我们如何来判断？综合判断他到底是恶还是善？

那么康德的判断非常明确，是因为你的准则、动机是坏的，所以即便你的行动是好的，这个人仍然是一个恶人。所以从这两点我们可以看出来，康德的伦理学是一个准则伦理学，而不是一个行动伦理学，我想先强调这一点。

强调这一点之后，我们就可以知道康德所说的人是恶的意思不在于明知故犯这样一种行动，而在于你的准则违法了。一旦我们把这个东西搞清楚之后，我们就可以理解了。

阿伦特说康德的缺点在哪里？在于他的"根本恶"是无法理解的。如果你理解了康德说的恶是一种准则的违法性的话，你就会发现这种恶很好理解，怎么好理解呢？我先要请大家注意一下，康德在《单纯理性限度内的宗教》的第三章第一句，我刚才念的这句话，他讲的不是"根本恶"，而是恶。"根本恶"是什么？"根本恶"是恶之所以为恶的根据，那才是"根本恶"。

那么这个根据是什么？也就是说我们换一个思路来讲，恶在于准则的违法性。现在我们又问你，准则为什么会违法呢？这是不是无法理解、无法解释？在康德伦理学这一点非常好解释，怎么解释？很简单，因为大家，可能有的同学有康德哲学的背景，有些同学没有，所以我在下面要讲一个基本的康德体系的一个常识。这个常识是这样的。对于任何的准则来说，我们所有的行为在康德看来，不是我们脑子一动就做出这个行为，它中间还有一个中介，这个中介是准则。就是说我们的脑子有一个想法，然后我们形成一个准则，形成准则以后从准则才能引发行动，是这么一个步骤过来的。

他的准则是怎么确立的？就是当我们有一个动机的时候，会影响我们的意志，我们的意志是做决定的。我们的人的意志是做决定的，我们有很多很多的动机，大概所有的动机在康德看来可以分两类，一个是道德的动机，就是道德法则；还有一类就是爱好的动机，基于我们的爱好的动机。换句话说一个是理性的动机，一个是感性的动机。这两个动机会同时影响我们的意志，这个意志有的时候会选择理性的动机，也就是法则；有的时候会选择感性的动机，也就是爱好，那么在这种情况下，当意志把其中的一个动机选定以后，它再附加上一些手段，这个时候就会形成一个准则。比方说我在晚上六点钟的时候有一个动机什么呢？就是七点半的时候我要准时到教师发展中心，这是我的动机。换句话说也就是我的一个目的，在这个时候我会选择骑单车来，还是走路来？最终我选择走路过来。也就是说我的动机加上我走路过来的这个手段就是一个可操作性的准则，准则就这样被确立了。也就是说准则的确立很简单。两步，第一步就是意志去挑选动机。第二步挑选动机的同时去挑选手段，加到一起，这个时候就形成一个准则。然后准则就引发我们的行动，大概就是这么一个过程。这就是一个准则的确立的机制。

我把这个介绍清楚以后，下面的问题就很好回答了。就是说为什么我们知道了一个善的动机的时候，我们还会作错，我们还会作恶，为什么呢？你放到准则的一个机制里面就很好解释。道德动机和爱好动机同时来影响我们的意志，这个时候它们要比大小。如果爱好动机这个力量压倒了那个道德动机的力量，这个时候即便你知道这个事情该怎么做，你还是会选择爱好的动机。

如果你选的是爱好的动机，这个时候你很可能作恶。所以准则为什么会违法呢？一句话概括，就是当我们的理性动机和感性动机对峙的时候，感性动机压倒了理性动机，这个时候准则就违法了。这当然是站在康德哲学体系来看的。然后你发现，这样一个东西如果你站在它的体系里面来看非常好解释，一点儿也不难理解，不难解释。所以讲到这里，我想说明的第一点，康德说的"根本恶"是什么？归根结底为什么准则会违法呢？归根结底是我们的心灵颠倒了。

什么叫心灵的颠倒？就是当我们的道德动机压倒了爱好动机的时候，这个时候没有颠倒，这是正常次序。如果我们的爱好动机压倒了道德动机，我们这个道德的次序就颠倒了。所以，恶之为恶，最终的根据是什么？最终的根据就是心灵发生了颠倒，道德秩序不再像原来那个样子了。这就产生了恶，这在康德体系是一个很好解释的模型。所以回到阿伦特的一个解释，她认为康德提出恶，就是明知道善恶为什么还会作恶呢？阿伦特的理解是康德他无法理解这一点。

但是我们刚才已经讲到了，如果你站在康德哲学的内部，你发现这一点都不难理解。关键点在于康德不是一个行动的伦理学，而是一个准则的伦理学，了解这一点就够了，这是我想说的第一点。

当说到这一点的时候，我实际上已经完成我第一个目标。就是阿伦特所说的那个靶子可能到现在为止站不住脚。

第二点，我们回到阿伦特自己的一个主张。即便不树立靶子，我们看阿伦特自己讲的东西，正面的说法是不是合理的。她讲的是艾希曼有一种乏味的恶，这种乏味的恶体现在他无思考能力，无判断能力。所以我们说他有一种乏味的恶，以至于我们应该判他死刑。当然，我现在承认我思考的不是很成熟，当我看到这个东西的时候，脑子中马上想到的一个问题，就是乏味在什么意义上能称为一种恶，以至于我们应该慎重地把它处死？

如果我们回顾一下常识，一个人杀了很多个人，我们一般会有行动分析，一般的人会进行行动。因为杀人偿命是一个基本的道理，我不管你的动机是什么，反正你杀了人，而且是你杀了六百多万个人，在这个意义上你就应该被处死。但是阿伦特不进行行动分析，她是进行了一个动机分析。在这种情况下，她动机分析是说他很乏味，是因为他无思考、无判断，所以他才有一种恶。我在想，为什么她能站得住脚？我们可以举一个类似的例子，可能这个例子不是很贴切。

在一个特殊的年代，就是我们鼓励相互揭发别人。假设有一个人是这样的，他在那个特殊的年代，在特殊的范围当中也真的去揭发了很多人，包括自己的父母，包括自己的老师。六亲不认去揭发。后来这些人都平反以后，发现他搞错了，"揭发"这个行动是错的。在这种情况下，我们认为大概他会错在哪里呢？一种观点是说他这种行动错了，你不应该揭发。还有一种就是类似康德说的，你做错了事，居然心安理得，揭发别人本来错了，但是你给自己开脱说那是一个大氛围，那是一个特殊的背景，别人都这么做，我也这么做。我心安理得，大家都这么做，我心安理得我没有什么错。恰恰是因为做错事还心安理得，所以我们可以说在这种意义上是一种恶，这是康德的意思。但是阿伦特仍然不是这么看的。她只是说你的揭发为什么是错的，是因为你竟然没有判断揭发是一种错误的行为，所以你错了。但是这个看法我个人觉得，可能有点欠妥。因为在那种特殊的情况下，大家可能有一种集体无意识状态，处于这种疯狂的状态，很难有理智的思考。在那种情况下，你无法判断出善和恶，在这个时候你所承担的罪恶不至于让你去被绞死，可能还没到这个程度。我觉得这恰恰是一个时代可悲的地方，或者说这个环境造成了这种可怜的人，或者这种可悲的人。如果换到一个现在的环境里面，他可能不是一个无思考、不判断的人，恰恰是在集体无意识下，在那种疯狂的境遇中，在这种特定的背景之下，才变成了无判断、无思考。所以从这个意义上看，无思考和无判断，如果说在一个特定的环境下，在外部的特别的境遇之中，还能成为一种恶，甚至深恶到把他处死，在我看来是很难让我信服的一点，这是我的观点。

所以到目前为止，我是给苏老师出了一个难题。如果苏老师能够说服我的话，我愿意修改。

李朝东：我们请苏老师回应。

苏婉儿：谢谢，胡好博士。刚才尤其是给我普及了一下康德动机的动力学。我很懊恼刚才可能没有讲太清楚，然后让胡好博士给会错意了。胡好博士刚才讲了半天，说了阿伦特的一个论点。

在观察这个艾希曼审判的时候，说艾希曼该死就是因为他乏味的恶，不能思考不能判断，所以他该吊死，不是这样的。他之所以被吊死，是因为他犯了反人类罪，然后这个反人类罪是一个溯及既往的罪，这个罪的特点就是不论动机的。因为艾希曼在参与种族屠杀这个过程当中，他没有任何动机。我的意思是说胡好博士刚才一直在强调，阿伦特觉得艾希曼该死就是因为他没思考、没判断，他乏味所以他该死，不是这样的。还有就是刚才胡好博士在反驳阿伦特对康德的反驳，其实这一点我也是刚刚没讲清楚。这个本身也是阿伦特自己的一大败点，她有成功之处，就是关于艾希曼这本书，最后她成书的时候，加了一个副标题，就是"关于乏味的恶或者关于平庸的恶的一个报道"，乏味的恶这个提法既是她的空前绝后的成功，也给她带来了理论上不必要的麻烦。之所以成功是因为人们都记住了这个概念，也是她空前绝后的一个失败，为什么呢？因为这本书出来之后，人们就觉得她是在讨论恶的一个形而上学，或者恶的一个动力学，恶的一个发生学，恶的一个动机学，就是关于恶的全面的理论。

实际上我刚才也讲了，这个术语就是她最后的一个标签，她根本就不是在谈恶的动机，或者恶的理论，恶为什么会发生？而且她也完全没有要推翻康德那套理论的意思。可能我刚才讲的侧重点有点偏，阿伦特自己把恶的乏味放到了报道最后。那么她当时之所以会提出这个，是因为她曾有一些想法，也是大多数人普遍的想法，认为艾希曼是一个禽兽。她认为我们不能这样看，这样等于其实把艾希曼看高了。再一个就是康德学说里提到一个极端恶，刚才胡好博士给我们做了很多解释，我有一点疑惑就是说，你说很好理解，爱好的动机压倒了这个理性的动机，就是说理性为什么没有压倒情感，或者压倒欲望？他说是颠倒，其实为什么会颠倒？这还是一个没有解释清楚的地方，这是我的一个补充。我的意思就是说阿伦特提出这一点只是针对深刻恶或"根本恶"这样一个说法，并且确实是从一个旁观者的角度、从一个观察者的角度，我们如何去看待恶，而不是讨论行动者，我为什么去作恶，或者是探讨一个动机的问题，她本身也不是要颠倒康德的这个理论。也没有说康德的体系是错的，这是我对胡好博士的一个回应。

胡好：我再回应一下。刚才通过苏老师的纠正，我知道了一点，就是说乏味的恶和艾希曼被判死刑这两者没有必然联系。但是我的问题还可以提出来：乏味在何种意义上是一种恶？请苏老师再解释一下。就是无思考、无判断为什么是一种恶？

苏婉儿：那你说欲望压倒了理性为什么是恶？

胡好：因为他违反了道德法则。

苏婉儿：那我说他无思考、无判断根本不知道道德法则是什么，他还不恶？

胡好：当然这个道德法则是基于……我们现在有点自由了，我想把这个问题说清楚。

李朝东：学术自由。

胡好：就是基于一些常识，说杀人是不对的，说谎是不对的，这是一些基本常识。如果你说杀人也是对的，说谎也是对的，估计我们都不会认同你的。所以康德说，爱好动机压倒理性动机是错误的，因为你违反了道德法则，违反了道德法则为什么是错的？为什么是恶的呢？是因为可能是基于我们的常识是不对的。那么现在如果是基于常识的话，一个无思考、无判断的人，你说他恶，这个尤其是放在那样一个特定背景下，你说他是恶，我觉得可能需要一个解释。

苏婉儿：我是说无思考、无判断会做出错误的行为。就说球场上打球，你做一个小动作，根本就不知道这个小动作不好，所以你才会做这样的小动作。

胡好：正因为是无知，所以不是恶。有很多东西都是因为无知，不知道。不知者不罪。

苏婉儿：胡好博士的这种说法太具有误导性，这不像是一个经过理性思考的人说出来的话。这个无罪，在法律上完全不成立。

李朝东：他现在是情感动机压倒理性动机。

苏婉儿：在法律上不能够以你无知作为一个……

胡好：法律上的罪跟道德上的罪可能不一样。就是说对道德的一个判断，在道德里面如果你有很多东西是不知道的话，大概受到的谴责会少很多。如果在球场上打球，根本不知道规则，两个小孩子在球场上打球，他俩互相抢，然后说这个小孩子是错的，是无知的，然后说你有罪是一种恶，这个时候我们会觉得这个批判是对的吗？大概不会这么认为。

苏婉儿：可能这个常理设定的也是错的。小孩子打球跟球场比赛是两回事。

胡好：我现在强调的是他不知道规则的时候，去批评他的时候。

苏婉儿：如果你不知道规则，还去参加比赛，那就是错的；如果是娱乐的话，那是另外一回事。

李朝东：好了。以后胡好博士和婉儿博士还可以再进行交锋。下面我们听一听曹明博士的评论，大家欢迎。

曹明：各位老师，各位同学晚上好。首先感谢李老师让我有这个机会在这里对于阿伦特做一个评论。我听完刚才的，发现那简直是两个世界的交锋。胡好博士的意思实际上说的不是苏博士的问题，是阿伦特的问题。阿伦特误解了康德。那是两个事件，其实我这个争论，就是我觉得把这个前提没有搞清楚。也许跟苏老师有关系，也许跟胡老师有关系。一个是说的问题，一个是理解的问题。那么我想做的是什么呢？我想就阿伦特本身设定一个前提，或者说我们评价这个平庸的恶、她的理论前提，想再做一个澄清。刚才苏老师说了，我们两个合作翻译了一本书，可是刚才李老师也说了，不能说好话。

李朝东：也可以，这个学术有公正的立场就行。

苏婉儿：赞美不代表不公正。

曹明：我们俩共同翻译了一本书，但是听完苏老师今天讲的，我发现我和苏老师对这个阿伦特的理解有些不太一样。我想说一下我对阿伦特的理解，也许中间还有对她的一些看法、批评。那么我的问题就是请苏老师评价一下，我到底说的有没有道理？

其实从今天晚上这个标题就可以看出来，孤绝之思，核心词乃是"思"，而且阿伦特说，现代人基本上丧失了思的本意。那么她所说的是什么呢？叫政治的思；她想干什么呢？实际上她想用她的政治的思考来拯救这个世界。但是我们要问，为什么她的这个思考就能够拯救世界？世界到底怎么了？这是前提。实际上阿伦特确实是有针对性的，她乃是针对一个现实的问题提出的。苏老师刚才也说了，阿伦特是 20 世纪的人，面临着西方整个根基在 20 世纪的一个变化。她实际上认为，现代之启蒙之思出现了问题，所以让这个世界变得很糟糕。这个思考有这么大的力量，竟然让世界变得很糟？其实不是。但是问题就在于这个源头首先在于思考。所以说我们经常说现代的这个伟业，乃是先由启蒙者勾画的蓝图，然后由行动者去践行，到了 20 世纪达成了一个结果。所以阿伦特说首先要对"思"作出反思。这个"思"本身就不对，那么她所谓政治的思到底是一个什么呢？其实苏老师花了很长时间来表达这个问题。其实这个确实非常抽象。让我们说得更简单一些，更明了一些，她认为这个政治的思，实际上是要确立大家思考的空间或者说众人生存的意义。如果只像启蒙一样，沦为权利论、沦为对事实的认识，这个实际上是改变了意义，消解了意义，所以导致了一种严重的后果。她想恢复本真的东西。所以她经常提旁观者剧场，要有人看，有人表演，有人在那里思考，而且我们找到了一种共鸣。这是最重要的一点。实际上阿伦特思想来自希腊，希腊的城邦。希腊的城邦恰恰是一种剧场，恰恰是一种公共空间。因为她提到了一个词——agora，agora 就是公共广场，那个词最重要的意义就是大家都能看得见，你说我能听得见，所以她的这个来源是希腊，希腊的公共空间，本质上是希腊的城邦。对希腊城邦的思考，有一个独特性意义，希腊城邦的独立性，对思考和意义都有新的或者不同的定位，其中他们把这个意义不叫作我们现在一般所说的价值意义，他们叫作神，他们叫作守护神。希腊城邦乃是有守护神的，神代表了他们言说的意义，他们思考的意义，只要我们去看一看希腊的悲剧，演出的全部都是他们关于神的故事。他们在那里思考，但是思考的方式表达的是他们的神所代表的意义。这是没有问题的。所以希腊有两种方式，两种逻各斯，一种是神话、一种是哲学，而且这两种是同源的。我们经常说神话是哲学的源头，我可以举一个很简单的例子。比如说赫西俄德，他写神谱，他似乎在讲存在，在讲神。他的开头实际上很神奇，说卡俄斯生了大地，还有厄洛斯，还有塔耳塔洛斯。但是这是什么意思呢？实际上厄洛斯是爱欲，他的意义在于美。塔耳塔洛斯是什么呢？深渊后来它称为地狱，或者说称为惩罚之所，成为监狱，所以他代表的是正义。爱、美、惩罚、正义，我们中间大地是什么呢？大地生出来后又生一串一串又一串，最终宙斯确定了人类的秩序，实际上那是各种善好，所以是美、正义、善、好。这个神话的讲述说的就是意义。

那么同样还有另外一种方式就是哲学的方式，当然是苏格拉底的方式。我们经常说苏格拉底的一句话，即美德即知识。我们也说到苏格拉底把哲学从天上带到了地上，是因为在希腊悲剧时代有一批哲学家，他们才刚开始反思哲学的时候，似乎他们脱离了城邦。但是苏格拉底认为应该以城邦的方式来说哲学。也就是探讨纯粹存在的方式，这个言词一定要以言说意义的方式来说，也就是阿伦特说的以爱这个世界的方式来说，你不能再脱离这个世界来说。所以他虽然说的是"存在是知识"，但是，是以美德的方式来说的，是两种方式。

希腊城邦，它的健康性就在于这两种方式的一个平衡，但是这个平衡很难维持，又很容易被打破。其实我们从苏格拉底的遭遇就能看出来，苏格拉底认为他以自己最正确的方式同时来言说意义和思考。但是他言说的意义这个时候已经触犯了城邦那个时候的神明信仰，所以大家都知道，苏格拉底是被城邦处死了，实际上是城邦的神明信仰杀死了苏格拉底。

所以这种平衡很难把握，那么另外一种失去平衡的方式是什么呢？就是我们刚才说的这种，实际上是城邦这种神明信仰堕落了，堕落成为乱七八糟的怪力乱神，这是一种方式。还有一种方式是思考变形了，就是现代启蒙之思，现代启蒙之思有一个最初的规划，是什么呢？说思维、思考就是对事实的纯粹认识，就是科学。那没有了意义，或者消解了意义。这个后果在 20 世纪初立刻就显现出来了，其中一个伟大的思想家体会最深。当然是韦伯表达得最清楚，他说世界因为你这个启蒙之思没有了意义。实际上意义是完全去不了的。韦伯体会到了一个结果是什么呢？就是诸神之争，残酷的、悖谬的、毫无影响的、乱七八糟的、怪力乱神之间的一个争战，导致了阿伦特所认为的那个后果。有了这个诸神之争，人在这个神之前没有任何意义，恢复不了这个鲜活的意义，所以他才认为这个恶变成了乏味的。

　　所以这个平衡很难把握，阿伦特这个政治的思实际上是想恢复这种平衡。思考和意义之间的平衡，思考不要变成纯粹的对事实的思考，意义不要堕落成为怪力乱神。因为有人说了，纯粹的信仰就是我们不用思考，但是这就容易堕落到怪力乱神，所以希腊的这种意义，全在这种平衡、这种健康，那么由此我的一个看法就是所谓平庸的恶或者乏味的恶乃是一个现代现象，而不是恶的一个本质现象。这是我对阿伦特的一点疑问，也正好是我对苏老师的一个评论类的东西。谢谢大家！

　　李朝东：好，我们感谢曹明博士的精彩发言啊！

　　苏婉儿：我说两句。我刚才说一场演出要成为一场演出，就要有观众存在；一个事件或者一个人要成为一种现象，就必须要有人把现象和人的独特性挖掘出来。所以刚才我仔细听了曹博士的评论之后我发现这个评论比较像深海采珠人，把我刚才比较乏味的演讲当中的关键点和被我的语词所遮蔽了的那些意义给亮出来了。所以我想听了刚才曹明博士的评论之后，没太明白我刚才在讲什么的同学、朋友，可能会理解阿伦特的含义。也就是说我认为刚才曹博士的点评抓住了阿伦特的关键点，她要回归到最源头，古希腊的这种城邦当中的思与行，就是思考与行动之间的这种平衡关系。这点呢可能是我刚才演讲的时候没有抓住的。但是接下来的评论就让我有点摸不着头脑。就是他的从一个很宏大的阿伦特的思想本原的问题上突然降到一个小问题，也就是他认为如何恢复这个城邦的思与行之间的平衡关系，其实导致了阿伦特对恶的乏味的一个判断或者是定性。我觉得可能这之间的断裂有点大。另外我还想强调一下这可能也是阿伦特自己的一句话，就是平庸的恶其实并不是它的一个主要问题，可能只是一个说法，这个说法确实很有弹性、模糊性和争议点。阿伦特自己确实只是在用这个术语，其实这个术语倒不像她的其他一些术语那么具有理性。我想这是我的一个理论上的回应。

　　李朝东：谢谢婉儿博士！下面我们进入自由提问阶段。好，克防博士。

　　贾克防：好，谢谢苏老师精彩的演讲，我从里边学到了好多东西。关于这个平庸的恶或者是恶的乏味，我有一个理解向您求证一下。首先说一下我对整个演讲的一个感受，就是特别的符合一致性，不矛盾。并且不单是不矛盾，而且是自我证实，可以说是非常的圆融、自展。不仅仅是对于阿伦特，对于您自己我觉得也可以用这个词来形容。为什么呢？我从一个侧面来说，就是我所感受到的。就是我们看到您在这里——刚才曹老师也提出来了——有很重要的几个地方。一个地方就是我们要去摆脱这种无思考的状态，要去深入地做一个无扶手的思想者，我觉得这个适用于阿伦特，也是适用于您这个思考的。其次就是说，我们要做一个旁观者，其实这个旁观者，他也是一个思考者，其实旁观就是要去思考，发生在别人身上的事，以及别人所经历所做的所有的事情，如果我们不能去很好地旁观，如果我们不能很好地去思考，我们就可能要陷落。

接下来我所理解的就是一种比较乏味的恶。它为什么乏味呢？或者说它为什么平庸呢？或者说这个恶，它乏味在哪里了呢？当然这种乏味肯定是无思考带来的。但是这种无思考的乏味它在一遍一遍出现，比如说我们有这样几层关系，第一层就是艾希曼和犹太人之间，我们可以看到其实艾希曼犯了一种恶，犯了反人类罪，这种反人类罪的出现不是因为他明知道然后他故意犯的，而是因为他没有去思考这件事，他只是在执行命令，他没有考虑他正在做的是不是对的，他没有去想，他在做一个军官应该做的一些事。对于当时的人来说，这是他的所做和所想，或者我们所没有想到的东西。但是，正因如此，他才陷入了恶和罪。

反过来，对艾希曼进行审判的这个法庭，包括对艾希曼进行审判甚至延伸至把艾希曼从阿根廷弄到耶路撒冷的这个事情来说，他们不是好的旁观者。为什么不是一个好的旁观者呢？他们没有看见艾希曼为什么会犯下这样的罪行，这时候他们对艾希曼有一个误解，至少在阿伦特看来，把他认为是禽兽，把他认为是犯了深重的恶，这个是对艾希曼的一个误解。并且，他们审判的这种方式，他们对艾希曼进行审判的时候，根本不是一个旁观者，他们没有看到艾希曼犯的这个恶。而是他们本身，加入到另一个新的剧场里边，当然，在这个新的剧场就是审判，他们是审判者而不是旁观者。但是，因为之前他们没有完全做好旁观者，结果导致了他们在犯同样的一种恶，其实这种恶也是一种平庸的恶，或者是恶的乏味。这种乏味也是起因于他们没有思考。

当然，我关于这个审判的了解更多的也是来自苏老师，就是您说到他们——这场审判者，其实他们对于很多的罪名都没有更多深入的思考，更多的是，他们陷入了一种巨大的情绪里边。由于思考的缺乏，其实又导致了恶的乏味。然后阿伦特本人，与前面的法庭相比，其实她是一个更好的旁观者，当然不好的旁观者我们可以举例子，就像那个犹太人拉比，其实也是一个不好的旁观者。他看到整个事情发生的时候，他也没有做出真正的思考，决断之后、判断之后的真正的选择，实际上他也是陷入了一种由于无思考所带来的一种习惯性的洪流之中，被卷进去了。阿伦特和他们相比起来，显然她不是这样的。她认真地旁听了这个审判，并且在旁听之后很认真地带着离奇的亢奋来写这本书。其实她是一个完全将自己交付给思考这件事情，然后用我们现在的话说就是很认真地总结了这个经验教训，把这个……

李朝东：我们，克防博士稍微简练一下啊。

贾克防：好！我认为她是很好地做到了思这个事情，做了一个优秀的、标杆式的旁观者。这是我主要的一个理解、或者说评论。

另外，我还有一个问题，就是关于思考的。这跟我们第一次报告时陈老师所讲的一个关于思考的论述相类似。阿伦特特别强调这个独自的思考或者孤绝之思，但是，我想问：单凭这种每个人自己的思考就足够了吗？如果没有一个基础，如果不在一个传统之上，如果不在一些比如说我们认为是知识的基础之上来进行思考，这种孤绝之思真的有可能把我们每一个人变成能够独自决断、理性决断的人吗？还是把我们变成了别的什么？因为如果离开了一个大的背景，我仅仅作为一个独立的思考者，把所有的事情我都做所谓完全独立的思考，比如在孝敬父母这样的事上，完全不顾传统，不顾前人先前所探索的取得的成果，从零开始的话，这样的思考真的是合适的吗？我的问题就到这儿。

李朝东：好，谢谢克防！那我们把他的问题简化一下，思考的基础是什么？

苏婉儿：贾博士有两个问题。第一个问题，我想这样回应。您刚才想说按照这个思路的话，审判者和拉比，这些人都不是好的旁观者。但是阿伦特其实对这个审判者，以色列民众等的批判不是说他们不是好的旁观者，不是有思考的旁观者，而是因为他们不是有思考的行动者来批判他们的。所以您刚才说他们不是好的旁观者这个可能不太对，因为他们是行动当中的人。这是对第一个问题的回应。

第二个问题，您的意思就是说独立的思索完全不顾传统、完全不顾共同体的一些价值。我觉得这个应该这样去理解，首先思索呢，不是说完全不顾传统，而是说你要先放空自己，你要从这个传统之中剥离出来。所以就像苏格拉底说他自己是助产士，就是帮助人清空你脑子里的一些错误的想法还有一些成见、俗见，也就是说当我们思考启动的时候，你要把脑子里的一切偏见、成见、俗见、习以为常、约定俗成的传统全部抛开，或者你要去批判它，你要去质疑它，你要从一个陌生者的或者是一个旁观者的一个第三者的角度来批判它，有了批判的反思之后，你才能够发现这些传统当中的对和错。所以我觉得独立的思索不是完全不顾这些传统，而是说你不能无反思地接受它，其实是要从批判它开始，这是第一。第二就是她强调这个独立的思索，其实它有一个意义，就是在这种社会价值崩盘，社会价值混乱，传统的价值观的根基已经完全毁了的时候，比如说这种极端的历史时刻，史无前例的灾难时刻，一个社会信仰完全混乱的时刻，就是你已经没有什么传统可以依靠，你还是要有你自己的想法，或者勇于用自己的理智去选择一些新的可能性。

贾克防：我是说在这种思考的过程中有没有预设的真理啊，预设知识啊这些东西？

苏婉儿：这个应该是独立地思索，所以要避免依附。

贾克防：也就是说不应该有知识，我们就不管有没有知识，或者说我们就不承认真理这个概念，我们不承认……

苏婉儿：您这也对，但您这个就直接陷入到怀疑论了。独立的思索也要避免另外一种极端，就是说你全然说不，什么都是错的，任何以前的信念、知识全是错的，这也不是无扶手的思索或者独立思索的意思，它并不是说批判一切，否定一切。而是说在你思考的起点你要清空一些习惯或者是一些陈词滥调。

贾克防：我就担心这样的一种思考其实就是我们平时正在进行的呀，就是所谓取其精华，去其糟粕，每个人都是这样讲的。就是看起来没有什么特色了，就是一种常识。

苏婉儿：比如说您说取其精华去其糟粕，这就基本上是一种陈词滥调了。比如何为精华，何为糟粕，这本身都是可疑的，有待澄清和反思的。

贾克防：对啊，这就变成了就您说的这个阿伦特这个无扶手的思考就会变成这样一种东西。听起来高大上，根底里却是常识。就成了一种遣词造句的游戏。她是在探索一种独特的真理还是她要保证所有的其他真理？还是说，哲学家所做的关于真理的探索、关于真理的界定，其实都是没用的？抑或是说，要在新的基础上，强调对话、沟通？或者是说，这里大家就不要谈了，不同的文化，不同的人，都有不同的地域的限制，那就是一种后现代主义的……

苏婉儿：我听着好像你的问题跑偏了，我没太理解您后来追问的这个问题。

贾克防：（笑）没事没事。

李朝东：我把克防的这个问题简单地解释一下，克防是站在一个哲学家，我是干什么的（角度）。但是阿伦特作为海德格尔和雅斯贝尔斯的学生，这个苏老师在一开始就说了，她只能承认自己是一个思者，或者是一个思想者，而不是哲学家。克防是要把阿伦特安放在哲学家这个位置上，你必须有一个基础去探求你的真理，可是阿伦特却说我不是哲学家，不探求真理，或者说我探求的真理不是你哲学的真理。这个问题我们后边再探讨。

我问苏老师一个问题，我的问题非常直接，你如何区分罪和恶？如何区分个人罪和集体罪？

苏婉儿：罪和恶……

李朝东：在你这里到底有没有区别？如果有，那么区别是什么？如果没有，那么罪就等于恶，恶就等于罪。那我就有第二个问题，如何区分个人罪和集体罪？我的第二个问题来自你的文本。我后面要总结，你的文本里出现了个人罪和集体罪。

苏婉儿：这个您应该这样去想，罪呢，要分几个层面，道德上的罪、宗教上的罪、法律上的罪，

李朝东：第一个，罪和恶是个概念，罪和恶有没有区别？

苏婉儿：您是指哪个语境呢？ sin 与 evil？这是不一样的。在中文语境当中，汉语当中？

李朝东：罪和恶，你随便或者任何一种语境，只要给出答案就行，英语、德语、拉丁语、汉语也行。不管是哪一个语境，只要把这个问题讲清楚，你就从哪个语境开始。

苏婉儿：罪和恶在中文语境什么区别，我还真没有想清楚。

李朝东：我为啥问这个问题？延伸一下，艾希曼被判有罪，你的文本里提供了三个罪是吧？一个是反人类罪，还有一个是反和平罪，还有一个罪就是战争罪。虽然阿伦特说这些罪名本身也值得思考，但是这些罪名本身是成立的，我们可以以反人类罪、反和平罪、战争罪，判决艾希曼有罪，至于执行什么样的刑法，这是由法官去判定的。

但是阿伦特在这些罪之外，她提出了另外一个问题就是恶。这是要思考的问题，我后边会讨论这个问题。恶，也就是说你可以以罪的名义判他有罪，但是现在阿伦特引导我们思考一个更加深刻的问题：恶的问题。

如果说在这个意义上罪和恶有区别，那第二个问题就是如何区分个人罪和集体罪？你比如说我是一个军事机构的最高长官，我是决策者，换句话说只有他有意志，他下令屠杀某个国家的平民，那么这个最高决策者肯定是有罪的，有意志的艾希曼是中校，相当于我们一个团长，团长到师长之间吧，那么这些人以及我们还可以往下说排长、连长，它构成了一个集体，这场战争假如说是不义的战争，那么他们承担不承担责任？如果承担责任的话，理论依据是什么？

苏婉儿：李老师，我抓住您的问题了，您的问题重点其实是在想问或者想区分或者想探讨个人责任和集体责任的差异、个人罪和集体罪的差异。我觉得这个问题的提出和回答并不必然以区分罪和恶的差异为前提，也就是说我认为不需要先去区分或者一定要区分罪与恶之间是一样还是不一样的……

李朝东：第一个问题搁置、取消。

苏婉儿：第二个问题依然可以讨论，那我们来讨论第二个问题，罪，罪的概念其实有几个层面，有宗教上的罪、道德上的罪，还有法律上的罪。那么当我们讨论法律上的罪的时候，我们追究的主要是个人的责任，这也是艾希曼被以反人类罪定罪而被处死的原因。也就是说，艾希曼本身他可能是参与到了这样一个非常庞大的罪行当中，他只是这个庞大罪行当中的一分子，但艾希曼一定不能说大家都在犯罪，所以我就无罪。所有的人对战争都有责任，比如说法国、英国还曾绥靖，还有人在纳粹屠犹的时候为其提供武器、战车，按说他们似乎也有罪，但这种罪在法律的角度来看是把罪行扩大化。当我们通过审判、通过法律的手段来追究罪责的时候，我们追究的是个人罪，那么集体罪不是法律的界线来完成的，或者是审判、法律的功能所能够解决的。集体罪责应该说是道德领域、伦理领域或者是宗教领域、是一个公共领域的问题，它不是法庭审判能够解决的。我们刚才看得很清楚，阿伦特之所以要求反思这场艾希曼审判，有一个问题就是，艾希曼至死也搞不清楚自己是怎么死的，法庭判他是反人类罪，艾希曼最后其实搞不清楚自己的行为规格和反人类罪是什么关系。阿伦特就说，其实法官的判决当中也没有把艾希曼的行为与反人类罪之间做一个很逻辑有效的推理，到最后他承担罪责的时候他就说："好吧，我以我的死来警戒未来所有反犹分子，就让我牺牲吧，我以我的死为意志承担罪责，来卸下新一代德意志年轻人身上的内疚和罪责感。"最后把自己搞得很高尚。阿伦特意思是，法官其实没有讲清楚，在法律范围内我们是追究个人责任的，这个个人责任是不承认你这个动机的。而且反人类罪是新的罪，你哪怕是偶然地加入到这个战争机器的，结果是要追究责任的，你的偶然性，你非常不幸地加入，偶然地被这个被历史洪流推向这个屠杀机器来，这都不算你开脱法律罪责的理由。

我的意思是说罪分法律罪和道德罪。但是法律能够解决的事很有限，你要让它在它能够解决的这个范围当中，充分地把被告的行为和被告的罪名之间的逻辑关系和法律关系推论清楚。这是我的回答。

阿伦特也在强调，毕竟很多人也在说那么多人都在说历史的洪流如此如此，大家都这样，所以人人都有罪，人人都无罪，这是以道德上的集体罪责来混淆法律上的个人罪责。

李朝东：好，这个问题我们不展开，不深入，但是我提出来，我非常同意苏老师关于这三种罪的划分，道德罪、法律罪和宗教罪。但是我想说明一下我的看法，法律罪和道德罪都只能由个人来承担，集体罪或者人类的罪是属于宗教罪，关于这个问题我曾经有过文章论述，以后再给大家分享，也就说这个地方的分析关键是道德罪是由个人来承担还是由集体来承担，我们下去以后再讨论，或者以后有机会再讨论。

我们下面把提问交给同学们！海斌！

朱海斌：我问两个问题，第一个，我们是否需要亚里士多德所说的实践智慧？第二个，艾希曼是非常乏味的一个人，这个人的这种品质语言乏味和平庸是不是具有标志性，或者说他拼命地表现是为了掩饰乏味？这个问题我倒是可以回答，但是就是想听听苏老师的意见。

苏婉儿：第一个问题是？

朱海斌：第一个问题是我们要克服平庸的恶，是不是需要比如说阿伦特学到的那种亚里士多德的实践智慧，前面包括贾老师所提的这种实践智慧的基础是什么？

苏婉儿：我先回答你第一个问题。阿伦特也在说，孤绝的思，我觉得不仅仅针对的是思索者、哲学家、学院之中的人，我们日常生活中任何一个职业的人得到的教诲就是你要用脑子想。

朱海斌：用脑子想，什么意思呢？我们大家都在用脑子。

苏婉儿：阿伦特是说，虽然大家都在用脑子，但是你思索的方法可能是错的，或者是你以为你脑子在转，可能你没有真正在运用你的脑子。也就是说我们有的时候会有一种自己在思考，自己很有想法的假象，不会思考的人思考时其实最可怕。所以我们要学习如何思考，并不是说我们脑子里面有一些语词就是在思考，可能思考是需要一些方法的。

朱海斌：好的。第二个问题是谈到艾希曼的时候说这个人是一个语言非常乏味的人，这是一个偶然性的（现象），还是说他确实和他的这个罪恶有关系？

苏婉儿：他的语言乏味，正是由于他的语言贫乏，阿伦特才得出他是一个乏味的人的这样一个判断。也就是说语言贫乏是乏味的一个表现。

朱海斌：那么它和乏味的恶，它们之间是不是由于我的这种语言的贫乏，在某种意义上促成了这种恶。

苏婉儿：我只能这样回答您，语言的贫乏是乏味的恶的一种表现，这两者之间好像没有直接因果关系。

李朝东：还有没有同学提问？

学生：我也想问一下曹老师，就是作为一个初学哲学的人来讲，曹老师今天发言正好就是我之前一直在想的一个问题。我觉得好多的哲学家都在考虑什么是善，什么是恶，但是我觉得更重要的是出于一种目的性的，要讨论出这个恶是什么，更重要的是讨论怎样来避恶，向善避恶，所以就有了我们这个法律和道德准则。但是法律和道德之间，有些问题没违反法律问题，它就很难用法律来解决。但是我觉得道德有时候缺乏，在这种强制性上又缺了一点东西，所以我就想有没有一种东西可以加在道德上，容易使人在违反道德行为的时候很怕自己违反道德行为。在社会上，人的价值观都有一个扭曲，有很大的问题。你有不当的行为的时候，可不可以，就像一个人，他从来不敢骂老天爷怎么怎么样，他就不敢，可能表述有点儿问题吧。我就是想问，曹老师，您对中国现在的法律和道德之间，它们在衔接沟通方面还有一些很不紧密的地方。作为我们研究哲学的有思想的人，您觉得该如何……老师您有没有听明白我的问题？

曹明：你是问我这是个哲学问题还是道德问题？

学生：就是让您综合讲一下政治和哲学之间的关系。因为我也是初学者，就有一些这样的疑问，也许这个问题提问的方式不是太恰当。

曹明：问题的复杂性在于不好把握这个问题到底是什么？

前面一个好像要问，是说目前的法律和道德的这种区分或者说背景，是这个问题吗？

学生：就是对人的行为做出一定的约束，有法律和道德，但是它们之间有些问题是法律无法涉及的，就是要靠道德来约束，但是我觉得道德的力度不够。

曹明：道德力度不够？我猜测你的问题或者说你想要说的可能是信仰、宗教的力量比道德的这种力度要更大一些。

学生：我想说的就是这个问题。

曹明：那么我想说，我们实际上是没有这个信仰的，或者说我们没有宗教信仰，那么确实在这方面我们是一个文明的国家，但是没有严格的宗教信仰，那么在不适用法律的这一方面，肯定它（道德）的力度是小的。这是我对你的表述的回应，主要是我不知道你是什么问题。

李朝东：好，我们也给边上同学一个机会，最边上那位同学，对，就你。

学生：今天听苏老师讲了关于阿伦特的东西。其实我之前对阿伦特也很感兴趣，也思考过相关一些东西。今天听了苏老师讲演之后，我感觉阿伦特之所以谈艾希曼，其实是在为她所提出的间性这个问题进行反证。也就是人之间有间性，因间性的丧失而导致判断力的丧失，就成为艾希曼这种情况。我是这样理解苏老师今天讲话的脉络的，不知道对不对。但是其中我还有一点疑惑就是，阿伦特的意图应该是回归如之前曹老师所讲的苏格拉底一样。苏格拉底的想法是要营造一种公共空间，我不知道这个理解对不对，城邦里的公共空间。阿伦特所提出的恢复间性，其实是要恢复我们现在的公共空间。但她的说法是，我们思考、我们说出，然后就会形成一个公共空间。但我觉得在说出与形成之间，其实有一个断裂。对此她有没有更进一步的论述？关于公共空间如何形成这个问题。

苏婉儿：你刚才第一点讲得非常好，比我刚才概述得精准多了。第二个你说阿伦特是回归苏格拉底的说法，你说苏格拉底是在试图营造一个公共空间。这句话的表达就不是特别准确了，有点时空错乱。因为苏格拉底并不是想维护一个公共空间，这是一个 agora 空间。公共空间其实是一个现代概念，因为 agora 生活或城邦生活衰落，我们想去重建它，因而才有了公共空间这个说法。你刚才说苏格拉底是为了维护一个公共空间，这种说法不是特别的精准。然后你问公共空间如何营造，是不是我们每个人都自己去思考，说出我们的思考与判断的结果，就形成公共空间？你认为这个太简单了，你说得很对。其实公共空间要形成还要有一个前提，就是有怎样的政体，怎样的政治。这就是个非常复杂的问题了，你可以感觉得到，阿伦特是在一个非常西方化的传统中来说事的。她其实有一个隐含的没有说明的前提，就是在一个民主制度当中或一个宪政制度当中。如果是在一个专制制度当中，是完全不可能有公共空间的，而且是间性的碎裂导致公共空间的消失，然后会导致专制社会，是这样的一个关系。而且纯粹的专制社会，完全没有任何民主经验的专制社会，也不可能有公共空间。所以公共空间的底层，或者前提和背景当中，还有一个政体的问题。

学生：那阿伦特有没有论述这方面的著作？

苏婉儿：论述哪方面？

学生：就是论述公共空间和政体这方面的。

苏婉儿：有，《人的境况》《共和的危机》。《人的境况》是她比较理论化的、形而上的，或者说非常抽象思考的体系化的奠基性作品，专门讨论这个公共空间、行动生活。她后来一些文论性作品也讨论过这个，像《共和的危机》等。这个问题非常好。

李朝东：不知不觉已经三个小时了，一方面说明我们美女博士的讲演很精彩，另一方面是我们分享的思想很有魅力。我再做一点提示，大家对这个问题感兴趣的，下去后还可以做一点延伸阅读。如果大家还想对这个问题做进一步思考，大家记一下阅读书目，我给你们提供一些参考书目。一个是卢梭的《社会契约论》。第二个我觉得应该读一下哈贝马斯的《公共领域的结构转型》。还有一个就是苏老师在她的讲演稿里给我们提供的阿伦特的《极权主义的起源》。还有《人的境况》或《行动生活》。

一次不能太多，就这四本，大概就可以了。阅读的过程中我们肯定会发现还有要阅读的书，那些书本身会告诉你，因为它后面有大量的参考书目。我只是从我的阅读经验来给大家提供这四本书。

阿伦特呢，现在已经成为一个——刚才苏老师也讲了——现象级的学者。我把她说得更清楚一些，她已经成为一个世界范围内的学术话题。我在这几年内，几乎每年到兰州大学参加他们外国哲学专业研究生论文答辩的时候，都有关于阿伦特的选题。也就是说阿伦特已经进入到我们课题的选题中了，成为一个研究对象。不仅仅是人们关注得多，关于她的书发行得多，更主要是她的思想成为了我们现在的一个课题，我们的研究课题，硕士博士论文的研究选题。换句话说她将进入思想史。我们也希望，有愿意思考这方面的同学和老师进一步去阅读。

苏老师在结语中说了一句话，我非常认同，就是文本阅读的重要性。包括阿伦特本人的思考，也不仅仅是出席了艾希曼的审判，这个过程她经历了，但更重要的是，她对这个问题的思考作为文本留下来了，值得我们反复研读。

我最后再说一下，讲这么几点：

一点是关于曹明博士提出来的启蒙问题，启蒙这个词在德语里读作 die Aufklaerung。其本意是将某种东西从黑暗中置于阳光下，比如说这个人待在洞穴里面，没有阳光的照射，现在我把他置于阳光的照射之下。也就是说我们本来是无知的，通过启蒙，在知识的光辉照耀下，我们得到了开启，这是启蒙的概念。我们都知道西方在 14 到 16 世纪的文化运动被称为启蒙运动。我们取个中间数，从 15 世纪算起，经过 3 个世纪之后，启蒙运动已经深入人心，到康德在世的时候，18 世纪，德国有一个牧师叫策尔勒，写了一篇文章，叫《什么是启蒙》，我们也翻译为《何谓启蒙》。

他这里面讲了个什么问题呢？他说在以前啊，男女结婚的时候都在教堂。那么在教堂里面，神父要主持婚礼。最后神父给他们祝福以后，这就意味着：你们男女双方在得到祝福之后，婚姻是得到上帝的认可和赞许的。因此你们男女双方在上帝面前发誓要彼此忠贞，要白头偕老。我们中国呢，是一个良好的祝愿，愿你们白头偕老。但西方的白头偕老是在上帝面前立过誓的。而启蒙运动的实质是什么呢？启蒙运动的实质是一场讨神运动。我们说从西方的文艺复兴之后，神扭身而去，神不再眷顾和照看西方人了。换句话说以神为核心的这个宗教模式被打破了。没有神的生活模式以后，西方家庭生活到处充斥着通奸、离婚，尤其是离婚案件的上升。以前人们在神面前发誓，由神来担保婚姻的神圣性，所以在维多利亚时代，西方人的家庭生活非常的稳定，离婚率极低。当时如果一个男人出去打仗，女的如果和别人私通，他们离婚有一个程序，男的把女的绑起来，拉到市场上，插上一根标签，卖给和女的通奸的那个男的，所卖的钱给女的，以便以后的生活有保障。这种买卖不是一种人口的买卖，起到的是一种说明和对妇女出轨的惩戒作用。

神没有了以后，人们离婚就到街道办事处由法律来认可，由此感情的问题就有很多争论，有感情就和，没感情就离，离婚率上升，针对这个问题，策尔勒写了一篇文章讨论究竟什么是启蒙，起码启蒙造成了我们的婚姻和家庭不稳定了。策尔勒从宗教提出的问题由欧洲思想家来证明，当时欧洲头号思想家康德就代表欧洲思想界来回答，他写了一篇小文章，《答：何为启蒙》，完整回答是《回答一个问题：什么是启蒙》，前面婉儿博士讲，康德的启蒙概念就是明智。人会犯很多很多错误就是因为我们受到蒙蔽，我们的知性没有被开发，康德给启蒙运动起了一个口号，叫做敢于明智，就是要开发知性，使用知识作出判断，他提出蒙蔽的两种结构，一是用牧师的布道来代替自己的知识，二是用老师的讲课来代替自己拥有知识，帮自己塑造成一个知识的被动接受者而没有去思考，没有创新。他还举了一个例子，用医生的诊断来代表我拥有健康。在这三种情况下我们都服从于权力关系对于我们的支配，我们都是被动地接受，久而久之造成我们被动的应答，只要谁有权利谁就能支配我们，老师有权利，我们就接受一加一等于三。牧师布道时说你不能说谎，我就不说谎，牧师说你在适当时候可以说谎，那我就找一个理由说谎。如果一个庸医诊断我身体是健康的，那我就认为我是健康的。在这个过程中我们都失去了主动的积极的思考和判断。康德回答策尔勒的问题时说，何为启蒙？启蒙就是敢于明智，用知性来解除这些因素对我们的蒙蔽。但康德的回答又带来了新的问题，被人抓住了把柄，霍克海默等思想家说，以康德为代表的启蒙家，实际上是用理性杀死了上帝，从此以后我们就只听理性的命令而不听上帝的命令。

尼采说上帝死了，其实他是发现了一个事实，一直以来，上帝已经在被理性驱逐谋杀了，但理性扮演了上帝的角色，也就是说我们崇拜的是理性，上帝早就被谋杀了。在尼采的书里，一个人悟道了十年，他到处给人说，上帝死了，大家都认为他疯了，他往前走，看到大家都在崇拜的偶像其实是一只蠢驴。我们今天很多人只知道尼采的口号，以为是尼采谋杀了上帝，其实尼采只是上帝死了的事实的发现者，所以他预见了20世纪的一个精神状况。阿多诺等人在《启蒙辩证法》中说当理性从运用知性来启迪我们蒙昧的时候，又给我们造成了新的蒙蔽，我们又把理性当成了权威。当霍克海默和阿多诺作了《启蒙辩证法》以后，西方人又进入了一个新的时代，既然理性如此，我们就用非理性的利器来把理性所建构起来的一切规则破坏掉。所以我没有向苏老师所提的一个问题就是，阿伦特既是一个解构者，又是一个建构者，我们经常讲的现代性和后现代就是一个建构规则的时代。用普遍性和基础性来建构规则。我们经常称之为非理性时代实际上是一个后现代主义时代，后现代主义时代的核心就是瓦解现在性。后现代主义的口号就四个字——怎么都行。吃饱了行，吃不饱也行；今天来上课行，不来上课也行。因此，有些人也把后现代称为无底棋盘上的游戏。

人类生活，不管是物质生活还是精神生活，假如是一场游戏的话，在理性主义的时代，我们还能在这个棋盘上，马走"日"字，象走"田"字，按照规则去行走，后现代主义时代等于把这个规则全都要抹掉，棋盘变成了一个无底的棋盘。在一个无底棋盘的时代，我们的行为如何游戏？阿伦特就出生于后现代和现代之间，是理性和非理性之间的一个思想家。我可以回应苏老师的一个问题，她的书写是无体系的，但是却暗含某种体系。体系、结构，和瓦解体系、瓦解结构，恰好是现代性和后现代性之间的一场争论。阿伦特和海德格尔，他们就出生在这样一个时代的断裂之中。只有去理解这样一个思想的背景，我们才能更好地理解阿伦特思想本身。这就是我们为什么把海德格尔称为后现代主义的先行者，全不把它划到后现代主义的行列之中。他启发和诱导了后现代，却不是一个后现代主义者。

后现代主义者德里达的解构主义有三个对象：瓦解逻各斯中心主义，瓦解在场的形而上学，另一个是消除语言中心主义。这三个问题，我们今天不仔细讨论。第二个问题我想说一下，苏老师今天讨论的这个问题，我们也不要去纠缠平庸的恶，或者恶的平庸，乏味的恶还是恶的乏味。刚才那个同学的理解是正确的，这个恶的问题，必须放在我们苏老师刚才讲的两个大的空间里面才能够成立。一个是现代性，一个是极权主义。也就是说在极权主义政治兴起的时候，它破坏了人和人之间的关系。那么在这样一个时期，人的思考和行为都要做一个重新的认识和判断。

当然也回应一下，刚才婉儿老师好像把间性理解成主体间性。如果是理解成间性和主体间性的话，往前就可以追溯到胡塞尔的主体间性。当然，主体间性和阿伦特所使用的间性思考范围已经发生了非常大的变化。这两个概念之间肯定有区别，这个不属于我们这儿讨论的范围。我想说的是，阿伦特思想真正最大的作用就是让我们去思考我们每个人的责任。不管你处在社会分工中的哪一个角色，你是董事长，那么你下面还有各个层级的管理人员。如果你的一项决策失败了，处在中间这些环节上的人员，是思考还是不思考？比如说我们通常的一个命题：军人的天职就是服从命令。就像我刚才所讲的：假如一个国家的最高军事统帅发布一道命令，说要挺进屠杀另一个国家的人民，然后国际法庭进行一场审判，那么这个时候军人可以辩护说，我只是团长，师长，是命令的执行者，命令是谁下的呢？是最高军事统帅。我们究竟是只判最高军事统帅的反人类罪和战争罪呢，还是连同这些军官一起判？这就是我刚才问苏老师的问题，对某一事件是个人来承担罪责还是集体来承担罪责？苏老师讲法律上是个人来承担罪责。这个时候的个人，如果是复数的个人，他仍然是集体。否则的话，在犹太人被屠杀的过程中希特勒一个人承担责任就行了，为什么艾希曼也要承担责任？他只不过是一个命令的执行者，作为军官他可以辩解说军人的天职就是服从。他是国家机器上的一个齿轮，他的思维为何贫乏？因为他只掌握意识形态的语言。上级的文件，官方的文件怎么说，他就只掌握这些。阿伦特为什么说他乏味？因为他没有自己的个性语言，也就是没有自己独立思考的语言。只是按照官方的语言、官方的命令来执行、来说话。甚至于读一本有趣的小说，他也会觉得太无聊，太乏味。所以今天这个问题，为什么值得讨论？不在于阿伦特的思想本身，也不在于艾希曼审判的这个现象。她教给我们的是，我们未来走向社会，不管是在企业还是在政府部门或者是学校，在任何的体系中，我们都会找到自己的岗位，经过努力以后，我们也要承担一定的职务，既然在这个职务上，我们就应该承担一定的责任。

我们该如何去思考如何去承担责任？在这里我也顺便说一下，我也曾写过一篇文章，叫做《意志自由与责任承担》。每个个人都是有意识的，个人意识等于意志自由，自我意识等于个人意志。意志可以决断自己的动机，也可以决定自己的行为。既然你的行为出自你自由意志的决断，因此，你必须对你自由意志所选择的行为所招致的任何后果做一定的承担。

就像古希腊神话里的俄狄浦斯，神说拉伊俄斯国王将有一个儿子，可是这个儿子的命运却是杀父娶母。后来国王夫妇生了一个儿子，叫做俄狄浦斯。俄狄浦斯为了摆脱杀父娶母的命运就出走了。可是在后来一系列的偶然事件中，他就是杀死了自己的父亲，也娶了自己的母亲为妻。后来城邦大闹瘟疫，人们去求神，神说："俄狄浦斯以为靠自己的智慧，可以避开神规定他的命运，可是一切都在神的掌握之中，他在路上杀死的那个人就是他的父亲，他现在来到的城邦才是真正的母邦，他娶的妻子就是自己的母亲。"可是他的母亲知道这个神谕没有避开之后，羞愧难忍——和自己的儿子竟然结婚生子，犯了乱伦之罪，于是自杀。但俄狄浦斯没有自杀，而是嚼碎了舌头，刺瞎了眼睛，捣聋了耳朵，可是他也没有用"天啊，这不是我愿意做的"来推卸责任，而是以流放的方式来承担起自己不可避免的责任。所以我想今天我们这个论坛最核心的意义就是，每一个人，不管是在何岗位上，你的个人意志只要是自由的，那么你必须对上级所下达的任何指令，运用自己的知性做出自己的判断，最后做出自己的决断。

决断越正确不仅能表现出你的能力，而且也能为上级的决断做完善，使整个事业做得更好更辉煌！否则，你只能做一个没有思考的行动者：如果上级决定正确，事业还勉强能够维持；如果上级决定错误，那么这个事业将面临不可预知的风险和前途。具体到我们学校，大学的最高行政长官是校长，如果校长的决定是错误的，那么我们中间的各个环节有没有抵制的可能和反思的必要，以便使这种大学不会越办越糟糕？如果校长的决策是正确的，我们能不能够发挥自己的能动性，使这种正确的决策发扬光大，使我们的学校越办越好？这就是我们今天晚上的讲座的意义和价值。分析的不对的地方，还请大家指教和说明。好，我们再次感谢各位老师、同学的光临！尤其是感谢中和集团的洪总和同济药业戴总的出席和光临，谢谢大家！

第四讲　笛卡尔的遗产
——从当代知识论和心灵哲学的视角看

李朝东：各位老师，各位同学，晚上好！西北师范大学马克思主义学院哲学系与中和集团联合举办的"哲学沙龙——中和论道"第四期报告现在开始。今晚我们邀请到的主讲老师为哲学系的贾克防老师。贾克防老师是北京大学哲学博士，现任马克思主义学院副教授。他的主要研究方向和领域是笛卡尔和洛克，也就是属于认识论范畴。今天所作报告题目是《笛卡尔的遗产：从当代知识论和心灵哲学的视角看》。

在贾老师正式开讲之前，我先做简单的介绍。西方哲学的发展有三个阶段，按照法国哲学家保罗·利科的看法有三个阶段。

第一个阶段叫"本体论"，也叫"存在论"。"本体论"、"存在论"是我们国内两种不同的翻译。当然还有一些人翻译为"是"论，包括我在内。为什么这么说？因为本体论的读音，希腊语的、英语、德语、法语的读法基本上差不多，"ontology"，"onto"在希腊语里是系词的分词形式。用英语表达就是"being"，后半部分"logy"是英语的结尾，"logie"是德语的结尾，所以我们将前半部分与后半部分合在一起构成"ontology"或"ontologie"。因为"onto"是英语中的宾语，就是系词的分词形式，德语的"sein"，后面的"logie"是指"××学"或者"××论"，也就是"being"翻译成什么，我们就将"ontology"翻译成什么。如果我们将"being"翻译成"存在"，那么它就叫"存在论"。但是，当中国文化与西方文化相遇以后，中国前辈学者在翻译这个词的时候用中国哲学中的词汇"本体论"将"ontologie"翻译成了"本体论"。但现在西方学者对于"ontology"的翻译争议比较大。有些人主张将该词翻译成"存在论"，我们可以把"being"翻译成"存在"，但是不能翻译成"本体"；当然我们也可以将"being"翻译成"是"，如果翻译成"是"，那么它就是"是论"。这就是我要说的第一层，也就是古代西方人在追问"being"，探究"being"的学问，我们通常把它叫做"本体论"或者"存在论"。

到了近代以后，西方人发现对于"being"这个词，不同的哲学家具有不同的理论。有的说"存在"是这样的，而另外一些人又说"存在"是那样的，每个人都提供了一套理论体系。所以，西方哲学发生了一次大的转向，不再追问"being"是什么，不再探讨"being"的学问。转向我们怎么才能够获得关于事物与事物的存在形式，也就是"being"的学问，也就是怎么获得知识。这种知识怎么能够具有真理性，也就是怎样才能够成为真知识。保罗·利科将近代以来的西方哲学的转变称之为"认识论"，也就是探讨我们知识的起源、知识的构成条件，如何能够获得真知识的理论体系。保罗·利科概括为西方哲学转折的第二个阶段，也就是认识论阶段。其中，认识论所探讨的一个重要问题就是我们如何获得真知识。真知识有两个条件——普遍性、必然性。谁来获得真知识？肯定是人，但是，这个人是一个什么样的人？

笛卡尔有个特别著名的命题，叫"我思故我在"。"我思"，他和我们肉身性的存在是不是一回事？"我思"、"我在"，"我思"直接就等于我在。后来黑格尔在《哲学史讲演录》第三卷评价，一开始就讲笛卡尔，在讲到笛卡尔的时候说了一句话，笛卡尔是一个带头重建哲学的英雄，黑格尔为什么给予笛卡尔这么高的评价，就是因为他提出了"我思"这个概念，奠定了现代西方认识论哲学的一个基础、一个根基。

今天晚上我们分享贾博士的报告，主要就是笛卡尔给我们留下的这份遗产。就是他是如何提出"我思"，通过"我思"获得的这个知识怎么才能保证它的普遍必然性，即如何保证它是真理性的知识，保证它的确定性、普遍性、必然性。

　　当然，后面我还要再说一下西方哲学还有第二次转向，也就是第三个阶段，就叫做"现代语言论"（古代存在论、近代认识论、现代语言论），也就是说现代西方哲学就把语言分析作为非常重要的对象和领域，比如说："英美分析哲学"，基本上就是以分析语言的形式与条件作为自己展开哲学运思的一个主要的方向。

　　现代西方哲学又分为两大流派，英美分析哲学、欧陆的现象学。当然语言分析只是现象学的一个非常小的部分，就是说语言分析可能是在英美分析哲学里面占了绝大多数，甚至是它的全部内容，而语言分析只是欧陆现象学哲学一个很小的部分。它是从感觉，然后一层一层奠基以后，到我们通过语言表述这个意识形态上才属于现象学分析的一个部分内容，也就是说现象学分析的内容、领域、范围，要比分析哲学更宽泛一些、更广泛一些，这是第三个阶段。

　　做一个大概的前提了解以后，待会儿就请贾博士来给我们讲他对笛卡尔的理解，对被黑格尔称之为"带头重建近代哲学的英雄"笛卡尔的思想作一分析。当然，笛卡尔又是一个具有全面教养的哲学家，我说他有全面教养不仅仅是他在哲学领域，更主要的是我们知道他是解析几何的创始人，是一个大数学家。

　　我顺便介绍一下，今天晚上我们还请了两位评论老师。一位是大家可能都比较熟悉的张美宏博士。还有一位是到我们学院工作的，现在是我们哲学系的教师，清华大学的丁璐博士，她在清华大学的导师是我们国内非常著名的一个大学者——王路教授，多次到我们学校来，在这给我们的学生做过讲演，现在被称为我们中国逻辑学的第一人，在分析哲学领域非常有造诣。

　　我们请美宏博士和丁璐博士做评论人，主要是出于这么一个考虑，克防老师从笛卡尔的视角来给我们讲一讲近代哲学的主题，然后，美宏博士和丁璐博士从中国哲学和西方哲学两个视角就这个问题分别作出回应。

　　最后我说一下，今天晚上来出席我们这个报告会的还有我们学校的党委书记克恭，我们其他学院的一些领导、老师，哲学系以及其他专业的同学，让我们以热烈的掌声表示欢迎！

下面我们就请克防博士开讲。

贾克防：非常荣幸、非常感谢，感谢现场的领导和现场的同学们，我们在这样一个非常非常特殊的日子里，分享一个特殊人物的遗产。

笛卡尔和很多著名的近代哲学家一样，我们都知道，他们都是很值得过今天这个节的（2015 年 11 月 11 日），我们从笛卡尔一直算到康德，有大批的终生未娶的人士。我今天还看到的一个讲莱布尼茨的故事。莱布尼茨在三百多年前的今天，如果按德国时间算的话呢，也就是上午，正在做创建微积分的工作。哲学家们是这样过节的，我们也这样过节好不好？

今天，我要讲的这个"笛卡尔的遗产"，是从当代知识论和心灵哲学的视角来看。在我看来，知识论和心灵哲学这两个领域，在当代英美分析哲学里面，有着比较多的哲学家在重视这方面的研究，所以说还是蛮重要的。当然我们在阅读或者学习这两个领域的时候，我们从教科书开始看，就会发现，这些教科书往往是从笛卡尔的哲学开始讲的，无论是知识论，还是心灵哲学。为什么会有这样一个现象？这个现象是不是要提示我们一个问题，就是，笛卡尔哲学对于现当代的哲学，是一种什么样的关系？或者我们经常在读经典的时候，心里会不会有这样一个疑问——我们为什么要读经典？经典跟我们现当代有什么样的关系？我觉得这是一个值得思考的问题。今天，我就试图通过现当代哲学的棱镜去看笛卡尔本人的哲学主张。

我们都知道笛卡尔被称作"近代哲学之父"。其实，我们知道在西方是没有近代和现代的区分的，一律是"modern"，所以，我觉得一个可能更恰当的翻译是"现代哲学之父"（father of modern philosophy）。如果这样来看待他的话，我们就更能看清笛卡尔的地位。我们举一个字面上的不很恰当的例子，一个人是随他父亲姓的，那么笛卡尔的名字叫做 René Descartes，如果他是现代哲学之父，那现代哲学是不是要姓笛卡尔？笛卡尔开启了现代哲学，当代哲学也是现代哲学的一部分，那么，我们从什么意义上说，当代哲学与笛卡尔哲学同属于现代哲学？我打算从两个方面来看，一个是知识论，这个要讨论的是关于确定性的信念；另一个是心灵哲学，这方面是就笛卡尔的身心二元论来谈的。

我们先看第一个方面。在笛卡尔那里，有一个很著名的命题，就是，凡是清楚分明的就都是真理。这个真理标准是怎么确立的呢？我们可以从他的《第一哲学沉思集》来获得答案。这是一个知识论的问题。笛卡尔在《第一哲学沉思集》里纯粹是作为一个知识的探索者出现的。他是用第一人称，"我"怎么样怎么样……"我发现我从小很多信以为真的观念、信念后来被发现是假的"。这个"我"是虚拟的，任何一个人都可以是"我"。我们每一个人都跟随笛卡尔去探索。这个"我"要在科学里建立稳固而长久的基础来。怎么开始探索的呢？那就是笛卡尔很著名的三个怀疑，首先怀疑的是感觉，然后是梦境。比如现在的讲座会不会是发生在梦里？你们都可能是我虚构出来的，等等。最后，一个最严重的怀疑是一个骗人的上帝或者是一个邪恶的魔鬼来欺骗我。笛卡尔说，我们每个人都是上帝创造的，那么上帝在创造我们的时候有没有可能使了一个坏，把我们造成一个次品？像我们正在使用的计算器，正常的是一加三等于四，但是如果计算器坏了，那么一加三就有可能等于二或者八。但是，如果计算器有意识的话，它却不会觉察到错误，答案就是显示出来的这个。那么对我们人来说有没有可能是这样的：上帝把我们每一个人都造坏了，我们认为一加一等于二，但其实不等于二。这是一个很严重的怀疑，如果数学知识出现错误的话，这下会很麻烦，基本上不会再有正确的知识。所以笛卡尔要做的就是回答怀疑论的挑战，这个回答就是"我思故我在"的论证。即使上帝在骗我，我也是存在的。

很多人说，这个论证在奥古斯丁那里也能找到，没有什么出奇的。这个不重要，重要的是，笛卡尔做了一件无愧被称为"现代哲学之父"的事情。那就是，确立一条真理的标准。他说，凡是清楚分明的东西都是真的。怎么来的呢？从"我思故我在"的论证里得出来。怎么得出来的？他说，"我思故我在"中，究竟是什么保证了"我"的存在呢？或者说究竟是什么保证了"我存在"为真呢？我怎么知道"我存在"为真？这里面没有其他的东西，就是一个清楚分明的直觉！什么是清楚分明的直觉呢？笛卡尔说，我们是有一种内在的强迫，当我看到真理的时候，在以特定的方式看到真理的时候，真理会让我不得不去相信它。我没有办法，不由自主，无法控制地要去相信它。一般当你遇到这种无法控制、必须去相信的这种感受的时候，那你遇到的就是真理。在座的同学很多可能是单身的，哪天你遇到了你的真爱或是你的缘分的时候，你发现你不由自主地被他吸引。笛卡尔认为，那就对了，你在他面前，彻彻底底地被吸引住，你完全无法摆脱，只要是你看见他，你就会被他吸引。

好多人对笛卡尔的清楚分明有疑惑，清楚分明在笛卡尔那儿是一个术语，是一个哲学术语。什么意思呢？它有特定的含义。如果我们从日常化、口语化的角度来理解清楚明白，那就不是笛卡尔的意思了。清楚分明的含义很多，比如朱老师举的一个例子。朱老师喝醉了，看到一头粉色的大象站在他面前。看见了吗？看见了。清楚明白，就站在他面前，一头粉色的大象在我面前晃来晃去，清楚明白。但是这不是笛卡尔所说的清楚明白。笛卡尔说得清楚明白是什么？就是真理对你的吸引。再举一个例子，在你非常饿的时候，你面前摆着一盘烤羊腿，特别香，吱吱冒油，冒着气，还有温度，这时候你无法抑制你想吃它的想法。假如你是一个非常有操守的人，你说我不去吃它，你忍住，忍住也没关系，你无法否认你内心有一种想吃它的欲望。只要是烤羊腿一放那儿，你就无法抑制你想吃的欲望。只要是真理一出来，你就不得不相信它给你的这种感受。这种感受说明它就是真的，所以，笛卡尔说，凡是清楚分明地被我们意识到的东西，它就是真理。这清楚明白的感受，我把它理解为，就好比是那种不得不想吃的欲望，是你的内心的一种体验。这种体验告诉你，它是真理。

我们关于笛卡尔对这个问题的认识就说这些。我们接下来要说，这是笛卡尔这么认为的，那现代哲学还这么认为吗？现代哲学怎么来看"不得不相信"这种感受呢？对于笛卡尔来说，真理在于我们的认识与实际的符合关系。也就是符合论的真理观。但是笛卡尔那个时代的人认为，认识者仅是在认识之中，认识者无法跳出认识范围。我们要论证我们的想法和现实符不符合，怎么办？还得靠我们的认识。

我要看你的认识，还要看现实，你的认识和现实符不符合，我可以比较一下。但是我跳不出我，所以我的关于现实的认识，都是通过我的认识提供的，对不对？那怎么在我的认识之中断定我的认识和现实符合不符合？怎么办？笛卡尔说，你不需要跳出来，你可以在认识中解决这个问题：有一些信念是不得不相信的；别的那些不是不得不相信的，就不一定是真理。他用清楚分明这个标尺，来把真理的东西和非真理的东西区分开来。

笛卡尔说这就是理智的直观，现象学走的就是这条路子，我们今天先不谈。我们从另外一个角度来看，当代的分析哲学，英美知识论的研究，他们怎么来看这个问题。不过我可以提前告诉大家，笛卡尔的遗产能保留的就是一个问题。什么是问题呢？就是，清楚分明的不得不相信的这个东西，也就是真理，为什么是真理？就是这样一个问题。

有很多时候大家也听说过，问题可能比答案更重要。从笛卡尔身上，我们就可以看到这一点。所有笛卡尔所主张过的东西，很多都被批评、被扬弃。对于笛卡尔的很多理论，现代哲学家都不再坚持了。笛卡尔作为现代哲学之父，他提出的问题却一直没有被突破。这是我的一个看法。怎么讲呢？笛卡尔把这种清楚分明的知觉，看做是所有人都具有的一种能力。有了这种能力，你就可以去发现真理。每个人都有一种独特的理智的能力，所以我们每个人都可以进行直观。但是很快，笛卡尔之后的一些哲学家就开始反对他这个论断，说人没有这样一种能力，人有的是观念，你可以把观念拆分、组合，但是你没有一种独特的、叫做理智的能力。

那当代哲学家们怎么看呢？当代的知识论的讨论，也有大量的理论流派，比方说基础主义、融贯主义、可靠主义论、语境主义等等。几乎所有的流派都面临的一个重要问题就是知识的辩护问题。什么是知识的辩护问题呢？知识是怎样得到辩护的呢？"知识"有一个经典的定义，我们从柏拉图那里就可以发现这个定义，知识就是得到辩护的真信念。首先是真的，就是 true；其次它是得到辩护的。在这里面的问题，最重要的就是辩护。我们举一个例子来理解：比如我说今天兰州的空气质量差。我也相信这个判断。如果说今天兰州的空气质量确实差，说明它是一个真信念。但是真信念还不一定保证它是知识，你必须得到辩护，什么叫得到辩护呢？你必须给出一个理由和根据，比如我下这个判断是因为能见度特别的差，连山都看不见了；然后我上网一查，pm2.5指数特别高，已经重度污染了。这个时候我有两个根据来断定空气质量差了，一个是专业网站上的数据，另一个是视觉上的能见度。所以我说"空气质量差"这样一个命题，就得到了两个根据，两个辩护。但并不是在所有情况下，有辩护的真信念就是知识。这个不一定，因为你有可能是偶然知道的。这个地方可能细讲起来特别麻烦，我们扼要说。我们就挑这一个问题，就是看，在这些所有的理论里面，它们的区别在哪里呢？就在于，对于辩护的本质和结构有不同的主张。比方说有的人认为，辩护来自内在。比方说我看见，眼见为实，是吧？我们说这个，或者是我记得，或者是我推理出来了。这都是内在的辩护。还有外在的辩护，外在的辩护就比方说包括，我问你，为什么你觉得你看见的就为真呢？比如说我的眼睛，我的眼睛的结构一直很稳定。它发挥一直很稳定。以前我见过的，最后证明都为真的，是吧？所以，我现在相信我能用眼睛。眼睛的结构你是意识不到的，对不对？这就是一种外在主义的辩护。总之，它们有这样的差别、不同。

不同的理论，内在主义的、外在主义的，刚才所有的这种辩护，我觉得，它们都关心同样的一个问题，什么样的问题呢？就是我们刚才说的问题——"知道"是怎么一回事？我们怎么能说我们知道呢？我认为，这其中最核心的一个内容就是：得到了辩护。所有的关于辩护的讨论，最后都指向一点，那就是知道是怎么一回事儿。有的人认为，知道是必须经过了内在的辩护。有的人认为，知道就是获得了知识，就必须是经历了外在的可靠辩护。但是，所有的人都在关心，用笛卡尔的说法就是，清楚分明地意识到的这个知觉，这种感受。大家都承认的是这个，就是知道之所以为知道都在于这种你内心里呈现给你的这种清楚明白、不得不相信。你不可能，比方说你明知道一件事情，可以信也可以不信。然后你很难说，"我就是凭空选择的"。当然，按照内在主义，可能也可以这样说。但是，你无法否认那个不得不相信的，它就是真理。这个是无法否认的。所以，"知道"，在当代哲学家这里看来，是我们内心的一种状态、一种态度。"知道"是一种态度。这种态度不同于其他的命题态度。比方说怀疑，比方说相信。知道不同于相信。相信比知道要差一截，差的就是辩护。比方说，你们现在有男朋友或女朋友，你男朋友或女朋友出去逛街了，这会儿，双十一也没陪你，他（她）说我自己逛街呢。你说我不信，或者说你信。无论你选择信还是不信，它都不是"知道"。为什么？你没有辩护。这个"信"和"不信"，它和"知道"是不一样的。所有的当代分析哲学关于知识的讨论，我认为都集中在这一点上，就是：这种"不得不相信"的态度，到底是怎么一回事？它是怎么产生出来的？有的人说，在相信的基础上加了一个外在的辩护；有的人说，在相信的基础上加了一个内在的证据的辩护。总之，所有的意见都集中在一点上，就是那个不得不相信的感受，是怎么产生的？而这也是当时笛卡尔的问题。它怎么产生的？笛卡尔的回答是：上帝，上帝保证着。当然，我们不相信上帝。如果我们不相信上帝的话，那我们要有一个自己的回答。这个回答是什么？现代哲学家们仍然感兴趣。

　　刚刚说的是第一个遗产，第二个遗产，同样也是一个问题。笛卡尔的答案早就过时了——说过时不合适，应该说早就被驳倒了。但是，他的问题，我们仍然无法解决它。第二个问题是关于心灵哲学方面的。一般人都相信，我们有心灵。或者说，一般我们都在谈论，各种相信，各种疼；或者这种那种、各种各样的情绪，各种各样的命题态度。所有的这些，都是我们内心的东西。是吧？如果没有内心，我们干吗还要谈论它？

　　正常的人，哲学家除外，都是相信我们是有心灵的。但是，自然界不需要心灵。自然事件的发生，我们无法在任何一个自然事件的发生、在因果系列里面把心灵加进去。什么意思？我还是从笛卡尔开始来看。笛卡尔有一个著名的论证就是"身心区分"。"身心区分"这个论证，在我看来，也是跟"我思故我在"论证密切相关的。我们今天先不详细讨论这个，我们就看他的"身心区分"是怎么一回事。物体，包括这个身体，在英文里都是body，是吧？笛卡尔说，body和mind是两个独立的实体。什么叫独立的实体呢？都可以独立存在，就是它们不依赖其他东西而存在，上帝除外。它们彼此也不相互依靠，一个不存在了，另一个可以继续存在。这是笛卡尔的身心二元论、实体二元论。

实体二元论对于笛卡尔的哲学非常关键。我们可以从两个角度来看，一个是科学，一个是宗教、信仰。从信仰的角度来看，它是灵魂不朽的前提。按照基督教的信仰，有一个末世审判。末世审判之后，上帝的选民上天堂，平生作恶的人就要下地狱，受到惩罚。如果我们是彻底的唯物主义者，我们就不相信这种说法。如果要相信，对于哲学家来讲，那就要证明灵魂是不朽的。但是在笛卡尔的时代，他们继承了亚里士多德的经验主义的遗产，无法辩护这一点。

按照亚里士多德的说法，任何实存的个体，都是复合体，是由质料和形式复合而成的。对于有生命的物体来说，比如一只小狗，它之所以活蹦乱跳是因为它有灵魂。一旦它的灵魂没有了，它就变成了一个普通的物体。那么人也是，杯子也是，它有形状，它的形状就是form（形式），然后它还有matter（质料）；form和matter结合在一起，就构成了存在着的每一个个体。亚里士多德认为，所有的东西都是由质料和形式构成的，这就是质形复合论。但是质形复合论有一个问题就是，质料和形式都不能单独存在：没有单纯的质料，也没有单纯的形式。单纯的质料是彻底的潜能，是无法认识的。形式是完完全全的形式，它就是事物存在的本质，我们可以认识它。但形式和质料不可以单独存在。所以对于亚里士多德主义者来说，它无法提供灵魂不朽的说明。人死之后，身体已经不存在。多年以后，到了上帝末日审判的时候，身体已经腐坏，甚至被小狗吃了，或被别的动物吃了，又变成它的一部分，那又该如何审判？所以亚里士多德主义提供不了这种说明。

笛卡尔说，他的身心二元论可以。身体和心灵是两个实体，可以分别存在，身体腐烂了、消解了，但它的灵魂还在。所以，基督教的灵魂不朽的信仰需要笛卡尔的身心二元论。这是从基督教信仰的角度来讲。

从另一个角度来讲，笛卡尔的身心二元论还为自然科学的进展扫清了障碍。同样地，亚里士多德主义的质形复合论也无法适应自然科学在哥白尼之后、伽利略之后的这种进展。但是笛卡尔提供的对matter的另一个理解就可以。为什么亚里士多德的无法理解呢？比方说，羊有羊的form，草有草的form。羊把草吃了，草变成了羊的一部分。我们近代科学说，形式去哪儿了？质料是怎么变的？怎么样了？是不是就解释不清楚了？但是，笛卡尔提供的身心二元论就可以很轻松地解决这个问题。他对matter进行了重新定义，把matter定义为有长宽高三个维度的广延之物，可以处在运动之中的广延之物。这跟亚里士多德的matter有什么不同之处呢？亚里士多德的matter是纯粹的、不可知的、没有任何限定、没有任何规定的。我们完全无法对它进行认识。但是笛卡尔的matter不一样。它是同质的。当然这种理解也有问题，我们暂时搁置问题。羊的matter和草的matter都是matter，matter对matter的转化就很容易。在亚里士多德主义的世界图景中，草和羊是异质的，草和羊是两种实体。但是把它换到心物二元论这儿就好了。此外，还有一个好处，matter可以数量化，可以用数学、可以用解析几何学。一个物体它的运动，它的存在，它的各种存在的方式都可以用数学的方式表达出来。这是笛卡尔的"身心二元论"对质料的解释，有助于近代科学扫清传统哲学所设置藩篱。

关于笛卡尔，我们说到这儿，接下来我们来看，对于"身心二元论"，我们现代哲学怎么来看。现代哲学发现，这个"身心二元论"也行不通。跟笛卡尔关于知识的观点一样，它遭受到了猛烈的批判，体无完肤，剩的不多。但我们说，笛卡尔的遗产还是一个问题：身和心究竟是什么样的关系？或者说心和物，mind和matter究竟是一个什么样的关系？虽然，按照当今的自然科学，在我们当今的这个世界，关于matter的定义已经和笛卡尔完全不同了，但是，我们仍然把这个世界看作matter构成的或者是和matter相关的。但是心灵呢？心灵在里面不起任何作用！这是因为，在自然科学里面有这样一个基本的事实：自然因果序列的封闭性。什么意思呢？在物理世界里头，一个物理事件的发生，总是由另一个物理事件引起的；而任何一个物理事件的发生，也必将导致另一个物理事件的存在或者发生，而不可能是心灵事件。举个例子：比方说两个人，小 A 和小 B，小 B 特别讨厌小 A，岂止是讨厌，简直恨他，希望他死。然后小 B 就去找了一个巫师，对小 A 施法，扎了个纸人之类的东西。后来小 A 在一场车祸中死了。小 B 会认为这个巫师的法力是起作用的，但是自然科学家不这样看。小 A 的死亡是一串的物理事件，比如车的速度、它的制动装置的缺陷或者是路面的摩擦系数还有天气状况。他会给一个科学的解释，而这一个科学上的解释没有巫师的任何事情，没有魔法的任何事情。我们不论魔法对不对，总之在自然科学里面，没有魔法存在的地位。为什么呢？因为它是一个心灵事件。你认为有魔法，因为你有一个愿望。无论怎么样，这个愿望在小 A 身上实现了没有，其实都是另外一回事。

如果大家觉得魔法还不好理解的话，我们可以用另外一个例子说明：比如说，我口渴了，口渴是一种感受，是一种心理状态，是一个心灵事件。而在神经生物学的角度中，你不需要用口渴来进行解释。你需要怎么办呢？你需要一系列物理事件来解释。比如体液里面的盐平衡被打破了，然后某种肾上腺激素开始释放了，然后某种血管紧张肽开始产生了，然后，在神经系统中的神经细胞之间一种生物的电传导信号出现了、一个化学信号出现了，最后在你的大脑皮层里面出现了一系列的状态……全是物理的，没有口渴这个心灵的事情发生。但是这跟我们的直觉不符合啊！什么叫跟我们的直觉不符合？比方说，我想举起我的胳膊来。我有这样的念头。这是一个心理事件，这是属于心灵的一个状态。然后我的手就举起来了。我想举起来，我就举起来，我想放下我就放下。难道我的手举起来不是我的想法导致的吗？我们正常人都说这是肯定的，这是自由！你是自由的，你想举起来就举起来。在这样想举起来就举起来的例子之中，我们看到的是心灵在起作用，但是自然科学家告诉我们，心灵不起作用，整个过程完全就是一套生物学的过程。你的手举起来，看起来是你的想法，但也可能是神经生物学以特定的方式早就决定好了的一系列的因果链条。并且，我们总可以把它追溯到一个物理事件上去，而不是一个心灵事件上。这就是自然因果序列的闭合。它对于心灵是封闭的，心灵找不到任何一个环节加入进去。好比说，这个因果关联的游戏，就根本不带着心灵玩，只有物体跟物体玩。但是我们的感觉是：不行，心灵得在里面起作用。所以，这个问题就出来了，心灵在自然界里面是一个什么样的位置？这对于当代的心灵哲学来说，是一个很大的问题，很困难的问题叫 hard problem（困难问题），特别的 hard。这样的一个问题，其实也是来自笛卡尔。虽然笛卡尔提供的解决方法早就不管用了，随着自然科学的进展，笛卡尔的解决方案早就扔在一边去了，但是笛卡尔的问题，我们远没有把它征服。

总体来说，在这两个方面，在知识论和心灵哲学的研究中，笛卡尔哲学作为前进的地基，不断地被批判、被扬弃、被超越，但是作为活着的理论遗产，笛卡尔提出来的问题仍然一直被讨论。

笛卡尔出生于 1596 年，卒于 1650 年，距离我们几乎已经是 400 年了。在他的时代，他首先是一个数学家，是一个自然科学家，然后才是一个哲学家。笛卡尔的哲学是建立在他对科学实践的反思之上的。在当今这个自然科学突飞猛进的时代，在当今这个科学占据文化中心的时代，我们怎么样才能去理解、去思考、去回答笛卡尔的问题？我认为，我们的思考绝对不可以离开对自然科学的深刻理解。我们可能需要很深地介入自然科学的发展里面去。在西方一些大学里面，有这样的一个研究中心，就是认知科学研究中心。cognitive science，认知科学。其实这不是新鲜的事情。在认知科学领域有着大量的研究人员，但是没有一个科学家自称是 cognitive scientist，没有，没有一个科学家是认知科学家。有的只是哲学家、心理学家、社会学家、语言学家。他们一起到认知科学研究的队伍中来，但保持他们自己的身份，相互对话。他们共同促进的这个事业叫做 cognitive science（认知科学）。我认为，这是我们研究哲学的人需要去做的。同时，我也认为，历史是一笔丰厚的遗产。虽然我不主张应该钻进故纸堆里，皓首穷经。但是，我们仍然要持续地回到哲学史上的伟大思想家那里去，回到笛卡尔哲学中去，去反思他的处境，去思考他的问题，当然，要结合着当代的科学实践。

这就是我阅读笛卡尔哲学和学习当代分析哲学的一些粗浅体会。抛砖引玉，希望能对大家有所启发，也期待大家的批评指正，谢谢！

李朝东：好，我们感谢克防博士的讲解！笛卡尔是一个充满着不同评价的、有争议的哲学家。我们通过克防博士刚才的讨论至少可以确定两点，就是哲学上有两个方面是和笛卡尔有关的，一个就是"我或者观念"这个概念的确立，它是现代哲学的基础和出发点。第二个就是"主体性"。"我"作为"思维的我"确定下来以后，那么我就要以主体的身份去和对象发生关系，由此开创了一个知识论和认识论的时代。当然有些人也把笛卡尔称为一个认知科学家。作为一个认知科学家，笛卡尔是不是对认识论做出了非常精细的研究，至少我们看到，德国哲学家有不同的看法。比如说从康德到尼采，再到海德格尔，他们都认为，笛卡尔的哲学是一个在细节上不被充分重视的哲学家，他在认识论上提出了很多观点，在细节上不需要给予充分的重视。这个当然和海德格尔、尼采他们的个人兴趣展现有关。但是康德也说这样的话，就令人费解了。后边我们通过两位博士的评论看看能不能涉及这个问题。还有一个就是黑格尔和胡塞尔，同样也是德国哲学家，这两个人却对笛卡尔给予了很高的评价，刚才我讲黑格尔在《哲学史讲演录》里面第三卷开头讲近代哲学的时候，就说笛卡尔是一个带头创建哲学的英雄。胡塞尔就专门写了一本书，书名叫做《笛卡尔式的沉思》，也是在讲"我思"这个观念的提出对近代哲学和现代哲学的影响。当然我在这里也顺便回应一下克防博士。有个问题，就是"近代和现代在西方没有区分"的观点，其实内在上还是有区分的。近代这个词在德语里面读作 neue zeit 新时代，但它不是属于我们历史上的时期。许多德国哲学家的理解是，近代这个概念仅仅是指学术分化期，也就是在古代所有的学科和知识都暴露在哲学这个大概念下，文艺复兴以后西方进入的这个时期，德语中把它叫做 neue zeit 新时期。neue 是新的，zeit 是时间，两个词合在一起是新时期。这个词我们应该准确地翻译成新时期，但是汉语学界经常把这个词翻译成近代。neue zeit 史学上和其他的学科上把它翻译成近代，哲学上或者德语哲学所称的 neue zeit 有特殊的含义，可能我们翻译的时候没有兼顾到。什么含义呢？newstak 在德语里专指一个学科，也就是说，我们今天称之为物理、天文、数学、化学以及其他的人生科学都是原来包含在哲学这个大概念、大名称下面，文艺复兴以后，这一学科自身的材料慢慢成熟，逐渐从哲学中分离出来，就好像一个老爷爷与老奶奶生了很多个儿子，这是一大家子，后来这些儿子长大以后娶了媳妇以后就和爷爷奶奶闹分家，要自立门户，这个不同的学科从哲学里分化出来的这个时期，德语哲学中、德语思想界用一个词来指称这个时期，叫做 newstak，近代科学一旦从哲学中独立，这个过程一旦完成，它们就进入一个新时期，这个新时期就是 modern 的时期，现代的时期。现代又属于另外一个问题，现代性和后现代性，是我们讨论的另外一个问题，今天我们不涉及。好！下面我们请美宏博士，因为笛卡尔对近现代西方哲学最杰出的贡献就是对"我思"这个概念的确定，那么，比笛卡尔早的宋明时期有两位杰出的哲学家，朱熹和王阳明，这个宋代的朱熹，明代的王阳明。尤其是王阳明心性哲学，我们通常都知道他有一个著名的哲学口号叫"知行合一"，但是我们在哲学上通常把它称为心性哲学，也提出"心"。下面我们请美宏博士从中国哲学的角度对克防博士的讲演做一个回应，大家欢迎！

张美宏：谢谢李老师，也谢谢克防博士今晚做的这个精彩的报告。我今天本来很疲劳，但报告很精彩，令我很兴奋，给了我很大的启发。李老师给的这个角度——从中国哲学角度来回应笛卡尔，是一个很大的挑战。但是我还是愿意接受挑战，尽管很艰巨，但我还是努力地与大家分享交流一下。我想，要从中国哲学的角度看，一定要从"心"的角度去理解，但这更多地表现为心物关系。心物关系在中国哲学可能不是一个严肃的知识论问题，我们更愿意把他理解成为本体论问题。中国哲学本来就不讲这个东西，先秦里很少。孟子讲万物皆备于我矣。反身而诚，乐莫大焉。什么叫万物皆备于我矣？万物是道德的问题还是外在世界的问题？怎么理解物？物还是事？这就成为问题了。所以，在中国古代，从先秦原创的角度看，没有这么一个特别强的心物观照，那么这个问题的走向真正意义上成为哲学的观照是佛教的介入。我们更愿意把它理解成隋唐佛学中玄奘法师引进的唯识宗，他有八个字，可能大家非常熟悉，叫"万法唯识，唯识无尽"。在玄奘对唯识宗的理解中，所有的这一切，那就是法界，现象界这一切它的本真性还原，还有它的意识，意识这个词是纯中国哲学的，佛教的词语，尽管在后来各种各样的哲学，如马克思主义哲学，现象学都在用意识这个词，但意识这个词就是佛教里的一个词。那更重要的就是我们所说的，人所具有的类似先天能力的一种根基，所以，万法唯识。所有的现象界，还原到哪里呢？还原到所谓的意识。所以在这个基础之上，最真实的就是意识，唯识无尽。那么外在的世界，它之所以可能，之所以得以确立，它的前提恰恰都是意识。

境的问题就是外在镜像，我们今天广义的世界，包括我们的活动都可以这么理解。这个问题在玄奘法师的理解中佛教译名非常艰涩。翻译在中国佛学史上是最严格的翻译，也是最艰涩的理解。所以唯识宗在中国哲学史上宗派也不大，我们最熟悉的佛学中国化是禅宗的出现，禅宗中对心物关系有进一步的展开。大家可能都听过一个故事，就是六祖慧能论风幡之动。两个和尚看到风吹幡动，一个和尚说是风动，一个说是幡动。慧能说，既非风动，亦非幡动，仁者心动。当然这个里面呢，他把所谓的世界之动，作为一个过程性的展开，还原为心灵活动的结果。这就是说，我们今天理解动离不开时间向度。我们今天理解的时间，是亚里士多德的物理时间。实际上在哲学史上的时间意识有两种，一种是亚里士多德的物理时间，一种是奥古斯丁在《忏悔录》中第一次提出的内时间意识。奥古斯丁提出时间是什么？我们在生活中经常使用，但当我们问它们究竟是什么的时候我们一下子糊涂了，我们不知道怎么回答。所以我们往往会说几时几点几刻几钟，究竟这是时间吗？我们说这不是。时间究竟是什么，是昨天？现在、将来是时间吗？我们有个错觉，把计时器的工作，表示时间测度的东西理解为时间本身。时间本身就是一件很深奥的哲学问题。所以我们说时间是什么？当然不是钟表，也不是路口红灯的一二三四五六。那只是我们测度时间的一种工具。奥古斯丁提出了时间是一种内在的时间意识。那我们怎么知道？因为我们人有记忆。我们看到 the moment the moment the moment again 我们说刚才的一瞬间。那可能有我们刚才说话的过程。我们人有这种线性训练规则的能力。没有了这个我们的时间意识就丢失了。我们怎么知道昨天？怎么知道小时候？恰恰是每一个片段，每一个片段的累积。在我们的记忆能力和所谓的逻辑规则能力中。时间的呈现是一种可能。所以在这个意义上时间成为一种内在的东西。好像不是亚里士多德确立的外时间意识。所以外时间确立的所谓的客观事件的对象，这是在哲学史上所谓的两个时间向度的问题。实际上我们所说的风动幡动怎么把捉的问题，恰恰有一种连贯性的外在的时间的记载。在慧能的表述中，恰恰更多意义上有一种动的意识的能力的人的存在，心的主宰才使得动在我们的理解中得以敞开、呈现。否则就没有一种所谓的对象之动，对象之动是因为我们用动的眼光捕捉到动的信息。所以从这个意义上讲，李老师刚才讲得非常对，我非常同意

这就到了心学体系中。心学体系中还是彻底的心物之辩。就是只能承认心的基础作用，物是在这个基础上生发出来的和呈现出的。所以陆象山有句话说：宇宙历史是吾心之历史，吾心历史即宇宙历史。他讲的吾心不是陆象山的心，而是人同此心，所有人都有的这么一个意识。所以说如果没有人的这种主体意识的呈现，就没有世界，这个问题就无从谈起。所以极端的唯物论者可能会挑战，谁把谁都说服不了。这种挑战在哪里呢？我们说我们都有脑袋，我们有脑袋我们承认我们有心，我们有身体。现在，在绝对的我们的所谓的心物论的立场上，我们没有心怎么知道我们有脑袋呢？所以我们连脑袋都不知道，所以这个问题一直是争论不休的。在西方哲学里也有类似的问题，像摩尔，在英国的分析哲学里讲，我们怎么怀疑都不能怀疑我们的双手，我们的左手右手，这个是不能怀疑的，这是个争论性非常大的问题，当然这个在中国哲学史上，就是本体论问题，它的基础是什么？那就是所谓的在根本上，它的基础是什么？所以王阳明会讲天下无心外之物，对吧？天地没有我的良知，谁去仰它高？所以在这里强调如果没有人的良知，这个基础性问题就无法呈现。所以问题就无法敞开

讨论，那么我想这是一个至关重要的问题。它往往是绝对的，很彻底的，没有一种所谓的并列的关系。所以说历史传统往往在这里遵循一种逻辑，叫知性逻辑，非此即彼，要么说外在的第一性，要么说内在的第一性，这个第一只能有一个，不能有两个，我们说这是非常彻底的。从这个传统来看，从分析哲学的体系来看，也有很大的分歧和批评。但刚才克防讲了很多地方，给我好多启示，但我也有很多疑惑，待会儿我也可能会与克防交流一下，什么问题呢？就是在知识论里头笛卡尔的"我思"基本上在维特根斯坦晚期《哲学研究》里头，还用了牛津流派一个很重要的代表人物，20世纪哲学家吉尔伯特·赖尔（Gilbert Ryle），克防这里也是引述他的著作《心的概念》，对此我尽管是业余的，但我还是非常感兴趣的，对心灵哲学、分析哲学非常感兴趣，所以我也看了一些书，当然看得也不够深入，但我还是想提供一些讨论，什么问题呢？就是说，在以"我思"作为知识论的基础，它究竟有多大的可靠性？因为在这个批评里头，尤其像维特根斯坦晚期，他认为"我思"是一种自我意识，他很容易和所谓的私有感觉，我疼我思这样的东西纠结在一起，联系到一块儿。第二，所谓的这种我疼我知道，但作为知识论的基础，是你知道，而不是我知道。所以说在严格的认识论体系上，笛卡尔关于"我思故我在"的论断，它的基础牢固吗？所以分析之下也有批评，晚期维特根斯坦批判，后来到吉尔伯特·赖尔（Gilbert Ryle），都继续把这个问题提出来，那意味着什么呢？知识论的明确性在哪里？克防能给我们试着回答一下吗？这是第一个问题。第二个可能是心物关系论的问题。我们说身体运动，一方面遵循的是机械原理；一方面是心灵、心理原理。这两个是不是完全的分裂的？如果是分裂的，为什么要把它们放在一起？如果是分裂的，关系是怎么样的？是心灵原理第一还是机械原理第一？我不知道这是不是个问题，但至少是我的一点疑惑，谢谢。

李朝东：谢谢美宏博士的发言，接下来有请丁璐博士，丁璐博士在兰州大学哲学系读硕士的时候我是她的论文答辩会的主席，还记得当时她答辩的题目是康德哲学，当时我就感到很惊讶，一个女性对康德哲学有这样深的见解真是很了不起，后来又到清华大学读博士，导师是很著名的学者王路教授。那接下来就听一听丁璐博士的回应，同时也希望她兼顾美宏博士的论点和论据。

丁璐：很荣幸受到李院长的邀请来参加贾老师的报告会，我刚刚来到我们学校就有这样的机会很荣幸。刚才张老师的发言慷慨激昂，我可能和他的风格不太一样，因为我是女生，可能会柔弱一点。

我先对贾老师的讲座做一个整体的评论，我认为贾老师的讲座具有很大的研究价值。首先贾老师在一开始就说了笛卡尔是现代哲学之父，就是要区分这个时间点，但是我认为更重要的是说明他作为现代哲学之父是对近代的这些哲学家比如说康德啊莱布尼茨啊的影响大呢，还是对维特根斯坦、海德格尔这些现代哲学家的影响大呢？如果他对维特根斯坦、海德格尔这些现代哲学家影响大的话，我想称他为现代哲学之父是合适的，这是以时间的基础来划分的。我倾向将近代哲学理解为一种以认识论为基础的哲学。我之所以这样认为不是单纯地将近代哲学理解为认识论，而是认为近代哲学和古希腊哲学是一脉相承的，不是一种彻底的断裂。因为古希腊哲学家亚里士多德也有认识论的研究，而且讨论得非常好。从亚里士多德到康德都对知识的问题展开了大量的研究和激烈的讨论，我研究生阶段是研究康德，到了博士阶段转了方向，以做分析哲学和宗教哲学为主。那我认为在研究康德中配合研究莱布尼茨、斯宾诺莎等也是很有必要的。因此我觉得贾老师的这份报告是有着很大的研究意义和价值。

那下面我就对贾老师讲座中心线索进行一个梳理。贾老师开篇第一部分就讨论了这个真知识的确定性问题。我认为需要注意的是"真"这个词，在英语当中对应的词是 truth。大家都知道 truth，那么在讨论 truth 的时候，我认为可以有两种讨论的方式，其一是从语言的角度，我们直接从语言分析的角度，来讨论这个问题，这个讨论其实也是有两种方向。这两个方向其实早在亚里士多德的时候就进行过讨论，其一是亚里士多德围绕 being，现在有争论，翻译成"是"还是"存在"，直接翻译成 being，用 being 来表示也展开讨论。其二是亚里士多德也对真的概念进行讨论，现代西方的分析哲学，已经完全舍弃了对于 being 这个讨论方向，就直接转向对 truth 讨论，分析哲学家其实不再讨论 being。

我刚才讲第一种 truth 讨论，是对真知识的讨论。贾老师这篇讲稿，其实涉及对知识的第二种讨论方式，就是认识论的讨论方式。就是现在认为是近代哲学从笛卡尔开始，有一次认识论的转向，我确实也是这样认为。这是对知识，或者说对 truth 第二种讨论方式，认识论的讨论方式。在对认识论讨论方式当中，我们就需要假设像在笛卡尔怀疑当中，他就假设心灵的存在。现在就出现一个问题，就是即使外界的知识是真的，笛卡尔是这样的追问，外界的知识是真的，但是我们的心灵又是否有能力区分什么是真的，什么是假的吗？这就是知识的"符合论"问题，贾老师在这里的意思是，如果笛卡尔预设心灵和外界的分裂，那么他就必须单独从心灵之中找到一个独立绝对的标准，以此保证我们的心灵，确实有把握真的成立，就是单独从心灵当中，仅仅从心灵当中，来找到这样一个标准。贾老师指出，即使笛卡尔找到这样一个标准，就是理智在把握事物时所产生的一种感受，一种真的信念。可是我认为，可能我对这个方面不是特别了解。假设像罗素这样的人，维特根斯坦这样的人对笛卡尔的评价不是很高，可能是因为笛卡尔，这样一个心灵哲学，它可能会产生一个后果，就是它会导致"心灵主义"。

现代哲学非常反对"心灵主义"，但如果我们站在取消心灵的角度，站在纯粹的物质的角度看问题，会产生什么样的结果？贾老师提出了赖尔相关理论，就是行为主义的理论，那这种理论其实等于取消在心灵和肉体在精神和物质之间的分裂。贾老师又直接指出，这种行为主义的理论，本身又会面临新的困境，所以贾老师最终的结论是站在常识的角度，我们不可能进行这样的还原，就是彻底把这个心灵事件还原为物理事件，因为一部分物理事件产生的终极原因正是心灵的意愿和企图，这是我对贾老师报告的一个总结。

下面，我就对这个报告的几个关键点进行评论分析并提出我的一些疑问。第一个关键点是这样的，在这里我认为有必要区别两种原因。我接下来会谈，我为什么要提到这个概念？我们用英文来表达就比较清楚，原因是这个词在英语当中有两个不同的词汇的对应，一个是 cause，一个是 reason，这两个是不同的。其实 cause 就可以把它理解成纯粹的物理学意义上的原因，就是贾老师说一个物理事件，必然会引发另外一个物理事件，这个事件是下一个事件的原因。

罗伊是一个活跃在 20 世纪 80 年代的现代哲学家，他在《宇宙论证明》这篇文章当中指出，有两种充足的理由律。第一种可以表述为所有的存在物，或者因为它自身，或者因为其他的东西而存在。这是第一种充足理由律。第二种充足理由律是这样的，就是所有为真的事实，都有让它为真的原因。这两个充足理由律是不一样的。我认为其实我们所说的物理主义这个意义上的认识论其实就是后一种意义上的充足理由律。那我们说前一种充足理由律就是在证明上帝存在的时候、宇宙论证明的时候，就会使用到这个充足理由律，这个充足理由律才是保证心灵是肉体的指导，或者说精神是物质的指导的这样一种原因。也就是说只有前一种意义上的充足理由律成立，我们才能说心灵是肉体的指导，精神是物理世界的指导。我不知道大家有没有理解我说的意思，明白这两种意义上的充足理由律呢？所以我的结论就是我们必须要证明第一种充足理由律，然后我们才能够假定心灵的存在是必要的，否则我们是无法战胜物理主义的观点的。

第二点就是提一点建议，就是我希望贾老师在解释行为主义的这一块儿能够解释得更加详细一点。就是说行为主义它为什么会引起这些困境，可以解释得再详细一点吗？我还有一点疑问，就是第三点，贾老师在这篇讲稿的最后提出这个常识。比如说我有一个意愿，然后我举起了一只手，这是每个人的常识。我理解的贾老师在这里的意思是我们需要尊重常识，因为每个人都是这么想的，所以我们需要去尊重它，需要为它提供一个哲学解释。但是我们知道，常识的英文词是"common sense"，然后我们知道还有一个跟 common sense 对应的就是 science，科学。我的观点是哲学是一种科学意义上的东西，就是这两种东西它根本不是平行的，我们是不是可以用常识去介入我们的哲学讨论？西方哲学本身就有一个常识派，不过它在近代哲学当中是昙花一现的。

通过这个第三点我就提出我的第四点，就是说我们哲学的讨论方式，如果我们直接从语言来讨论哲学的话，是不是根本就可以超越这个物理主义和心理主义的二分的这样的一种方式呢？是不是哲学从根本上就已经超越了物理主义和心理主义的二分的这样一种方式呢？也就是说笛卡尔所开创的这样一种认识论的讨论方式究竟是不是合法的呢？它是不是从根本上就违背了亚里士多德的意思呢？这是从我的第三点引申的。

最后一点是一个小细节，就是刚才贾老师说的，他说这个小 A 和小 B 的事情，就是巫术的这个事情啊。我觉得这个例子恰恰可以说明如果我们用信念去解释知识的话，就是我们用信念的确定性去解释知识的确定性的话，这是不可行的。因为大家从常识的角度也可以去思考，就是巫术肯定和小 B 的死是没有关系的，这只是小 A 他在心里这么去理解的。所以我对张老师刚才提出的问题回应一下，我觉得张老师刚才提出的问题非常有挑战性，实际上我与他的疑问基本上也是一致的，所以希望在这一点上和贾老师能够进行讨论。我就讲到这里。

李朝东：谢谢丁璐博士！我在这儿就不给克防博士专门的时间来回答两位评论人的问题，下面我们进入自由讨论环节，克防博士针对同学们提出的问题把张老师和丁老师的问题整合到一起来回答，下面由这位同学来提问。

学生：老师您好，我有两个问题，第一个问题是：笛卡尔说我觉得我相信的事情是真理，我确定它，它就是，可是古希腊哲学的伊壁鸠鲁派认为人是由原子构成的，一切都是变化的，而且没有确定和不确定的，因为我不知道笛卡尔有没有前置这个观念，或者说是前置在康德的道德形而上学中是普遍理性，因为我不能确定说我觉得对的就是大家觉得对的，有可能是我自作多情和一厢情愿，所以我对这个问题有点好奇。第二个问题：他觉得他获得一个真理，这个真理有牵扯到时间的概念吗？就是他当下获得的真理，但是根据奥古斯丁对时间的态度，他觉得时间分为三种：过去的现在，现在的现在，将来的现在，也就是说现在是一个状态，是一个很短的概念，它很快就会过去。那如果他掌握的是一种真理，那是不是觉得如亚里士多德说的回忆论一样，知识就是普遍存在的，理性的，一遍一遍回忆出来的呢？谢谢！

李朝东：非常感谢，可以把两个老师所提的有些问题一起回答了。

贾克防：我先做一个澄清，我发了几篇研究笛卡尔的文章，对笛卡尔哲学也非常感兴趣，并且我认为笛卡尔是一位非常优秀的哲学家，但这并不意味着我爱笛卡尔，笛卡尔是一个特别优秀的人，我们可以去欣赏他。但，作为人，不意味着他就不会犯错误。笛卡尔有好多错误。我说笛卡尔的遗产是两个问题，而笛卡尔的解答我们大都不承认，至少我们现在的哲学家都不买笛卡尔的账，这是其一。其二就是我今天选的这个题目稍微有点大，其实我也可以选择谈"清楚分明的观念"是怎么回事，像这样的文章也很多，然后可以综合一下，就搞一个特别技术化的，但可能最后的结果就是没法进行讨论，因为可能大家对笛卡尔的知识了解得不是太多，所以就故意选一个大一点的题目。当然这些想法是不成熟的，能碰撞出火花来可以说是最好的事情。以上所讲就是我的两个澄清：（1）有意选了一个大一些的题目；（2）有些思考还不成熟。

下面我就择要地回答这位同学的两个问题。第一个就是笛卡尔有没有预设一种普遍的理性，确实有，笛卡尔谈方法的第一句话就说每个人的良知（good conscience）完全一样，他不讨论现在人们所说人有智商高低，只要你是人你就有 good conscience，这个 good conscience 对于每一个人都是一样的。但是对于你的问题这个预设不重要，其实笛卡尔的建议是这个东西对我看来是清楚分明的，所以我最后相信，就不得不相信。他说对于你来说，你遇到这些"不得不相信"的时候，那就是真理。那是你遇到的真理，那也就是我遇到的真理。为什么我们俩遇到的真理是一样的呢？因为那是上帝造的。上帝创造了这个世界，上帝给了我们天赋观念，上帝又不欺骗我们，所以我们的观念和这个世界总是相符的，对每个人都是一样的。这是第一个问题。

学生：那如果真理不一样呢？两个人对真理的看法不一样呢？

贾克防：所以还不是清楚明白，不是清楚分明。

学生：什么意思？

贾克防：就是没有那种感受出来。

学生：就是没有人能获得真理，没有普遍的真理？

贾克防：笛卡尔相信是有的，因为上帝。因为有上帝在那儿保证，所以你不用操上帝的心，是这个意思。

学生：我是一个……

贾克防：知识是怎样建构起来的呢？可以通过各种各样的方式，比方说一个科学共同体，这是一种理解，是社会建构出来的。另外，还有一种，比方说实用主义的。就是说你这个东西有用了就行。车，比方说车停在那儿，那个车位，5 号车位，这是不是一个知识，是不是一个真理？到那里你发现：有车，能开，成功了！那么，你就有真理。此外还有融贯论等等各种各样的，都是这个问题。第二个问题，关于回忆，它牵涉到时间的问题。我认为，对于笛卡尔来说，他也主张一种回忆论。柏拉图的回忆说，大意就是，我们人的灵魂曾经特别的纯洁，在理念的王国里遨游，最后突然跌落尘世了，跌落在充满物质的世界上了，被玷污了，然后我们就忘记了在理念世界里观照的所有的东西了。然后你就需要回忆。笛卡尔说也是需要回忆，为什么呢？他为什么用回忆这个词呢？因为这个词其实说的是，知识对你来说太真了，就像以前见过一样。这跟贾宝玉见到林黛玉："这个妹妹我见过。"就是他有一种回忆，用回忆来形容这种亲密感，我们对知识的亲密感，其实它主要是用来形容这个的。

李朝东：贾博士目前的状态是恋爱中，所以恋爱的例子特别多。

贾克防：今天日子比较特殊。

李朝东：您现在已经不属于这个日子了。我们看还有哪位同学？我看胡好博士很想发言，你等一等，那位女同学，噢，是个男同学。

学生：老师您好，我是物理专业的学生，我的问题就是，因为我不是哲学专业的，所以对哲学的一些流派并没有太大的兴趣，我只关注哲学问题的本身，而就您提到的笛卡尔的遗产，您主要提到他的两个问题，但没有关注笛卡尔本身的一些思想言论，然后笛卡尔的这两个问题都是关于真理是怎么判断出来的，另外一个是关于心和物，谁是一个本初的东西，另外两位老师也是基于类似的一个心和物关系进行了一些阐述，然而从物理学的角度来看的话，首先，我是觉得物理学的发展只是一个和现实现象不断接近的过程，而物理学本身也无法证明物理学就是对的，就是绝对的真理，所以事实上，认识世界的一切仍然是通过心里的意识去认识的，但是呢，就我所知道的，目前科学家对哲学的态度是不屑的，我就觉得现在物理最前沿的东西，将来可能会接触到意识这个东西，但是很多搞生物的同学，他们可能都不认同，他们认为世界上无非是物理化学的运用形式和生命的形式，但是我觉得生命的运用形式很可能是一种物理的内在机制，而宏观上可能会表现出一些化学效应，这个是已经被学术界认可的。在我们物理的基础前沿理论发展到足以解释意识是什么东西之前，有两种可能：一种是物理发展到可以解释意识以后，会形成一个循环，用物质解释意识又用意识去认识物质，这是一个完整的循环，自相融洽。另一种可能是我们跳脱不了这个圈子，永远无法达到能够认识意识的科学水平，会被某种不知是什么东西的东西所牵制，科学还是发展不了。在此我就有这样一种感觉，首先就是心和物这两个概念到底谁更有用这样一个命题，至少在现当代不存在意义了，因为这个东西我觉得是一个无法解释的问题；而有一些西方观点的论述更多的像是在玩文字游戏，它没有站在一个实用的角度。我觉得各位老师都讲得很精彩，我想听听各位老师对此的看法。谢谢。

贾克防：好的。你觉得这个心物区分的问题老掉牙了，可以不要了，是吧？然后我们找一些更好玩的。确实有这样一些事，我不是很懂但大概知道，比方说自由意志、意识，有人从量子力学的角度来解释它，这可能比较能满足你的期待，就是纯物理了，你不用研究哲学史了，你不用考虑现在的认知科学家怎么做。你就纯物理地做，这个也可以，我等着将来你给我讲一讲。

还有一个很有意思的东西我想跟大家分享，有一个哲学家叫理查德·罗蒂，我在读研究生的时候研究他，当时我的想法很简单，"我跟笛卡尔这样的死人打交道有什么意思？我要研究一个活的"。于是选了理查德·罗蒂，结果我写出论文那年他就去世了。这个人是很有意思的，基本上所有的当代分析哲学家都把他当做敌人。他们不遗余力地去嘲讽、揶揄和打击理查德·罗蒂。但我觉得越是这样越说明他的重要。他特别招人恨，招哲学家恨，为什么呢？因为他做哲学的方式有些后现代，他说亚里士多德谈的话题、柏拉图谈的话题，到了近代笛卡尔谈、康德谈，然后维特根斯坦谈、海德格尔谈。他说，他们谈的这些问题都是"话题"，整个哲学史从头到尾没有一个一以贯之的问题，有的只是话题。就像我们平常聊天一样，一个话题聊不下去了，问题解决不了了，就换一个。他说哲学家就应做这样的工作，应该换话题，你们讨论的这些解决不了了，没意思，我们应该换话题。这是他的看法。如果你觉得这种心物区分的问题太老套了，我们换话题吧，也可以的，可以去做。

胡好：我简短一点提问。第一个问题，就是说笛卡尔的真理标准和当代的知识论，它们的关系是什么？我想确认一下你的观点。就是知识有三个标准，就是辩护、真和相信，核心是辩护。笛卡尔在当代知识论的影响是不是辩护里面的内在主义在起作用？我看到你点头了，那就是确认了。

第二个就是说心灵的位置放到康德的哲学里非常好解释，就是自由意志。心灵，在笛卡尔那里，在自然界里好像没有心灵的位置，就好像在康德哲学里自由意志在机械论里没有位置一样，所以我觉得心灵的问题实际上是自由意志的问题。如果这样看的话，在康德的哲学里面是怎么样的一种解释方式呢？简单说一下，我认为在笛卡尔那里这个问题没有被解决，但在康德那里可以解决。就是说，他把自由推到了彼岸世界，推到物自体世界，是一个不可知的东西，这个时候科学将止步，既不能对自由说有也不能说没有，这个时候自由就被悬置了。悬置的意思就是说避免了被科学所吞噬掉，它保留了一种可能性。康德是在一个思辨理性的视角来看这个问题的。然后自由的可能性，转到实践的领域，通过道德律把它确定下来，这个时候自由意志被确立了。最后，自由意志在整个的自然界中有没有位置呢？对康德来说绝对是有位置的，这个位置是通过在思辨理性里面的先验理念保留了它的可能性，这是第一步。第二步，就是放到实践领域里面，然后通过道德律把它确立起来。我个人觉得，尽管康德的物自体被大家所批评，质疑物自体怎么可以被悬置，应该把它去掉。但是，在另外一个意义上，如果要限制我们的知识以便给道德和信仰留下地盘的话，物自体是有非常重要的价值和作用的，也是可以给自由意志的问题、给当代一些启示的。这算是我的一个评论吧。

第三，我注意到一个很好玩的例子就是口渴的例子。物理主义可以把心灵现象完全取消，就像口渴一样，他可以完全避免用口渴这样一种感觉，他可以还原成神经系统的、体液的平衡被打破，然后肾上腺激素的释放、血管的扩展等一系列的东西，很好玩。就是你要解释一个心灵现象，你用物理的东西去解释很新奇，但是物理主义如果是这样解释的话不就太麻烦了吗？不就一个口渴吗？何必搞的这么复杂呢？根据奥卡姆剃刀的原则，同样的状态，一个解释口渴，另一个用一系列术语来讲，你看哪个更简洁？简洁的我们就用嘛。所以，我想对物理主义说一个简单的看法，就是搞得这么复杂干什么？何必呢？

贾克防：第一个问题我算是已经回答了，笛卡尔确实是一种内在主义。第二个评论我就不说了。第三个评论，关于你说的奥卡姆剃刀。奥卡姆剃刀说的是"如无必要，勿增实体"。如果我们真用这个奥卡姆剃刀的话，我们恰恰会剔掉心灵，因为心灵就是没有必要的。这是一套物理术语，只是语言复杂，和理论预设上的复杂是两回事。理论预设上的复杂是预设了两个实体，心和物。如果我仅仅用物理的术语就可以把所有的现象都解释，我干吗还要预设一个心灵呢？在这用奥卡姆剃刀，剔掉的恰恰是心灵。如果说是因为语言上的便捷，嫌麻烦的话，可能还不行，还得麻烦下去。你要不用奥卡姆剃刀的话，心灵还可以保留，还能用口渴来形容这些比较复杂的东西。语言上的东西是次要的。比如说我们可以发明一个东西，有一天我们的大脑特别复杂了，说一串数字表示口渴。当然，那样也很复杂，但我们可以用计算机辅助，这个问题可以用计算机解决。如果是奥卡姆剃刀的话，剔掉的不是语言上的繁杂，而是理论上的繁杂。这是我的看法。

朱海斌：我们应该区分感觉和感知两个概念，感知其实就是胡塞尔所说的明见性。那么，我们是不是可以从笛卡尔走到胡塞尔呢？

贾克防：你这个问题提得特别好，在这个问题上我不是特别的确定。如果说我们在语言上区分感觉和感受，很容易区分，感觉只有五种：视听嗅味触，对应五种感官。清楚分明不属于任何感官，所以，它不是感觉。我把它作为一种感受。其实，我认为我对笛卡尔的解释和胡塞尔不矛盾。胡塞尔把这种事物显现的方式称为绝对的被给予，那么，这个绝对的被给予对主体来说是什么呢？就是一种清楚分明的知觉。事物对主体引起的这个体验，笛卡尔称之为清楚分明；胡塞尔则称这种给予的方式是清楚分明，或者说，被给予的这个对象是清楚分明的。什么样的对象呢？我们可以解释一下，具有特定的逻辑特点的、特定的逻辑内部关系等等的这个东西就具有清楚分明的特点。就是说一个东西摆在我跟前，它是一个对象，它对于我这个主体来说，是以这样的方式摆放的。我们在三个层次上可以称之为清楚分明。你说的那个，胡塞尔称之为绝对的被给予，是在方式上。我理解的笛卡尔是在主体体验上称之为清楚分明。第三个层次就是就对象本身的特点，包含着特定的逻辑属性和逻辑关系。这个问题非常好，我们可以再讨论。

李朝东：首先，给主讲的建议：希望大家一起来做胡塞尔的现象学。马克思有句话：人体解剖是猴体解剖的一把钥匙。你把人体解剖搞清楚了，再解剖猴子就很容易认识。人比猴子进化的和发展的高级得多，复杂得多，它的肌体要复杂得多。从这个意义上说，胡塞尔的现象学要比笛卡尔的哲学，以及前胡塞尔的其他哲学，尤其是比认识论的这支哲学要高级得多。像前面朱老师提出的问题，现象学有绝对的被给予性这个概念，这就是最清楚明白的。但现象学的清楚明白，绝对的被给予性和笛卡尔的不一样，但笛卡尔启发了这个思想。这就是为什么胡塞尔对笛卡尔这样重视？笛卡尔说，哪个东西清楚明白？这个世界上一切都可以怀疑，但是有一点不能怀疑，"我在怀疑"这点不能怀疑，这是清楚明白的，而"我在怀疑"是一种思想状态，所以我思就是我在。当然，我们中国人把它翻译成推理式的句式，我想所以我存在，"我思故我在"。这不是一个推论，直接就是我思等于我在，就像北京就是中华人民共和国首都，就是因为他发现我思是绝对的。但是，我发现今天我们的讲演者、评论者都没有关注这个问题。这个问题没有涉及，我们就没有真正了解笛卡尔。

哲学、数学和逻辑这三个东西，中国、印度、古巴比伦到埃及已经出现数学（我们把它叫做算术），而算术在这四个国家只是经验哲学，人们用算术，主要用于丈量土地，只是作为一种实用的技能存在，是谁把算术真正提升到数学这个科学水平？是希腊人，我们来看一下，西方哲学史上，通常被称为第一个哲学家的泰勒斯是怎么说的。学过西方哲学史的人都知道，西方哲学史上开篇讲的第一个哲学家就是泰勒斯。泰勒斯是这么说的，对几何的陈述，不能仅仅凭直觉合理就予以接受，像几何学中两点之间就是直线最短，不是仅仅凭直觉合理就予以接受，而必须要经过严格逻辑证明。泰勒斯这段话说明了什么问题呢？在前面我们提到四大古国，仅仅有经验效能作用的算术到希腊人变成了逻辑证明的要求，通过逻辑证明，欧几里得才把算术提升到了几何原理，我们都知道几何原理是由 32 个定义和命题构造起来的完备的演绎系统，我们可以拿绳子来丈量这块土地长多少、宽多少，它和人的肉体相关的实际经验生活密切结合。可是希腊人不去丈量土地，而是把它搞成一个点线面相结合的演绎系统，从定义出发，从由公理构成的一个演绎系统出发，这个是希腊人在那个时代在思想能力和思想水平上已经超出中国、印度、巴比伦和埃及的地方。数学有什么特征？我们至少可以说它有以下几个特征：第一是自明的概念；第二是抽象的推理；第三个是确定的结论。从自明概念出发，经过抽象推理，最后逻辑必然地得出结论，这个东西对后来希腊哲学的形成产生了非常深远的影响，所以哲学不仅仅是一个心和物的关系，笛卡尔的心物哲学关系只不过是笛卡尔在这个地方采取的特殊形态，这就是我前面说的为什么一些德语哲学家对笛卡尔并不是特别赞赏，并且也认为他在细节上根本不值得我们重视，因为他讨论了一个人在日常经验生活范围内你说你有理、我说我有理的身心关系，它都是经验世界，在我们可感知的世界范围内，它没有通过逻辑证明。而希腊人最后在数学和逻辑、哲学之间找到了一个思想机制、思维机制，也就是说把数学与哲学结合起来的就是逻辑，因此今天西方数学和西方哲学之间。它们就有着一种让我们感受到汉语思想界、汉语世界的很惊讶的东西，也就是推论与论证。

张美宏老师前面提到了佛教的禅宗，禅宗的唯识宗，唯识宗共有八识，唯识八识，在 20 世纪 90 年代，我去武汉大学学习，跟邓晓芒教授学习现象学。武汉大学搞唯识宗的一个博士说现象学算什么，现象学最多达到唯识八识里的第六识、第七识、八识，西方认识论还没达到此水平。我当时觉得很神秘，东方思想甚是高超。而且也有些西方学者，如耿宁，德国研究胡塞尔现象学的一个非常杰出的哲学家，现在转过来在研究唯识宗。我们中国现在被称为现象学研究第一人的倪梁康先生在理解了现象学之后，现在也在做现象学与唯识宗之间的研究。当然，我顺便说一下，熊十力老先生是研究唯识宗的一个大专家，上海复旦大学张庆熊写的一本书叫《现象学与唯识宗》，推荐大家去了解、去看。但是我觉得不管他们怎么讲，唯识宗在讲意识时，我还是要问一个问题，它是不是通过逻辑推论与逻辑证明？因为唯识宗特别讲直觉，我经常讲我们中国人与西方人共有的一个意识层次是感觉，对对象世界的感知，你有我有他有，大家每个人都有，但是我们中国人的高明之处就是我们直觉有时候达到另一个境界的时候就达到知觉。可是西方人做的最扎实的就是理智这个中间环节，即靠逻辑论来推论和证明的这个环节，用逻辑来推论和证明的是知识，知识分布在各个学科门类中。数学、物理、化学、政治学、经济学、法学都是知识，今天在座的大学生学的每一门都是知识，可是每一门学科提供的知识都只有相对性，这个康德以前证明过，因为它们都是关于现象的知识，为什么具有相对性？因为你只是关于这个学科所思考的那个研究对象的现象的知识，这个现象是相对的、个别的、有限的、暂时的。因此你所获得的知识也是相对的，因此就是相对知识。但是这些知识背后的绝对基础是什么？这就是哲学思考的问题。

笛卡尔只不过是采取了一个"心物二元论"的方式来给我们提供了一个解决绝对知识的尝试，所以说心物二元论、物理主义、心灵主义，不管它的继承者是怎样继承它的，我们都可以去了解、去理解。但笛卡尔真正的贡献还是我思，那么我思与通常所讲的意识之间是什么关系？这让我想到我们中国的思想与西方的思想是在两个不同的地域之间形成的，相互之间的理解有很大差异。到目前为止，做西方哲学研究的人所面临的很重要的一个问题就是对一些术语的重新翻译，比如 ontology，以前翻译为本体论。如果你在中国哲学的语境中去讲本体论，最后就讲到心、或心性之体或宇宙本体，但是不是意识。还有辩证法 dialogic，它就是求 being 之所以为 being 的那一套方法，而辩证法在中国是一套讲道理的方法，在西方讲它就是 being 之所以为 being 的那套方法时，陈春文老师就主张把 dialogic 翻译为"求是法"，但中国长期将它翻译为辩证法，它就是讲道理的方法，讲道理以权力和道义为基础，而 dialogic 在柏拉图和黑格尔那里是讲真理的方法，它是从假设出发，通过推理，得出确定性结论。所以陈老师认为中国语境中的辩证法是讲道理的方法，西方语境中的 dialogic 是讲真理的方法。

　　另外，笛卡尔还遗留一种东西就是——由于数学和哲学之间的这种关联，所以笛卡尔在近代一旦追求知识的真的时候，他就以数学作为榜样。他的意思是说在西方人那个时候，他们认为数学具有普遍性和绝对性，凡是具有普遍性和必然性的知识就是绝对性的，因而是真。当然我们现在也翻译成真理。丁璐的老师王路教授写了一本书叫《是与真》，他在我们中国学术界第一个提出不应该把"being"翻译成"存在"，应翻译为"是"，不应把"truth"翻译为"真理"，而应翻译为"真"，所以他就为了这两个概念的翻译专门写了一本书叫《是与真》，如果我们用两个词来表达，就是存在与真理，但是王路老师认为用真理不对，用存在也不对，就是"是"与"真"。我说过，笛卡尔是一个大数学家，他作为一个西方哲学家给我们的启示就是如果想获得真理，就必须有一种欧几里得初创解析几何提出时的一种希腊人的信念，所以真的东西都必须有一种普遍性和必然性。

　　还有一个改变这种趋势的是康德，他以为哲学不应该效仿数学来获得普遍性和自明性真理，他主张用先天综合判断来获得真知识、真观念，获得真理，但康德表面上让哲学不再效仿数学，但实际上他在《纯粹理性批判》中讲三大理性能力（感性能力、知性能力、理性能力）。其中感性能力批判考察的是数学知识如何可能；知性能力批判考察的是自然科学如何可能；理性能力考察的是哲学、形而上学知识如何可能，当然最后康德的结论是一切知识都必须在知性能力批判这个阶段才能形成。所以，我说他只是在感性阶段考察的是数学知识是否可能。但是，康德的这个做法给我们提出的另一个启示是中国人和西方人在做学术的过程中对知识的真还有认识上的差别，就是"真"必须在，当康德要求哲学的一切知识都必须要符合先天综合判断的时候，实际上就把连同数学在内的一切科学知识提升到了先验知识这个程度，也就是说我们在经验的层次上完全可以"你说你有理，我说我有理"。但是康德说咱们把知识提升到先验逻辑这个程度上来考虑，当提升到先验逻辑这个层次上考虑知识的真的时候，知识、哲学就不是谁想谈就谈的。就好像那个同学说的哲学就是玩文字游戏，你在先验哲学之外，在日常经验范围之内，哲学就是"你可以这样说，也可以那样说"，你完全可以认为它是在玩文字游戏。但是，一旦进入到先验哲学的层次，那是有一套概念，从前提到推理最后得出结论，它存在一套严密的逻辑。

还有一个问题就是康德之后发生了一些变化，出问题了，比如说两条平行线的公理，圆的公理等等，这些欧几里得几何学中的好多数学上的自明性的真理被证明，要想证明它为真是徒劳无益的。尤其是长期以来西方人一直信奉的欧几里得得出的公理体系是不证自明的，等到非欧几何提出来以后，人们发现，欧几里得几何也不是普遍的、必然的真理，它是属于我们经验和常识范围内的真理。换句话说，欧几里得几何的真理也是经验的归纳，而不是逻辑的证明。整个数学的根基也动摇了。20世纪以来，以数学为代表，整个包括物理在内的科学世界的真理都处在根基不稳的状态中。那么20世纪以来，重新为我们人类奠定牢固的知识根基就成了其他哲学家努力的方向。其中有一个人我在这儿要特别提一下，以它为终身使命的，那就是胡塞尔。海德格尔说"我不沿着胡塞尔的这个路线去走，给人类奠定最终基础，我找另一条路能不能行得通？"如此形成了胡塞尔和海德格尔哲学的差别，我对克防博士的讲演做一个归纳。笛卡尔的"我思"

是否具有自明性，它究竟是不是近代人追求的知识确定性的最终根基，这些我们都可以再讨论。但是，他的贡献在于提出了，我们要想在这个世界上的生活有一个稳固的基础，而我们的人的生活是要靠我们的知识，因为知识才构成我们对事物的判断。但是，我们拥有对事物和世界做出判断的知识是相对的，那么，我们就永远也不可能形成对事物做出良好的判断，因此，必须要有一个确定性的知识。这个确定性的知识就是真知识，或者是真理性知识。可是，这个真理性知识的基础是什么？这就是笛卡尔对近代或者近现代世界或哲学界留下的遗产。

最后，我回答那位同学的问题：先验哲学是不是基督教哲学？基督教哲学和先验哲学是两个问题，你不要以为先验的东西就是基督教或者说是宗教世界里的。宗教世界里面更多的是强调此岸和彼岸。先验有两个意思，一个意思是指在经验范围之外，还有一个是先于经验。比如说，在"先"的这个问题，我们中国人都非常讲物质在先还是意识在先，心在先还是身在先？笛卡尔的身心二元论都问的是这个问题。可是我们从来没有追问过你是在哪个意思上讲"在先"，是时间在先还是逻辑在先？我们家有四个兄弟，我哥老大我老二，我哥是在先的，他先于我，为啥在先？我父母先生他，这是时间在先。时间在先构成了发生论，时间序列的发生论，这个就是宇宙论讲的问题。宇宙这个词，古希腊叫做"cosmos"，它最初是由毕达哥拉斯创立的一个概念，意思是说用数学构造起来的一个世界框架，希腊语的宇宙的意思是"由数学构造起来的一个宇宙模式，宇宙模型，宇宙框架"。很多词源上的演变我们在这儿就不细讲。还有一个，英语 26 个字母排在第一的是"A"，"A"为什么排在第一？它也是有个父母先生了它吗？显然不是，那么这个时候"A"在先，我们将它称作逻辑在先。逻辑在先和时间在先在德语里面有两个不同的词分别表示，时间在先叫做"开始"，德语叫作"anfang"；逻辑在先叫"开端"，德语叫作"arfang"，是不同的含义。另外一个问题，我们所说的基督教哲学应该是这样的，基督教应该分两个，一个是基督教神学，一个是基督教哲学。基督教神学属于神学视角，基督教哲学是站在哲学的角度上对宗教谈一些看法，所以它不涉及先验问题。

最后说一个问题，就是我前两周做的一个报告，是关于大学生创新创业的一个报告，在里面讲的一些话，我想在这儿说一下，我看了一些材料后发现，世界一流的大学生选的是（大学里面不设实用学科）文学、政治等学科。越是层次往低降，大学里设置的学科越实用，学生选的专业也越实用，最实用的专业是什么？会计、计算机之类的，为什么选会计？因为会计出来以后好找工作。通过分析我们发现，第一代父母如果是工人、农民，没有过多少教育，特别主张让自己的孩子学实用性的学科，出来好找工作，结果呢？出来以后他的父母是替别人打工，他呢？出来也就是替别人数钞票；而父母受过高等教育的，他的孩子，他都会鼓励孩子上大学的时候学习历史、文学、哲学等学科。在人生有限的黄金的几年时间来接受一些虚的东西——文学、哲学，读一读柏拉图、亚里士多德，读一读孔子、老子、孟子。表面上看，我们是在虚度光阴，实际不是，它在塑造我们一个在其他时间（离开了大学这段时间）我们都无法再形成的一种理念、一种观念。当我们在大学中越强调技能性学习的时候，它已经决定了我们以后走向社会发展的空间；当越强调理念和观念的时候，仍可能在我们走向社会的时候提供给我们一个更大的尺度和空间。所以，世界500强的企业里面有二分之一的总裁或者首席执行官都是学哲学、经济学或者是文学历史出身的，而经济学在普林斯顿大学、在美国的很多大学里面根本就不是应用学科，而是理论学科。这个意思是说，大家不要以为我们克防博士讲的笛卡尔的遗产是一种枯燥乏味的哲学问题，而是我们正在接受一种观念和理念的训练。

好，谢谢大家！

第五讲 《论语》中的人生智慧

张美宏：各位老师、同学，大家好，很高兴我们再一次相聚在"中和论道"的现场。今天晚上我们沙龙的主题是"《论语》中的人生智慧"，这次沙龙的主讲是文学院院长韩高年教授。韩教授是文学博士，主攻中国古代文学。我们今晚做点评的两位嘉宾，分别来自社会发展与公共管理学院和马克思主义学院。这两位老师都是原来我们政法学院的老师，一位是公共管理学院的贾应生教授。贾老师曾经是我们学校学生心目中"我最喜欢的教师"的十人之一，贾老师是哲学博士，主攻中国佛学。另外一位是我们马克思主义学院的任万明教授，任老师是我们马克思主义学院的哲学才俊，他是中国人民大学的哲学本科、哲学硕士、哲学博士。中国人民大学在哲学学科中，占有很重要的分量，是中国研究哲学的重镇。他主攻中国伦理思想，下面我们用掌声欢迎高年教授开始他的演讲。

韩高年：各位师友，各位同道，大家晚上好！我特别荣幸有机会在"中和论道"哲学沙龙这个场合和大家一起来分享自己读《论语》的一点心得体会。因为主办方给我的时间是四十到五十分钟，所以我就简要地把自己的一些想法分享给大家。《论语》是中华文化经典当中特别重要的一部书。大家可能从小就背诵过它，并且会收获一些做人做事的道理。在进入主题之前，我想简要地把《论语》这本书的基本情况介绍给大家。要了解《论语》这本书，首先要从文献开始，一个问题是《论语》的成书。大家知道《论语》的书名存在着很多误解。一般而言，凡是在坊间能够见到的《论语》的各种注本当中，有些对《论语》的书名有说明，有些则没有说明。那么"论语"这两个字当中的"论"，为什么读二声？因为它不是我们通常意义上讲的讨论、议论。这个"论"根据历代学者的考订，应该是编辑、编纂的意思。这个书名实际上暗示了这部书的成书过程。《汉书·艺文志》里面有记载，《论语》是孔子和其弟子当时与人们交流时的嘉言善语，弟子们对这些嘉言善语都有所记录，孔子去世后，弟子们就把这些记录编纂在一起，所以就称之为《论语》。《论语》的最终编成是在战国初期，今天也有很多学者从文献的角度对它的成书时间作了进一步的考订。而《论语》在编成之后，又在历代的流传过程中有所损益。所以这个"论"要理解为编辑、纂辑。从这本书的内容来看，它包含了二十篇，这二十篇的主要内容就是孔子及其学生讨论问题的嘉言善语，或者说是一些精妙的格言，由学生记录下来，这是一部分；还有一部分是孔子的弟子跟老师的讨论，或者是与自己的学生讨论时，所留下的重要言论。由此可以看出《论语》这本书有两个层次。一个层次是孔子说过的话，还有一个层次是孔子的弟子说过的话，当然还有一些再传弟子说过的话。这对我们认识这本书是一个重要的信息。为了消除对《论语》的误解，我们需要了解的第二个问题，就是关于《论语》地位的升降。《论语》这本书最初编成时并没有进入到儒家经典的核心当中去。我们知道班固的《汉书·艺文志》是在刘向《别录》、刘歆《七略》的基础上对古代典籍尤其是先秦典籍进行系统梳理的一本目录书。我们治中国传统的学问，不论哲学、文学、史学，一定要先掌握目录之学。而对于先秦到汉代的目录之学来说，以班固的《汉书·艺文志》最为重要。因为刘向的《别录》、刘歆的《七略》都失传了，只留下残缺不全的片段。在《汉书·艺文志》中，《论语》并没有和六艺之学具有相等的地位。我先简要地介绍一下六艺之学。六艺之学是孔子教育学生最主要的内容，六艺又分为大六艺与小六艺。小六艺就是"礼、乐、射、御、书、数"，它们主要处于操作层面，或者说是技能层面，所以是在小学阶段着重去学习和演习的。以"礼"为例，"礼"是人们在各种场合的不同礼仪，比如说祭祀祖先时什么样的人应该在什么样的位置，应该说什么样的话，这些都是操作层面的。大六艺就是《诗》《书》《礼》《易》《乐》《春秋》这六部书，这些都是加书名号的。我们可以发现在班固所著录《六艺略》中，《论语》只是附在大六艺之后。那么就有些奇怪了，《论语》这么重要的书，班固为什么只是将它附在《六艺略》的末尾？当我们考察后世的《隋书·经籍志》，以及宋代的目录书，再到后来我们所熟知的清代的《四库全书》时，会发现《论语》逐渐进入到《经》的这个部分当中去了。传统的目录学分为经、史、子、集四大类，《经》居四部之首，是最重要的书。所以《论语》在历代目录书当中著录的部类不同反映了它地位的升降。其实在汉代的时候，《论语》虽然是在小学阶段着重学习的，但这本书在当时已经很受重视了，这个我不去展开，后边我会结合具体的内容去讲。简而言之，《论语》这本书在历代的流传中有一个进入儒家的经典核心部分，然后又在一些时代不受重视而退出，到最后又进入这样一个复杂而渐进的过程。所以这部书地位的升降也表现出古人对这本书的一个认识，这主要和古代的学术思潮有关系。就《论语》这部书而言，历代的一些名人，包括一些学者，都对它的价值和地位做过一些界定。其中对我最有启发的就是梁启超说过的一句话。梁启超认为儒家经典和道家经典当中，有一些书是可以当饭吃的，所以他说"《论语》如饭，《孟子》如药。"既然《论语》是饭，那么我们在敬德修业的过程中，一定要从它当中通过细嚼慢咽，获取营养；《孟子》为什么是药呢？因为孟子生活在战国时代，这个时代有它自己的特点，那就是战乱纷争，整个道德体系趋于崩溃，礼崩乐坏到了无以复加的地步。所以《孟子》有好多的经典话语和人生智慧都是直指人心、切中时弊的。孟子希望救治个体和社会的弊端，所以《孟子》如药。除此之外，梁启超还说了读《论语》的方法。他认为读《论语》有两点要特别注意，一个就是要注意《论语》和孔子生平的关系。梁启超的原话大致是说，在读《论语》之前，一定要先读《史记》中的《孔子世家》，对孔子的生平事迹有一个了解，了解了孔子的生平事迹之后再去读《论语》。用这个方法读《论语》的人有清代的黄式三，他撰写《论语后案》就是对《论语》二十篇中的每一章进行编年，这个编年当然就是结合孔子的生平事迹来编定的。另一点，就是读《论语》一定不要随便拿来稀里糊涂地翻开去读，而是应该采取归纳法。归纳法就是找出其中的一些概念，或者自己提炼出一些概念，再去找相关的章节，对它进行重新组合。这个有点类似于我们打扑克牌，一副扑克牌五十四张，我们吃面包是一种玩法，而打升级又是另一种玩法。梁启超认为，《论语》的文献应该归纳。而我今天在这里跟大家分享的就是梁启超的第二种办法。在我之前，类似这样研读《论语》的人很多，比较有名的是我特别钦佩的一位师长，那就是中国人民大学的黄克剑教授。他撰写过一本《论语疏解》，这本书就是采取这样的方法。下面我将《论语》归纳为五个主题，简要地谈谈自己的想法：

第一个就是为学之道。我为什么把为学之道放在第一个方面来讲呢？因为《论语》有一个内在的逻辑结构，我们今天可能好多人读《论语》，但是很多人并不注意其中的逻辑结构。大家知道《论语》开篇是《学而篇》，最后一篇是《尧曰篇》，中间是《为政》等篇章。为什么《论语》以《学而》开始呢？因为编纂《论语》的弟子及再传弟子们把学习当作孔子一生功业的一个起点，而为学之道也是贯串孔子一生的一种智慧。我这里有一个判断，孔子是一个伟大的体道者。我没说他是求道者，而是体道者。因为道在中国古代，尤其是在先秦典籍里面，无论是儒家典籍还是道家典籍里面，都可以等同于智慧。那么孔子是伟大的体道者，老子又如何定义呢？我觉得老子是求道者。之所以说孔子是体道者，是因为他一生不断地在追寻人生的真谛，而他又去践行自己所认识到的这些人生智慧。同时他也是开创私学、改变教育的伟大教育家。求学、为学是最重要的。他终生好学、乐学，弟子曾经说他是诲人不倦，这句话体现出他在求学为学方面的精神。孔子一生的功业是超凡入圣的，他用自己的一生验证了一个最平凡的个体可以通过为学、通过体道，最终达到入圣的境界。有人将此概括为德备才全。孔子是外在与内在兼修的，归纳起来，他一生的功业就是好学，而他的好学又表现在深思、力行。孔子是首先创办私学的一个教育家，有的人戏称孔子是中国教育史上第一位民办大学的校长。据文献记载，这所民办大学在当时招生的情况还不错。因为《史记》里面说，孔子一生有弟子三千，贤者七十二，其实这个三千只是一个约数。有人做过统计，大概孔子从二十五六岁开始授徒，到他晚年追随他的学生远远要超过三千。他的教学方式符合办私学，他在培养目标上设了四科：言语、政事、德行、文学。四科的教学内容就是小六艺、大六艺，小六艺就是"礼、乐、射、御、书、数"，都是一些演习性的东西。大致包括了今天一个人在社会上立足所必须具备的实际技能。大六艺就是我刚才说的《诗》《书》《礼》《易》《乐》《春秋》。在大六艺当中，以学礼为主，把礼放到第一位。这个和孔子的出生有关系，大家都知道孔子虽然出身贵族，但是孔子生活在一个礼崩乐坏的乱世，到他出生的时代家道已经中落，三岁丧父，早年成为孤儿，所以他的学习很不易。《为政》篇里面说"吾十有五而志于学"，也就是在孔子十五岁的时候，他就励志要学习了。《述而》当中还说"我非生而知之者，好古，敏以求之者也。"我为什么讲这一句呢？因为在孔子的观念当中，人的一切技能，包括思想、知识、智慧这三个层面的东西都需要通过为学、求学获得。其实这种思想是非常积极的。青年时代，孔子的思想与他的成长的环境、成长的经历有关系，因为自己学有所长，但是又没有合适的出仕机会，也就是没有出去做官的机会，所以孔子给季氏做过小吏、乘田。这些在当时看来是特别不好的职业。在《子罕》篇中孔子回顾他小的时候说"吾少也贱，故多能鄙事"，这里的"鄙事"就是乘田这些低等的工作。由此可见，孔子的为学之道与他的成长是有关系的。他的为学之道首先是从实践当中来，从他的成长当中获得，然后又将其运用到对学生的教育当中去。所以说是从实践中提炼出经验，再从经验推广到实践当中去。孔子的学习经历有一件事不得不提，那就是"孔老相会"。这是在《史记列传》当中提到的，当时老子是做官的人，孔子则是三十多岁的青年人。孔子到洛阳去拜见老子，他们之间有一番谈话，这次谈话在中国哲学史上堪比"鹅湖之会"，是中国思想史上的一件大事，也是孔子和老子思想的一个转折点。这个我们不再扩展。那么回到孔子倡导的学习内容，我们把它细化一点就是"食无求饱，居无求安，敏于事而慎于言，就有道而正焉，可谓好学也已"。所以在孔子看来，学习的内容很广。我们今天把学习的内容仅仅局限在书本知识中是不对的。学习的内容应该包括各种技能，也就是我刚才讲的大六艺等内容。还有一点就是"学而时习之"，就是把学到的智慧、知识应用到实践当中去是十分重要的。大家知道孔子特别强调实践，很多人误解了"习"，将"学而时习之"的"习"解释为复习的意思。其实在《说文解字》里，"习"的本意是雏鹰练习飞翔，所以"习"有"练习、应用、践行"的意思。因此"学而时习之"的意思应该是学到的知识要应用到现实当中。"有朋自远方来，不亦乐乎"说明了学习的三个境界。一个人敬德修业，不断学习、实践，不断求知，就会有志同道合的朋友，有了志同道合的朋友就会进入一种乐的境界。李泽厚在《论语今读》里面说，这里的"乐"，使得孔子奠定了中国文化的一个底色，那就是积极。与之相对，西方哲学则是"黄昏时分飞过天空的猫头鹰"。这里的猫头鹰寓指看不到希望，是灰色的。尼采《偶像的黄昏》的副标题是"用锤子从事哲学领域"。西方哲人总是喜欢打破一个现有的体系然后重建一个体系，革命性很强。而我们中国的哲学则更侧重于在前人的基础上进行补充。例如《论语》中的"人不知而不愠"，后来直接影响到荀子对于学习的定义。《荀子》在编书时有意识地模仿《论语》。《论语》第一篇是《学而》，而《荀子》第一篇是《劝学》。《论语》中的"人不知而不愠"强调学是为己，《劝学》里说："君子之学也，以美其身"，又说"小人之学也，以为禽犊。"将君子之学与小人之学进行对比，从而揭示了为己之学与学"贵美其身"的道理。换句话说，求学是为了体道，体道是为了内外兼修，达到君子的境界。还有一个学习的智慧就是终身学习，这个思想自古儒家就有，前几年被作为国策提出来。"朝闻道，夕死可矣"就是一个典型的论述。孔子周游列国十四年后回到家，开始整理古代的典籍，这项工作一直持续到他去世之前。他晚年认为自己读《易经》这本书读得太晚了，所以说"假我数年，五十以学易，可以无大过矣"。

第二方面是孝亲之道。《论语》认为敬德修业都是修行的内容。宋代的朱熹把《论语》《孟子》与《礼记》中的《大学》《中庸》合称为"四书"。《大学》认为一个人最重要的修行目标就是修齐治平，修身是一个人成就一生事业的起点，修身之要在于孝亲。孔子认为人对于父母的情感、孝心是发于内心的，是最本真自然的一种情感，将其扩充之后就有了孟子所说的四端。《为政》篇说："今之孝者，是谓能养。至于犬马，皆能有养。不敬，何以别乎？"《论语》中的孝亲之道有三个层次，第一个层次，孝亲之道在于谨慎祭祀。人不能忘记自己的祖先，所以要在合适的节日祭祀，祭祀的时候还要做到恭敬。第二个层次，在赡养父母方面要提供给他们必要的物质条件。第三个层次就是要"敬"，仅仅做到适时祭祀的恭敬和物质上的赡养是远远不够的，因此还要"敬"，这个"敬"就是要发自内心地尊重父母的各种意愿、各种情感、各种诉求。如果不敬的话，只是做到了第二个层次，这就和禽兽没有什么区别了。《为政》篇里面还提到，孟懿子问孝，子曰："无违。"那么从消极方面来说的话，"敬"的核心就是不要顶撞父母。有的人认为父母老了，见识不如自己，就小瞧他们，这是不对的。还有《里仁》篇里面说，"三年无改于父之道"，关于这一章节，过去有很多的误解。有人说这是三年之孝，其实也并非如此。还有人说，在孔子时代，人分为四种，也就是士农工商，职业不是很丰富，父亲是做什么的，儿子在父亲死了三年之后还要从事这个行业就叫"三年无改于父之道"。其实这里面最重要的不在于"三年"，而在于"道"。这个"道"就是父母亲教育自己的为人处世之道，这才是真正重要的东西。这些东西如果能够一以贯之，而且能够发扬光大，才能成为"孝"。其实孔子提倡孝道也跟他的生平有关系。大家知道，孔子的父亲在六十岁左右的时候才有了他，而在他出生不久父亲就去世了。所以《中庸》记载过孔子说过的一句话："君子之道四，丘未能一焉：所求乎子以事父，未能也。"这里的第一句就是说孝。也就是说，君子要讲四种规范，这四种规范或者说是这四种人生追求我连一种都未曾有。这里所谓的第一种规范是什么呢？那就是"所求乎子以事父"，人家的孩子都已学成后去孝敬父母，可是等到我成年以后我的爸爸已经去世了，所以我还没有来得及孝敬父母。《孟子》里也说，"子欲养而亲不待"。由此我们也可以看出，孝亲之道也好，为学之道也好，都体现了孔子一生之中对实践的重视，对"道"的体悟。儒家哲学特别注重在实践当中、特别是生活当中去体悟形而上的"道",把"道"寄寓在日常生活当中,而不是高高地悬置起来,这一点显然不同于西方哲学。大家也可以看到,孝道在孔子看来是发乎内心的。如果按照西方哲学或是西方的近现代哲学的概念来看,比如说,康德与亚里士多德,他们认为这些是人类的"黄金道德律",孝道也好、道德也好,最终都要经过上帝的审判才能成为道或者是德。但是最终要经过终极的审判,而这个终极的审判就是上帝。但是在中国哲学里其实略掉了这个环节或者说是没有这个环节。因为它是从生活实践当中体悟出来的,所以会感觉到特别亲切与自然。《论语·学而》里面讲了孝为伦理之本,也就是我刚才说的,孝是仁、义、礼、智、信、温、良、恭、俭、让的一个基础。到了《孝经》里面,就把它进一步系统化了,"夫孝,天之经也,地之义也,民之行也"。有个成语叫"天经地义",说的就是孝道。《孝经》里还说"夫孝,德之本也,教之所由生也"。所以孔子哲学里面的最基本道德是孝亲,也就是先要教诲人们孝亲。

第三个方面是交友之道。在孔子的学说中,交友之道和为学之道是相互关联的,互通互融的。孔子认为交友的目的有两个,一个是切磋琢磨,敬德修业。切磋琢磨本来出自《诗经·卫风》里面的一首诗《淇奥》。这首诗里面讲,一个人在求学的过程中不能独学而无友,应该与自己志同道合的人一起切磋琢磨。这其实涉及儒家的另一个概念"仁"。这个仁是一个单立人加一个二,右边是一个指示符号,右边不是指两个人,而是指三个人。儒家的所有的伦理道德规范,都是按照人与人之间的关系展开的。人三为众,三个人在一个屋子里关上门以后要和睦相处就必须要有规范,如果没有规范,三个人打起来了,大家相互残杀,那么人就不复存在了。所以"仁"其实是调节人际关系的一个起点,具体落实到交友这方面来说,就是切磋琢磨,敬德修业。交友的第二个目的是去独学而无友之弊。一个人在那里冥思苦想去学,是很难有大的长进的,《学而》篇里的第一章就讲了这个道理,所谓"有朋自远方来",不是说别的省有个你认识的人来了,也不是一个一般意义上的朋友,按照《论语》历代的经传解说所讲，同门曰朋，同志曰友。这个"朋"就指志同道合的学友。除此之外，《论语》中还有一些对交友的表述，比如说，益者三友和损者三友。益友就是友直、友谅、友多闻；损友则是友便辟、友善柔、友便佞。这个大家都很熟，我就不多说了。还有一个论述是从"交友之道"中讲的朋友也是有层次的，《子罕》篇里面说"可与共学，未可与适道；可与适道，未可与立；可与立，未可与权。"我先解释一下，"共学"就是同学一起来学习。但是大家一起学习未必都能达到"道"的高度，因为学着学着，有的人他就走了，出去上厕所了再也没回来。"可以适道"就是说一起学习并体味到了"道"，但未必都会"立"。"立"就是在"道"的作用下达到一定的人格和学识上的规模。也就是孔子所说的"三十而立"。我们今天简单地把"三十而立"理解成有老婆有孩子，有车子有票子，这是大错特错了。这个"立"指的是学问、道德达到了一定的格局。有的人可以"适道"，有的人"立"起来了，但有的人没"立"起来，这就是自然淘汰了。然而有的人到了"立"这一步还需要"权"。这个"权"就是权变。当你"进德修业"到一定的境界之后，就知道根据变化了的形势不断地去调整自己和世界的关系，从而考虑事业上的策略。但是有的人却是一根筋，是属狗熊的，不知道怎么样去调整、不知道怎么样去变通，所以就"未可与权"。交友似乎是一个很悲观的事，从小的事情"为学""体道"，一直到后来的"立"甚至"权"的境界时，我们会发现自己越来越孤独，这个是消极的。为了消解这种消极的东西，孔子还讲，"不得中行而与之，必也狂狷乎，狂者进取，狷者有所不为也"。所以我们还要退而求其次，交那些狂狷的朋友，为什么狂者和狷者可以结交呢？狂妄的人，他也是可以很进取的，我们现实生活中看到很多人很狂妄，自认为"老子天下第一"。事实上他一定是有点儿本事的，他要是一点儿本事都没有还很狂，这也说不过去。另外一种就是"狷者"，"狷者"就是避世的人，他谁都不理，这样的人，他一定是懂得取舍的人，所以如果找不到"中行"之人，交这样的人也是可以的。此外，孔子也说，交友要交那些看破生死的人，就是有点像侠客的朋友，其实这句话他是特指"子路"。大家都知道子路，比孔子就小五六岁，他们俩与其说是师生不如说是朋友。子路这个人很莽撞，孔子周游列国十四年，子路是保卫处处长，也是保镖。所以他和孔子讨论交友，说"朋友死，无所归，曰：'于我殡'"，就是说这个朋友死了之后没人埋葬，马上拍拍胸脯说交给我了。这样的朋友也是值得交的。还有就是所谓的有福同享有难同当的朋友，"愿车马衣轻裘，于朋友共，敝之而无憾"。就是说有宝马和名贵的裘皮大衣也愿意和朋友共享！这样的人是可以结交的。孔子在交友之道这方面似乎存在着一个悖论。他一方面强调这样的朋友可交那样的朋友可交，但另一方面又说过一句话"无友不如己者"，就是说一个人千万不要结交不如自己的人，具体来说就是学问上、德行上都不如自己的人。那么大家想一想，如果人人都这样想的话，结果就是我们许多人都没有朋友。这个悖论也表明《论语》这部书，并不是一个精心构筑的哲学体系，而是一个开放性的东西。也正因为它是开放性的，所以我们到今天仍然可以不断阐释它。

第四个是"处世之道"。对于"处世之道"，先要从孔子的六艺之学说起。孔子对大六艺，也就是《诗》《书》《礼》《乐》《易》《春秋》特别关注。其中他又对《周易》情有独钟。《周易》这部书，它里面到底有哪些内容吸引了孔子呢？这主要就是《周易》里面所讲的人生态度。大家知道，《周易》和之前的《连山易》《归藏易》不一样，夏、商、周三代都有《易》，夏代的叫《连山》，殷商时代的叫《归藏》，周代的则叫《周易》。周易是从乾卦开始，坤卦其次，乾坤是《周易》之门，乾卦、坤卦在《象传》里面被解释为"天行健，君子以自强不息。地势坤，君子以厚德载物。"这实际上讲人在处世智慧上的两极。你追求进步，就应该始终保持一种积极向上的态度。就像天道一样。天地有大道，大道就是日月星辰的运行，不以人的意志为转移，总是不知疲倦地在运行。孔子从天道与易道当中体悟到了人生也应该是一种上达的状态，上达者就是君子，下达者就是小人，此乃君子与小人之分。《论语·宪问》中就讲这是一个基本的人生姿态。孔子还说："群居终日，言不及义，好行小慧，难矣哉。"这个是消极的方式，做人千万不要吃饱喝足之后抱着个茶杯说一些言不及义的话。孔子还感叹说，一个人在四十岁的时候，遇事仍然迷惑不解，不如一头碰死算了，这说得很不客气。因为他认为"四十不惑"是一种基本的人生姿态。此外处世之道就是谨言慎行，常怀敬畏之心。常怀敬畏之心就要懂得三畏之说。我们学院原来有个退休老师叫范三畏，我听到他的名字就肃然起敬。他本人确实也是这样做的，也就是"畏天命，畏大人，畏圣人之言。"反过来"小人不知天命而不畏也，狎大人，侮圣人之言。"这个我想大家都知道。现在有句话说得好，叫"无知者无畏"，有的人什么样的话都敢说，什么样的事都敢做。这样是很愚蠢的。处世之道还在于要有心灵的和谐，心灵的和谐源于什么呢？它源于道德的涵养。"君子坦荡荡，小人长戚戚"，这就是君子与小人之别。为什么"君子坦荡荡"呢？因为君子就是智者和仁者。在孔子看来，"知者不惑，仁者不忧"。同时君子也是勇者，因为他勇于担当社会的责任。众所周知，人不可能去除私心，但他在有私心的同时还有公心，以公心为主，他做任何事情就毫无畏惧。除此之外，处世之道还在于有长远的打算，有一句很经典的话就是孔子所说的"人无远虑必有近忧"。我们现在把这句话庸俗化了，就好像说人肯定是要倒霉的，今天不倒霉，明天就倒霉，这完全是理解错了。这句话的意思应该是，人如果没有深谋远虑，一定会有即将到来的忧患。后世有一句相类的话，大意是一个人为善，虽然福没有至，但是祸已经远离了；一个人作恶，祸没有来，但是福也远离了。处世之道还在于只有自己能救自己，这就是《孟子》当中所说的"万物皆备于我"，所以应该反求诸己。"君子求诸己，小人求诸人"，这其实是社会学上的一个归因理论，好多人自己学问没做好，人没做好，事没做好，归因的时候总是归咎于领导不支持，家人反对等等。在孔子看来这些都应该反求诸己。处世之道也强调为人之道在于主动改变自己，孔子说过这样的话，"生而知之者，上也；学而知之者，次也；困而学之，又其次也；困而不学，民斯为下矣。"在孔子看来，人里面有几等人，第一等是大智大慧的"生而知之者"，第二类是学然后知的"学而知之者"，第三类是"困而学之"，也就是在现实当中遇到了困惑、困难、困境之后再去学。而最愚蠢的人就是"困而不学"。孔子还感叹说"惟上智下愚不移"。作为教师来说，我们现在面对的学生很多，用郭德纲的话来说就是"人上一百，形形色色"。我们的学生也是这样，在孔子的私学里面也有"上智下愚"的各类学生。有的学生像宰予，他就感叹说"宰予昼寝。子曰：朽木不可雕也，粪土之墙不可圬也！"对于这类自己不知道学习的学生，只能对他们进行"不教之教"了。

我所归纳的第五个主题就是为政之道。从总体而言，《论语》当中对于为政的目标，对社会治理的目标，就是孔子所向往的"郁郁乎文哉！吾从周"，孔子崇尚的理想社会是西周时代，而西周的"文"就是礼治，也就是用礼来治国。此外还是德政，综合起来就是礼治和德政。孔子曾经说过统治者治理国家最要紧的事情，首先就是教化民众。认为天下唯有德者居之，作为统治者，他要时刻以民之父母自诩，要作为民之父母，就应该时刻提高自己的道德修养。这和古希腊哲学表述非常相似，因为古希腊哲学家认为哲学家是最合适的国王人选。轴心时代东方、西方同时出现这么多的大思想家，他们从未见过面，也没通过电话，但他们的思想却是一致的，或者说是相近的。这是非常令人惊奇的。有人说孔子的为政之道是纸上谈兵，但我说不是，因为孔子曾经有过特别经典的表述，那就是为学最终的目的是要入世。孔子认为出来做官为政是对社会最大的贡献。他的这一观点来自他所处的那个时代。在《左传》的记载中，鲁国有一个博学多才的君子叫做叔孙豹，他到晋国和一位有名的政治家范宣子聊天。范宣子提问说怎样才能做到不朽，叔孙豹就说所谓不朽是"太上有立德，其次有立功，其次有立言"，不朽的最高境界是立德，而第二层次的立功其实就是从事社会管理，也就是为政。所以在孔子的私学里面，他的培养目标就是学而优则仕。孔子最终的目的就是为国家与社会培养有用的人才，他这样做其实也源于他对当时政治状况、政治生态的一种理解。公元前517年时鲁国发生内乱，他到齐国去发展，差一点就做成官了。齐景公很赏识他，但是齐国有一个晏婴，不同意孔子的思想，他的思想大体上跟墨家很接近。而孔子提出来的治国要实行礼治、德政，在晏婴看来基本上是没法实现的。晏婴认为礼是繁文缛节，浪费钱财。所以他进言齐景公，使得孔子没做成官。孔子五十岁的时候，《论语》里说他"五十而知天命"。学生们问孔子说，您不是说学而优则仕？可您都五十岁了怎么还不去做官呢？孔子就感叹说："吾岂匏瓜也哉？"难道我是个葫芦吗？孔子当然不是，所以他终究是要出去做官的，那孔子不出去做官是什么原因呢？原因是时机未到。公元前501年，孔子做了鲁国的中都宰，相当于一个县级市的市长。后来他又做到了司空，前后经历了五年。这五年当中他有一个大手笔，那就是夹谷之会。我建议大家看看胡玫导演的《孔子》这部电影，周润发和周迅主演的，这部电影详细地反映了夹谷之会。在孔子从政的五年当中鲁国大治，使得鲁国的邻邦齐国感到非常恐慌。大家知道，"卧榻之侧，岂容他人鼾睡？"鲁国离齐国很近，其国力日渐强盛，对齐国是一个潜在的威胁，因此齐国给鲁定公和他的皇子送了许多美女与骏马，鲁定公从此就不理朝政，也不理孔子了。孔子没有办法，最后周游列国。我之所以介绍孔子的这段从政经历，是要说明他是深刻了解当时的社会的。他从政的这些智慧，有一些对今天都是很有启发的。总体来说，就是教在政先，即教化要在政令推行、颁发之前。为什么教化要在政令颁发之前呢？孔子认为如果不对老百姓进行教化而单纯以刑罚去惩治，这无异于直接杀了老百姓。他说"道之以政，齐之以刑，民免而无耻；道之以德，齐之以礼，有耻且格"。就是说强行用高压的法律的形式去治理社会，导致的结果是，法治虽然很健全，但老百姓却没有羞耻心，一旦法律放松，又会反弹回来。如果"道之以德，齐之以礼"，把教化和礼治相结合的话，不但老百姓有了羞耻心，而且会遵纪守法，从而使得国民素质也会继而提高。此外就是"民无信不立"，"以信接人，天下信之，以不信接人，妻子疑之"。信就是诚信，其实我们今天讲一个群体、一个社会、一个国家，公信力特别重要，个人的诚信也很重要。国家倡导的社会主义核心价值观当中也讲到诚信，这都是跟传统文化有很大关系的。此外还要学会做优秀的领导者，优秀的领导者一定是有德者，要注重治人、尽礼。在为政之道中还要有识人之敏，知人善任，孔子在《论语》当中讲了很多如何识人的智慧。这些大家都知道，我就不再赘述。需要强调的是识人三要,一个是"视其所以,观其所由,察其所安,人焉廋哉?"这个廋是隐藏的意思。就是说你看他平素在做什么,在说什么,在看什么,你就会知道这个人是什么情况。我觉得在一个单位、一个国家的管理当中,懂得识人,把真正合适的人用在合适的地方去,这是一个大智慧,所以这个问题不好解决。中古时期,有一个学者刘劭写过一本书,叫做《人物志》,《人物志》以《论语》与儒家的观人之术为基础写成。这本书就系统地阐释了人物的品评问题。为政之道,还要善于决断。孔子说:"巧言乱德,小不忍则乱大谋",这也是很经典的话。后人对它的解释是:"夫毒蛇螫手,壮士断腕",小人、小恩、小惠等等均会坏了大事。此外还要杜绝乡愿,说"乡愿,德之贼也",乡愿是什么人呢,就是见人说人话,见鬼说鬼话的人。所以好人喜欢他,坏人也喜欢他。但这样的人是可耻的。说到底就是我们要做到有真诚心、是非心与正义感。最后为政之道还强调"欲速则不达",做大事必定要有长远的恒心。还有就是掌握和合之道,和合之道可以归纳为这样几个层次,一个是人格角度,从人格角度来讲,和是君子小人之别。君子懂得和,比如说《子路》篇中说"君子和而不同,小人同而不和",《为政》篇中又说"君子周而不比,小人比而不周"。第二个层面是治国,也就是在治国层面上要宽猛相济。同时还体现在艺术和修养的层面,那就是中和。因为我们今天所在的场合是"中和论道"哲学沙龙,所以我最终把孔子的为政之道归纳在"中和"这个层面上。以上就是我今天所要分享的内容,希望大家多多批评指正。最后祝大家心平气和、富贵平安、家和万事兴!谢谢大家!

张美宏:我们这个沙龙一是介绍知识,还有很重要的就是碰撞火花。刚才高年教授对《论语》中的人生智慧先从《论语》这个文本与人生智慧的关系作了诠释,讲得非常细致。《论语》就文本本身来说,是从孔子、孔子粉丝的粉丝、徒弟的徒弟再传徒弟做出来的,其中核心部分无疑就是儒家孔子及其学生的人生智慧,那么其中也不乏其他人的人生智慧。梁启超的归纳法是非常好的。把《论语》中琐碎的这些"子曰"理出这么五个方面,无疑是一个非常必要的工作。

实际上中国哲学的建立也是在这个前提下确立的，就是把杂乱无章的《论语》中的知识规整成有条有理有序的，像高年教授规整的很概括的要点。当然作为我们哲学的思考，说的好听点叫还有一种追求，说得不好听一点就是偏执，什么偏执呢？就觉得再过瘾一点，一直过瘾到什么地步？过瘾到最后不能说了为止。为什么呢？《论语》中有一句话叫做"学而不思则罔"，学的问题是个知识积累，思的问题恰恰是归纳的问题。高年讲得很好，就是归纳的问题。知识累积，没有归纳就是琐碎的或者是宋明理学说的支离的一种知识条理，没有系统、没有头绪就是纯粹的知识积累，毫无意义。"思"是干什么？恰恰是个贯通的过程，把所有琐碎的知识、杂乱无章的知识重新系统化、条理化，使它有头有尾。这是一个很重要的哲学的工作。

贾应生：尊敬的韩教授、主持人、各位同人、各位同学，大家晚上好。很高兴今天在这里来听韩教授这么精彩的演讲。高年教授不仅人长得比我帅，学问、人品也比我强多了。所以我今天感觉到非常受益，我觉得有几点使我很有感触。第一点：就是韩老师对孔子这个圣人在整个演讲过程里面充满着崇敬、敬仰、赞赏。我为什么提这一点？因为中国传统的学术学问或者说大学、小学，它的教育都是圣贤教育，就是说要教人成圣贤的，可是现代的教育是什么呢？是俗人教育，庸人教育，从小学到大学都教人争夺利益，如何去吃那一碗饭，这个很奇怪。我现在就老想这个问题，你看，我们的教育都是这样的，大量的专业教给我们的都是世俗的常识，这个很奇怪，从小要教的是你要好好学习，为什么呢？因为你就可以有一碗饭吃，有一个好的职业，所以这个很奇怪。《论语》里面不是有一句话："君子谋道不谋食，君子忧道不忧贫"，那人类最高的一个东西，就是"道"，这个在中西方一样，只不过哲学上的概念，描述不一样。万物都来源于道，所以从这个意义上来说，追求"道"的和最后能够真正悟"道"、得"道"的就是圣人，仅次于圣人的是贤者。过去我们的文化全部都是着力在这一点，所以我赞赏的就是韩老师这个尊敬的精神，他的通篇没有任何的批评，这是非常好的一点。

韩高年：主要是时间关系，我没来得及批评。

贾应生：你本来是准备批评孔圣人的，这个很有意思，因为我有一次也做过佛学方面的讲座，当时还有一些台湾的学者，我首先表明的是，我说今天是以学习的态度、体会的态度对待这个报告。因为我没有资格批评我们的圣人，除非我和圣人有同样的水平，对不对？到同样的境界更不可能批评了，那就完全相互支持了，所以我很感叹这一点。另外，第二点他的文献学的基础非常深厚，当然他没有展开了。我们学哲学的可能还要学习这一点，因为我们单纯搞哲学的人容易在那幻想，文献学基础是比较薄弱一点。第三点就是：他自己对经典非常熟悉，大家也看到是信手拈来的，能够从里面体味出他自己的体会和见解。这里面有一些见解讲得很好，比如说"仁"字，我们原来都是两个人这样解释，当然他解释实质应当是三个人的。学而时习之的"习"，究竟有什么样的含义？如果说原来含义不为我们理解的话，我们就完全可能错会圣贤的这样一个思维了。当然最后一点，就是主持人也特别讲到的，他又能从这个《论语》中跳出来，从自己的学术角度归纳出这五个"道"来，这五个"道"我相信之间是有一个逻辑的层次的，吾道一以贯之，这个应该是体现得比较好的。当然主持人希望我从佛教的角度来跟高年教授的讲座来做一个回应或者对照。从这个角度来说，我有这么几点感想，都是我个人的看法。

第一点感想是，人类的学术实际上从传统意义上来说，它都是以生命为核心的。在我们人间来说就是以人生为核心的，而人生里面最重要的就是智慧。所以，为什么儒家是智、仁、勇三达德，它把智放在第一位，因为智意味着我们对事物的一个洞察，和一个准确的、正确的判断。如果没有这一点，我们后面的德也好，仁也好，勇也好，不可能有建立的一个基础，对不对？就是说智慧越高，那我们的仁爱之心，忠孝之德，才越坚固越深厚，然后勇敢的心才真正能够升起来。所以我这多年来，尤其是现在的核心都是学佛法，当然也喜欢儒和道。所以越学佛法，我就越觉得勇敢的精神越来越兴盛。为什么呢？比如说生死，这个东西你可以很淡然地处置，如果现在立马在这儿死掉，我觉得也没什么关系，生死，它没有什么很严重的问题，因为我们看得很严重，是吧？很有意思，就是说，全部以这个生命为它的基点，在我们人间就是以人生为它的一个根本，而在这个人生中，最根本、最重要的就是智慧，这就是高年教授为什么说"为学之道是第一个要点"，孔孟之道，或者说所有的这些人类的学问、学术，都是把学习放在第一位，原因就在这个地方，就是你要首先明了这个道理。所以整个人类都以道的追求为根本，所以孔子发出那么智慧、伟大的一个豪言壮语"朝闻道，夕死可矣"，我现在想着啊，"朝闻道"，不要说朝闻道，现在如果说闻道，我立马就死掉，我没有任何的遗憾，遗憾的就是活了一辈子。高年教授提到的，四十岁以后，不仅没有闻道，还连基本的德性都没有了，那还不如死了好，因为你一辈子浪费的只是地球上的财富而已，浪费完以后最后还是死了，那么你说这个生命还有什么价值和意义？所以是个很严重的问题，我觉得这是一个共性的东西，所以我们圣贤的学问都追求这一点，我希望在座的各位同学一定要注意，把自己的理想、追求要大起来，提高起来，这样人类才有希望。我们今天所有的问题，集中在一起，都是由于人类的学术、政治、降格以求而造成的，春秋战国时期是这样，今天也是这样。今天呢，大家信什么呢？信金钱，信发财之道，信怎么样损人利己，说损人利己这个东西才是 No.1。你如果说损不了人，然后利不了己，自己没有追求到一个很好的生活啊，实际上都是物质的生活，就是六欲嘛，我们经常讲的七情六欲之中，在那个里面打滚，滚滚红尘之中，你要滚得最厉害、最凶恶，哪怕很快把自己滚死了，那才是真正的人才。你看啊，我们这个标准降得很低，所以啊，我有这样一个感想。第二点呢，我觉得儒、道、佛的三教，所有的圣人都有一个很了不起的一点，高年教授也强调了，就是信心，相信所有的人都能成为圣贤，儒家讲的"涂之人皆可以为尧舜"，道家讲"人皆可以成仙、成道"，佛教明确讲"一切众生皆有佛性"，然后人人皆可以成佛，就是一切众生皆可以成佛，所以这个方面的东西是共同的一点。第三个共同的地方就是，所有人在这一生中成就、成长的基础就是德性，这一点呢，我们看到三教，或者人类所有的学问都是一样的，包括古希腊，比如说苏格拉底，他就讲德性及知识，或者美德及知识。这奠定了西方，我觉得是它的学问的一个核心，可惜的是后来西方人怎么走一走，都走的好像越来越偏了，尤其近代人完全是为世俗的，很多学说都是为世俗的利益、为世俗社会的生活来论证。好多专业都是这样，包括现在教的社会学啊这些，都已经把"形而上"这一块砍掉了，"德性"的那一块都淡化了，它已经很有问题了，所以我觉得这个共同，比如说孝，孝亲之道，韩教授讲得已经很多了，儒家有，佛教里面也有。因为有些学者说佛教的孝道啊，孝敬父母、孝亲的观念受儒家的影响，实际上这个说法是不能成立的。包括伊斯兰教，你看《古兰经》圣训里面都讲到孝敬父母，当然他们也有一些前提，但是这个共同点一模一样，就是说连对待自己的父母都不好，你可能对别人好吗？各位，生你养你从小疼你爱你的人，你最后都对她不好，会对邻居、对其他的人好？对领导却好？所以领导看到这样，不孝敬父母的人你一定要小心，他如果对你好，一定不是真好，那是他有所图的，这是我的看法。这个孝亲儒佛一样，比如说净土宗中，你要往生西方极乐世界，有三个很重要的修行：第一个，孝养父母，侍奉师长。也就是说孝敬和赡养你的父母然后尊敬和侍奉你的师长，侍奉就是非常小心地、恭敬地对自己的老师，对自己的长辈领导，听从他的教诲，听从他的安排。现在我们大学里面有没有这样侍奉师长的？三教里面，我觉得虽然都是讲人生的哲学、生命的智慧，但也有差异。比如儒家它的重心是在世间，伦理道德方面，以礼为核心，刚才韩老师也讲了这个问题。道家是修身，现世要修身，修身到长生不死，成为神仙。我不知道在座的各位相信不相信有神仙，相信吗？声音都很小，我还听见有些说不相信，一点儿勇敢的精神都没有，相信就相信，不相信就不相信，没有关系，不相信你大不了不成神仙就行了，对不对？当然佛教更厉害了，它最后还要成佛对不对？你看它很有意思。但是儒家仍然有形而上的东西，韩老师已经讲了，这里面也提到了孔夫子之文章，可得而闻也，夫子之言性与天道不可得而闻也，好像子贡说的是不是，然后他有天道的那个内容，可惜没有传下来，理学家给弄了一个，实际上是从佛教那里来的。这一套可能有点失传，但是不论怎样，我觉得我个人的体会佛法是最完善最彻底的。比如说，韩老师也提到《周易》，孔子非常喜欢《周易》

当然他也明确地说了"假吾数年，五十以学易，可以无大过也"。学通《周易》就没有大的过失了，因为《周易》有预测的功能，实际上《周易》能够把世间的现象参透，但是《周易》我觉得往本体界走，超越现象的地方走，就好像有些吃力了，为什么？比如说按《周易》，人修到圣贤究竟到哪里去了？到天上去了，比如说到祖先哪儿去了？也变成祖先了，是不是？我们死后也就成了祖先了，那就是这样一个连续，但是祖先在哪里不知道；道家讲三清，也比较模糊，当然佛法说得很清楚，有非常清晰的解释，比如说阿罗汉就出三界，无色戒彻底解脱，真正解脱世间的生死的，唯有达到阿罗汉，而阿罗汉出三界什么意思呢？实际上阿罗汉出三界就是把自我给灭了，我灭了，三界灭了，宇宙灭了，全部都没了、消除了，然后到哪里去了？到本来的如来藏去了，它只剩下那个心了，没有我了，所以阿罗汉叫小乘，他只要回到那，他就不能再在世间出现了，当然就没有生死了，永远没有生死。当然，最后的成佛是出世间，贯通着成佛这个境界、涅槃这些境界。但是，从儒家现存现有的一些典籍来说，我常得还是没有很清楚的说法。比如说，我孝敬父母我会到哪里去？我不孝敬父母我会到哪里去？儒家没有这个说法。比如说不孝敬父母，《地藏经》里明确说，会到无间地狱去，是地狱里面最严重的一种，痛苦没有间断。叫无间地狱，非常可怕。不孝敬父母乃至杀害父母，当堕无间地狱。千万亿劫无有出去。不过这个里面还是存在这样一些问题的，所以儒家有一些东西可能说得不够透彻。是不是这个"道"最后还是没有参透？最高妙的道还没有完全参透，是不是有这样一个问题呢？待会儿我希望韩老师能指点一下迷津，说一下这个里面是不是存在这样一些问题，因为这里面问题很多。再比如说"学"。儒家说："学，不可以已。"即终身学习。可是佛家和道家认为学是有止境的。所以道家说，为学日益，为道日损，损之又损，以至无为，一直减损。佛教只要成为阿罗汉，修到阿罗汉这个果位以后就叫无学圣人。为什么叫无学圣人呢？世间的东西没有任何可学了，学尽了。你问他什么他都知道，这是一个境界。这个儒、道、佛之间还有一些差别，当然可能还有其他的一些差别。因为时间的关系，我简单地谈一些感想，也是跟韩老师以及我们在座的大家一起商讨。好，谢谢大家！

张美宏：好的，那么我们先请高年教授回应一下。

韩高年：我对美宏教授和贾老师做一个回应。我很尊敬贾老师，对贾老师刚才讲的观点大部分都表示认同，但个别方面我也有自己的一些看法。我觉得所谓儒、佛、道之争，化简一下，从中古开始，其实就是儒、佛之争。儒、佛之争是中国古代思想史上的重要问题，直到今天还有争论。学界仍然没有达成一致。儒佛之争的核心问题之一是佛家和儒家怎么沟通的问题。为此我也参加一些古代哲学的会议。我认为儒家文化有一个最大的特点，那就是它最具包容性，换句话说它是一个开放的体系。我刚才讲的，也涉及美宏教授刚才提到的一些问题。我讲的《论语》的五个主题，它们是有层次的。这五个层次由高而低。这是一个方面。另外，这五个层次又是相互包容相互沟通的。它不是说为学就不包含孝亲，其实我刚才也讲到了这一点。回到贾老师的问题，儒学的包容性表现为，历史上任何一个时代，凡是外来文化传播到中国以后，一定有一个中国化的过程。在这个中国化的传播过程中，儒家文化一定会给这些外来的思想提供很多的智慧。比如佛教，最早大乘佛教传到中国以后，因为要信佛，要成佛，要达到涅槃，就要到寺院里去剃度修行。但是你要去修行，就没有办法去兼顾孝亲之道。于是佛教徒逐渐地做了一个调整，那就是在家做居士也可以。像我们贾老师这样"酒肉穿肠过，佛祖心中留"，却不一定剃度去当和尚。这样就巧妙地解决了孝道和涅槃在佛理上的一些矛盾。很多学者拿出文献上的证据，论证这是受到儒家文化的影响。当然我的看法不一定正确。今天我听到你的这个想法，下来我们还可以切磋琢磨。

此外，我们从唐代至宋代讲到佛道之争的时候，我觉得应该区分两组概念，佛教、佛法和佛学应该区别开来。佛学是一门学问，是一门哲学，而佛法、佛教是一种宗教。还有就是道教和道家也应该区别，因为道家是一种哲学思想，而道教是一种宗教。这些都应该区别开来。那么唐代至宋代的儒佛之争的核心就是刚刚贾老师提出的，儒家中到底有没有探讨心性、宇宙这些形而上学的问题？在湖南出土的郭店楚简就可以解释这一问题，这批楚简的墓主人是一个贵族，他生前用过的一批书，现在因为墓葬被发掘而面世了。这批书里面有《性自命出》《太一生水》等文献，这些文献弥补了儒家文献中没有探讨心性问题的缺陷。所以过去说是没有，现在有了出土文献，可以证明儒家其实是很关注这个问题的。这也就涉及宋明理学的一个问题。宋明理学兴起后，很多人批评它是异域的东西，是不符合中国古代的正统学理的，像欧阳修等人，他们都在争论一个问题，那就是宋明理学是不是背离了儒家理论的主线，走到另外一个方面去了？这实际上还是刚才的问题，也就是儒家有没有探讨这些形而上的问题。其实在郭店楚简出土之前，好多人认为孟子的学说中就谈到了心性的问题，但是这在《孟子》中倒不是非常明确。而在郭店楚简这几篇文献出土之后，学者们的讨论就比较明确了。前几年我也关注哈佛燕京学社这方面的探讨。总之我的一个观点就是，中国文化发展了几千年，就本土文化儒家、道家来说，有的人认为儒家是主干，有的人认为道家是主干，我的看法还是以儒家为主干。如果加上外来的佛教思想，考虑这种儒、佛、道之争的哲学发展状态，我觉得主要还是儒家在接受外来文化中不断调适的结果。我的基本看法就是这样，当然您谈的这些观点也很发人深思，下来之后我再向您多请教。

贾应生：回复得很多。谢谢！

张美宏：感谢两位教授的互动，当然贾老师刚才讲的佛教与儒学的关系我也是想起一个故事，大家都很熟悉，吴承恩写的《西游记》，里面有三个主要人物，唐僧的三个徒弟，一个叫悟空，一个叫悟净，还有个叫八戒，这三个命名大概就能代表佛学的三个层次。那么最高端的就是我们知道的悟空，佛教的第一谛，空谛，一旦空了就再也不会往下堕，所以悟空从来没有动过凡心，这是最高的境界。第二层次是悟净，在佛教的空谛里，他最多是把真理装在了心中，还需要存和养两个问题。层次最低的我们说是八戒，这是戒全了，这是时刻担心自己，所以说仅仅在日常生活中，老太太念经吃素，不能这不能那，所以这个层次比较低，这个需要时刻提醒。"净"装在心里还需要存养，空就彻底不要养了，一次达到，一次完成，就是我们所说的明心见性，不动凡心。所以我想这三个层次，儒家最多在悟净，所以在《论语》中尽管讲"上学而下达"，从宋明理学功夫论传统中，上学下达之后并不是像悟空那样一次性完成，恰恰还需要孟子所说的存养的过程，所以说儒家对修养这个过程是重视的。当然在修养的过程中有个境界论的问题。境界的提升就是证明我们人格境界的提升，同时需要涵养，不涵养就会下堕。这是儒家和佛学有出入的问题，佛学我们是所谓的见性成佛，儒学呢，一旦所谓的下学之后还需要存养。这在传统上是很特别的，韩高年教授讲了郭店楚简的问题，主要是《性自命出》，"性自命出，命自天降"，这篇竹简主要是弥补了《中庸》和《孟子》之间的断层，把这个给加进来了，原来都讲性，性的差异怎么是这样的，心性天怎么统一？这个竹简也讲得比较乱。今天的看法是这个传统对宋明理学心性论是一种丰富。在某种意义上，突然从《孟子》《中庸》中结合起来的，都讲性，性怎么是这样的？当然，大家都提到儒佛之争，今天晚上我并没有看到贾老师和韩老师之间的争论，所以，我就想是不是他们达到了和而不同的情怀？我们都知道人生哲学广义上也归为伦理学，万明教授致力于中国伦理学的研究，下面希望他从中国伦理学的宏观角度对《论语》中的人生智慧做一个回应。

任万明：我是两天前接到通知要我点评，但是这两天比较忙没有做好准备，所以评论也许会不到位，美宏博士希望我从中国伦理学的角度作回应。我们伦理学讲《论语》，讲孔子的话一般是从天道的发展，从德突显出来。在一个内忧外患的时代，孔子是如何对各种问题做统一的处理？伦理学可能就会讲到仁学，会讲义，会讲到《中庸》，会讲到为政。当然韩教授是从另外一种思路阐释，和我们平时做伦理学的思路不一样，让人耳目一新，是一种既可信又可爱的做法，另外韩教授的文献证明也比较多，可以看出他对《论语》比较熟悉，可以说是有理有据的。还有就是韩教授结合自己的生活经验使讲演更加丰满。接下来我就这个报告做一个简单的评论。

韩老师今天的题目是《〈论语〉中的人生智慧》，我觉得这两个词对我来说是很重要的，而在伦理学当中这两个词也是经常出现的，这两个词是真正有关联的。智慧的"智"这个词与其相近的就是知识的"知"，知又和学有关系。知、道、学这三个关键词，我力图将它们联系起来。先看"道"，在伦理学中，"道"作为动词具有治理、管理、指示的意思，也可以作为名词表示方法、正当的原则，还有表示至高无上的真理的意思，这些是纯粹字面意思上的区分。从伦理学的角度看，道可以分为道体和道用。孔子讲的是仁，但是他追求的是道，他是用仁来求道的。这种天道是一种很高妙的东西，把天道放在我们的具体生活中就是人道，就相当于一种理智性。怎么做才能够从天道到人道呢？就是我们去理解道，把它变成一种主观的内容，然后我们去实践道。这样的话它就变成了在我们的经验、在我们的生活中的一个真理观，而不是那个至高无上、虚无缥缈的东西。所以道体主体化，这实际上就是人的一种能力，孔子说"人能弘道，非道弘人"，就是人能够弘道，有这样一种能力，有这样一种高贵气质。当你能够感受到道体的一种崇高和伟大，能够与道合一，甚至达到一种天人合一境界的时候，那么你觉得生命本身是可以忽略的。我觉得重要的是天人合一，但是，我们实际上谈论的都是道。

就说道的那种道用，就是从道体到道用，道用包括君道、王道，就是如何对待家国天下、如何对待人际关系、如何处理自己的身心。这个可以划分到人道范围，但是这个道，它又具体落实为比如说行政这样的一些方面。一个为政者就知道如何去处理。但是我们说这个道，在孔子那个时代我们看到的就是道用的衰微。实际上如果按照当时那个年代，从天子、诸侯、卿大夫、士、平民、奴隶，每一个阶层都是各司其职。但是孔子说："天下有道，则礼乐征伐自天子出；天下无道，则礼乐征伐自诸侯出。"世道清明，那么制作礼乐和发令征伐的权力都出自天子；世道混乱，那么制作礼乐和发令征伐的权力都出自诸侯，所以礼乐征伐就变得特别的混乱。在这样一个时代，就要君子明理，如果让他们接受同样一些不知道"道"的人来同流合污，这个是助纣为虐。但是这个"道"孔子在世的时候他自己无法亲自见识一个真正的"道"。

最后我们说孔子周游列国，失望而归，这个时候他怎么办呢？他留下了一个典籍，那就是《春秋》。通过《春秋》阐发孔子对于整个制度和规则的设计，就是孔子所想恢复的那个向往之道。但是有人认为要遵循周公《周礼》，我们如何去建立一个让各个阶层的人都能够有一个良好的秩序的社会？这个道具体来讲的话，就是得道，然后怎么样能够成就道呢？是要靠学，就是"君学以自其道"，这是关于道的解释。那么第二个方面提到智的问题，这个我觉得有一段话非常的重要，这段话是这样来讲的"天下之达道五，所以行之者三。曰：君臣也，父子也，夫妇也，兄弟也，朋友之交也；五者，天下之达道也。"我们简称五达道。

我们也可以看明太祖朱元璋的观念，就是这个社会怎么样保持一个井然有序的状态，实际上你遵循这个规则就可以了：孝顺父母、尊敬长上、和睦邻里、教训子孙、各安生理、不要胡作非为，就这六条就够了。把这些最主要的关系处理好，那么我们这个社会就可以保持长治久安。但是为了实现这种达道，就需要用君子之德去落实它。君子之德就是智、仁、勇，按照《论语》来讲就是仁者无忧、智者不惑、勇者无惧。仁的含义非常复杂，孔子思想里直接将它规定为仁学，这个很多人也是同意的，所以仁它是一个全德之称。就是在"智仁勇"这个序列里边它占有其中之一，这样的话我们可以把它狭义地理解为一种道德的情感，仁者爱人，就是一种道德情感；智，是一种道德理性；勇，是一种道德意志。就是智、情、理三个方面。从这三个方面来讲的话，《论语》里边说："仁者无忧，智者不惑，勇者不惧。"就是这种达道，它是社会通行的，君臣、父子、夫妇、兄弟、朋友等等之间的一种人际关系，而"智仁勇"就是用来调节这五种人际关系的。那么，仁者他是乐天知命，不患得患失所以不忧虑；智者，他不为名利所困扰，所以他没有什么困惑；真正的勇者，主持正义，能够临危受命，所以无所畏惧。我们把仁和智，和勇放在并列位置上来讲的话，就是成就君子之德。我们现在重点说一下智者不惑，《论语》里边接着说了，"好学近乎知，力行近乎仁，知耻近乎勇"。他提出了要达到仁智勇的几条路径或者方法。好学近乎知（智），知这个词，就是智慧的智，但是《论语》里边出现的特别多的地方实际上是知识的知，这个出现了多达一百一十多次。它的含义从动词的意义上来讲就是了解、知道、懂得。比如"人不知而不愠，不亦君子乎；知之为知之，不知为不知，是知也"；"未知生、焉知死"等等。还有一种意思是智慧，它跟智慧的智是相同的，比如说"好知不好学，其蔽也荡"。当然还可以作为形容词，比如说"仁者为人，智者哀人"；"智者乐水，仁者乐山"；"知者不惑，勇者不惧"等等。知，还有一个意思，就是知识、见识。另外还有一个意思是记忆或者记住的意思，"父母之言，不可不知也"。后面两种意思出现得特别少，只有三个地方出现过，最多的就是了解、懂得，做动词，还有就是名词或者形容词，智慧。所以这个意义上的知，它和智是通的。现在我们来看孔子所说的知，它包括很多个方面，第一个是指仁，孔子他主张仁为体，知为用，知是达到仁的手段和路径。仁者爱人，这个爱要从亲子之爱扩充出去，为人必须从事亲开始，修身要从事亲开始，那么要把事亲做好，就要了解人之为人的道理，就要知人，知人又不可以不知天。这个实际上就是说体会到人之所以为人的总的特点，那么你就达到仁。所以人者仁也，仁是人之所以为人的总的特点。在这样一个序列里边我们看到知和仁就联系起来了，大概可以这样讲，就是知识以仁为主体，孔子追求一种仁智合一的道德理想的境界，一个人做人的理想就是要仁智合一。仁智合一，首先是知仁和知礼，有知仁，知己，知命，知言，知德，知身，知死等等，总之从知的内容上来讲，它实际上是一种认知。基本都属于道德的范畴，侧重人格的修养或德行培养，更多地侧重于德性之知，而不是闻见之知，或是伦理之知。那么知怎么获得呢？要靠学。学和知的关系可以有以下几种：有生而知之，有学而知之，困而知之，困而不学这四类，你如果不学就没有知，没有知很多事就会做坏，做事一个是勇敢一个是特别粗暴。生而知之者，孔夫子没有见到，他自己认为他也达不到。困而知之也就没在讨论范围内，学而知之要提供几种途径，要学习古代的文献，要向别人学习，要在实践中学习、体会。孔子本人非常重于学、强调好于学，为了把学真正做到实处或达到一个好的效果，还有其他方式，比如问，还有闻、观、察等，这是讲的第二个方面。孔子始终讲的是仁学，知是一种过程，是一种调节手段，是一种状态，是一种精神境界，他是人格和德行的教育，以人格和德行为核心和归宿。接下来就讲学，学是一个非常麻烦的问题，学要回归到著述，汉代人讲得尤其详尽（汉代最为注重学）。学显得非常的重要，我们可以归纳为两种思路。一是荀子讲的"其术为具内"。这个术是师古诵经，就是朗诵经文，终乎伦理。这个师古诵经就是要学经文，终乎伦理就是通过不断的学习懂得礼节，可以立身行道，在你的一生中无非就是能够心悦诚服地自由自在地循礼而行。

还有一个叫做修德行道，德指三德：智德、敏德、孝德。还有六德就是知、仁、圣、义、忠、和。实际上这个修德学道，这个道对于我们士大夫来说就是要培养自己的才学，禀赋，或种种技巧，通过学习让自己的水平得到很大的提高，能够处理各种各样的人际关系。所以就是说，你要去学什么，这个学我们从荀子那可以看到。以上我就从知、道、学三个关键词回应一下韩教授。如果要提两个问题，我想让韩教授简单地回答一下，第一个就是说，涉及孔子的智仁合一的原则，或者通俗地来讲，知识与道德的关系在孔子怎样理解？第二个就是，我们说现在把儒家变成心性之学，但是我们忽视了制度化的儒学，在儒学复兴之中，它应该怎么样去进行操作？我想看你能不能有自己的一个了解或阐释。就这两个问题。

张美宏：感谢万明教授细致的评论，下面我们请高年教授把刚才的问题做简单的回应。

韩高年：谢谢万明老师！大概是五六年以前，我和万明老师一同被学校派到省委党校理论骨干班学习，我俩曾同居一室，有过一个晚上的长谈。我对他的学问特别佩服，因为他是中国人民大学毕业的，中国人民大学有个葛荣晋先生，是研究中国哲学特别有名的学者，他研究学问的特点在万明身上有着特别显著的表现。那就是他刚才那段话从辨析概念入手，这个是哲学中最基本的一个素养。我觉得他刚才讲的这些切中了我的要害。所以我就简要地回应一下，我在标题中提到的是《论语》中的人生智慧，可是后边又讲了道，其实这个关系我在最开始讲的时候也大体提到一些。因为从哲学的范畴与概念来讲，知识、思想和智慧是有层次的，我之所以把智慧等同于道，是为了分析归纳的方便。也就是说，我把《论语》之"道"的总和称之为智慧。需要说明的是，这两个概念有重合的地方，但还是会有所差异。他提的问题也就是在辨析概念中提到的知识和道德的关系。其实这个在为学和修养方面，儒家特别提到了这个问题，我刚才提到我讲的五个层次都可以划归到为学的范畴，同时也可以划归到为政中，此外还可以划归到处世之道、修身立论中，甚至也可以划归到孝亲之道中。所以它既是一种层次，同时它又是伴随人一生的一个整体。我们把它分开是为了更好地认识它，其实求知的过程就是体道的过程，体道的过程就是道德提升的过程，这些东西是不能截然分开的。我觉得这也是儒家的一个特点。刚才万明教授也提到，儒学的发展经历了至少两个阶段，一个阶段就是原始儒家阶段，就是像《论语》《孟子》这些经典，包括《礼记》里面的《中庸》《大学》。从本意上说，它是原始儒家的问题，这些东西可能好多都是零散的，不成体系的，它有内在的逻辑上的缺陷。但是中国哲学，恰恰不是一种逻辑性的体系，我的体会是这样的。那么，到后边第二个阶段就是宋明时的儒家。刚才万明也提到了一个概念，那就是制度化的儒学。其实儒学里面大体上有三个层面的东西：一个就是他的思想层面、精神层面、道德层面；还有一个就是制度的层面；再一个就是政统的层面。说到底就是三统：学统，道统，政统。那么制度化的儒学就是政统，政统的东西强调等级尊卑观念。这个观念对现在来说继承的可能性不大。而从学统和道统的方面，尤其从道统方面来说，有些东西对我们今天的启发是特别大的。最近我看到一本书，就是甘阳写的《通三统》。当然他的《通三统》指的是现今社会上流传的三种思想，一个是传统思想，一个是改革开放以来的实用主义思想，还有一个就是"文化大革命"以来的传统思想。他认为这些东西都有积极的一面。我想简要地用一句话来说，那就是通过学习获得知识的过程，也是提升思想、提升道德的过程，它是融合为一的。但我不知道说得对不对，我今天特别惶恐，因为各位都是学有所长，而我这个人哲学素养比较差。因为我们进入这些经典的角度是不一样的，各自有各自的学科范畴。我想这种交锋，或者说是这种交流对我来说真的是有很多的启发，让我对有些问题，在此时此刻，有了更加深刻的认识。

后面一个问题，我刚才听得不是很清楚。

任万明：就是我说的制度儒学，或者说复兴儒学，复兴儒学的话，就是从六经里面很多都有制度安排的，像通三统啊，夷夏之辨。

韩高年：嗯，制度儒学，刚才我也表明了自己的态度。最近我看到北大有个教授叫章启群，他在《安徽大学学报》上发表了一篇文章。这篇文章说中国第三次的制度性变革时代已经到来了，大概他是主张儒家的这些制度性的东西可能对今天的政治文明建设，还有政治生活里面的一些内容会有所启发。而我比较赞同张岱年先生讲的"综合创新说"，因为我觉得时代已经发展到今天，从道统和学统这两个角度来说，确实是需要学习的。而这两个方面对我们来说也确实很有帮助。但是从政统来说，因为社会已经远离了原始儒学发展的那个历史语境，再去把那些旧的东西搬出来，我觉得有点不合时宜。有个成语叫刻舟求剑，我觉得照搬会存在这种弊端的。我个人持这样的看法。谢谢大家！

张美宏：好，感谢两位教授之间的精彩对话，我们都知道在中国哲学史上，道学问题正是核心问题，那么道的问题，我们可以把它上升一下，提高人生境界；那么学的问题呢？我们往最低级讲，就是经验知识的累积；实际上这两个之间有很紧张的关系。但原初呢，是统一的。好，下面我们进入最后一个环节，自由讨论的环节，我们希望我们的同学还有我们在座的老师们提出一些精练、有挑战性的问题。好，下面，那位女同学，

学生：各位老师，这个中和论道已经第五期了，我没有一次落过，而这一次可能是最温文尔雅的一次，也是更符合咱们这个传统文化的思想的一个氛围吧。我在看王阳明的心学，这其中有一个知行合一，就是对于当代的核心价值观有怎样的指导意义？韩老师，我学的是思想政治教育专业，没有违背唯物主义，就是这样子。

韩高年：好，首先可以肯定这不违背马克思主义，因为马克思也讲实践论，是吧？实践出真知，实践是检验真理的唯一标准。实际上

心学的"知行合一"和马克思主义讲的这个"知行合一"还是有一定的区别的。最近刚好我也在读王阳明，读《传习录》。王阳明早期受到二程、朱熹这一路的影响，先是从格物入手，他拼命观察那个竹子，结果观察了半天，最后他很生气，认为这个简直是胡说。后来他认为这个道德，或者说这个天理，不应该从外求，而应该向内求。所以他后来实际上对禅宗、佛教，或者说佛学是很相信的。也可以说他借鉴了佛学里面的好多东西。其实在宋明理学中就有两个路向，二程、朱熹是由外向内，天理是自外的，由格物来；而陆象山、王阳明等，他们是向内求，说天理不在别处，就在自己的内心里面，你顿悟了，那么你就悟到了天理。前面由外向内的方式叫做兼修。这就是兼修和顿悟的区别。王阳明所说的知行合一就是我刚才说的德备才全，他最终想要养成这种圣贤人格、圣贤气象。其实这个倾向在韩愈身上就有体现。韩愈在早年是排佛的，他因为这一点给皇帝屡次上书，结果使得皇帝不高兴，把他给贬官了。贬官之后，他在荒蛮的地方闭门思过，由此而壁了很多年。当他最终回来的时候又开始接触佛学了。你看他的诗文里面，就涉及信佛的内容。这也就是刚才美宏讲的，当他贯通不了的时候最终还是求助于佛学。我不知道我的回答是否让你满意，谢谢！

张美宏：时间今晚也不多了，我们可以问最后一个问题。

学生：老师好，我自己很怕鬼，我就找很多人帮我解决这个问题。有很多人给我讲逻辑、讲科学，讲完以后，他问我讲的对不对？我说："对。"又问："讲完以后你怕不怕鬼？"我说："我还是怕鬼。"当某人讲过一个鬼故事，我一个人睡觉的时候我还会很怕。在我的印象里面，西哲是讲逻辑、讲真理的，就像男人一样，但讲完以后是没有用的；中哲就像女人，她不讲逻辑，是感动你。很多时候，当一个女人默默看一个男人的时候，可以让胆小的男人强大起来，也有很多时候一个胆大妄为的男人要做坏事的时候，一个女人深深地望着他，他就不敢再做坏事了。所以，一个人很多时候不是理性的，更多的时候是一种感性在支配我们来作为确定一种价值的追求。那么，对于我这种怕鬼的人来说，逻辑上、科学上解决不了这个问题。因为很多科学家说要从科学上、逻辑上说明鬼是不存在的，我是知道这个东西，但是我还是觉得鬼是存在的。要解决我这种怕鬼的毛病，只能是感动上、感化上来解决，那么，我觉得在感动感化上，儒家是很有效的。那么，我想请问老师："为了解决我这个怕鬼的毛病，《论语》里面，儒家里面有哪些是很可靠的方法？"谢谢。

韩高年：我建议你读《荀子》，里面有《解蔽》篇，谈到荀子不信鬼的理由。他讲过一个故事，有个人叫涓蜀梁，他在夜晚出去办事，回来的时候走过一片小树林，老觉得有什么东西在后面跟着他，他就越跑越快，跑到家后就死掉了。荀子给这个人的评价就是："其为人也，愚而善畏。"就是说他感觉到的后面追他的东西并不存在，其实是自己走路时的沙沙声，还有月夜树林里的影子。我想这个故事应该会给你一些启发。

贾应生：我从佛教的角度来说。有两点，第一点是世界上本来就没有鬼，你为什么会怕鬼？是因为你心里有鬼，这是你的心创造的，所以要修心，修清净心，你就什么都不怕了。第二点是你之所以怕鬼，是因为过去做过一些对不起人的事情。所以，要学会忏悔。忏悔到回向，佛法里有一套模式，原谅以后就不会再怕了。

学生：老师，我还是不确定。

贾应生：不确定，在佛法里说是贪嗔痴慢疑的五毒里面的疑，有疑，就没有办法信受这个东西，也没有办法接受并照着做。所以，信为入道之根本，包括儒家这一套。一定要信圣贤的说法。我建议你去读一些儒、佛、道三教的书，那个时候就会有广大的心性，就会不怕鬼神，什么都不会怕。当然有可能你会怕自己的爱人。

张美宏：你刚才要求的要用《论语》来解释，《论语》里有一句话，叫"敬鬼神而远之"，这个是我们很熟悉的，这个鬼神是对立的，是敬的态度，你要把鬼想成是你的亲人，为什么呢？我们知道有一个著名的诗人陆游，写过"死去元知万事空，但悲不见九州同。王师北定中原日，家祭无忘告乃翁。"儒家和佛不相信所谓世俗的鬼的存在，但是荒谬的是"家祭无忘告乃翁"，没鬼还祭祀什么？他这里有一个含情脉脉的情感延续，所以把鬼想象成同祖同源的。你想象的鬼就是你已经逝去的先祖，含情脉脉地看着你，他还会帮你的。儒家不在意有没有鬼，而是对鬼的态度，承载着一种人文价值的延续。所以祭祀本身不是追究有没有鬼，而是对鬼的态度是一种价值的延续。所以，你对鬼有没有含情脉脉和敬仰的态度。要找到承载的共同关系，想象鬼是惩罚我们的就不对了。所以，儒家的祭祀传统，外国人很难理解，一方面，你怎么不相信鬼，另一方面，还要大搞祭祀。所以，孟子批评孔子，不相信鬼，还要搞祭祀。明明家里不来客人，还教导孩子讲接客之礼。一辈子就是一个人，还要训练接客之礼，那个是空的吗？只知道形式，不知道儒家祭祀的实质就是一种人文价值的延续，所以不要把鬼当成是有意志的存在，不知道你能不能克服。

张美宏：好，最后一位女生。

学生：韩教授，您好！我的认识和前面的男同学一样，西方伦理学指导教人如何处事有一个具体的原则，例如康德当时就是以命令的方式，你愿意让你的行为准则成为普遍的行为原则。密尔说实现最大多数人的幸福，也是一个具体的命令，来命令你需要这样做。但在《论语》中，是以条例列出来针对不同的问题，比如要感到不忧虑就不能太安逸，"人无远虑必有近忧"。一方面说"君子坦荡荡"，让你柔软一点；另一方面又说"小人长戚戚"，好像是让你随遇而安一样，我觉得这是两种矛盾的形式，它毕竟是矛盾的，我们以什么方式来优先选择？该怎么来排序？这是我的问题。

韩高年：我大体理解你的意思了，这就是中西方的哲学分野的问题。刚才你举的这个例子是非常准确的。对于你的问题，我想引用章学诚在《文史通义》里面的话。章学诚是一个大史学家，在他所论述的问题中，讲到"古人未尝离事而言理"，也就是从来没有离开具体的事情和语境去讲述一个道理，为人之道也好，为神之道也好，都是这样。这是我们中华文化的一个传统。我刚才也讲了，孔子是从实践当中提出来然后又加以推广。所以从表面看孔子没有提出像西方哲学那样的规律法则，而是呈现出比较碎片化的形态。但实际上正如章学诚所言，古人未尝离事而言理，所以我们要体察出仁之道，也不能离事而言理。《论语》是如此，《孟子》也是如此。当然到了新儒家第三期，也有些学者用西方哲学的一些范式与方法去进行总结归纳。但总而言之，两个民族的思维方式是不一样的。

张美宏：我们的"中和论道"，"中也者，天下之大同也；和也者，天下之达道也。"今晚我们的论道，论道的是"和"，这个"和"的道至少能够推出来。因为我们不同学科有着共同的根本：那就是对于哲学、对于思想、对于智慧的追求。所以再次感谢大家今晚的参与。谢谢！

第六讲　个体生命如何面对苦难
——一个跨文化的理解

李朝东：各位老师、各位同学，大家晚上好，我们西北师范大学马克思主义学院哲学系和中和集团组织的哲学沙龙"中和论道"第六期现在开始。以前我们的形式比较呆板，在举办过程中存在一些不足。后来书记给我们提了一些建议和意见，我们今天晚上在风格上改变一下。我们今晚这个论道的题目是"个体生命如何面对苦难——一个跨文化的理解"。当时我正好还在外边出差，我在电话上和我们宗强院长沟通了一下，我说形式上活泼多样些，更重要的是能够将它办成一个论道。所以我们今天晚上邀请了三位嘉宾，来给我们讨论个体生命如何面对苦难的问题。一个是我们西北师范大学文学院院长——韩高年教授，大家欢迎。高年院长要给我们分享的主要内容是从屈原的个体生命的经历来展示我们中华文化传统中作为一个生命个体如何面对苦难的问题。第二位，我们邀请到的是西北师范大学马克思主义学院副院长——姜宗强博士，宗强博士刚从中国社科院世界宗教研究所科研处挂职回来。所以在前面的几期"中和论道"活动中他都没有参与，实际上"中和论道"这个工作应该由他来主持。姜宗强博士是大家第一次见，所以我介绍一下，他是我们兰州大学哲学系的本科毕业，吉林大学哲学系硕士毕业以后通过参加托福考试在香港中文大学读了一个宗教学硕士，又读了一个宗教学博士。他的导师李炽昌先生，也是我的一个朋友，曾任香港中文大学文学院院长兼宗教学系主任，被称为我们亚洲基督教《圣经》研究第一人。今天晚上姜宗强博士要给我们分享的内容是从《旧约·圣经》中的《约伯记》，来看基督教文化怎么理解个体面对苦难的问题。第三位，海斌呢？往前来！第三位要参与讨论的是马克思主义学院的朱海斌博士。海斌博士已经参与过我们前面一次评论性的讨论。我已经介绍过他了。浙江大学哲学学院毕业的外国哲学专业的博士，非常优秀的一个青年教师。他跟我们要分享的是俄狄浦斯。从古希腊的神话故事俄狄浦斯来阐述个体生命如何面对苦难，俄狄浦斯是古希腊著名的悲剧作家索福克勒斯所写的一个著名的悲剧。从这个悲剧出发来给我们分享西方文化个体生命如何面对苦难。实际上是西方文化与中国文化的对话。因为我们考虑到时间问题，其实苦难问题应该还有另一个重要的构成元素就是佛教。我们中国文化是从乐开始自己的人生，西方文化是从罪开始自己的人生。而印度文化是从苦来展开自己的生命历程，也就是人生在世就要受苦受难，然后才能完成自己生命的修炼过程。但是，一个是时间关系，另一个是没有找到一个合适的学者来跟大家分享这个话题，所以，我们今天就从上述这三个角度来理解，所以我们有个副标题叫"一个跨文化的理解"。我们先给每一位嘉宾二十到三十分钟的时间，让他把问题讲完。然后他们之间有一个对话，真正构成较高层次的论道。在这期间如果同学们还有什么问题可以向三位嘉宾提出来，可以参与互动。第一个，首先我们请文学院院长韩高年教授来谈他关于这个问题的理解。大家欢迎！

韩高年：各位老师，各位同学，大家晚上好。非常高兴，也非常忐忑，第二次来到"中和论道"哲学沙龙这个场合。今天我也像上次一样是客串，因为我的专业不是哲学。但是好在这个题目，是我一直以来比较感兴趣的题目。因为在人类文明发展到公元前8世纪到公元前4世纪前后，出现了一个共同的繁荣时期，雅斯贝尔斯将其称作轴心时代。在轴心时代这个时段出现了一些伟大的哲人，他们的思想，在人类漫长的历史进程中给我们做了一盏指路的明灯，在今天仍然还起着重要的作用。在这些先哲的思想中，有一方面就是对人的观照，尤其是个体的生命在遭遇到挫折以后怎么样去面对和超越这些困境。我从自己熟悉的一个个案——屈原说起。今天这个题目，李教授设计得特别好，一个是屈原，一个是约伯，还有一个是俄狄浦斯。我在读研究生一年级的时候读了屈原，也读了《圣经》的《约伯记》。在寒假的时候，我通过对这两本书的理解，撰写了一篇文章，恰好就是关于屈原和约伯在遭遇困境之后是如何走出困境的。今天又来谈论这个问题。这无疑是一种机缘巧合。

我们首先来看一下屈原的身份和他的苦难。屈原是以爱国诗人的面目出现在我们今天一般人的视野当中的，如果给他的身份做一个比较准确的界定，那么他有这样几个身份。在《史记》的《屈原列传》，还有汉代刘向所编的屈原的作品集当中，我们可以看到屈原是楚国的宗室，和楚王室是同姓。大家知道最近有一部电视连续剧叫《芈月传》，芈这个姓是楚国王室的一个姓，而屈这个姓也是王室的一个姓。他的第二个身份是一个博闻强识的学者，《史记》评价他"博闻强识，明于治乱"。博闻强识就是他的学问特别渊博；明于治乱则说明他对历史上的兴亡盛衰了然于胸。他的第三个身份是一个娴于辞令的诗人。他的文学作品和传记都表明他是当时数一数二的文学家。此外他还有一个身份是滋兰树蕙的教师，《屈原列传》当中提到屈原在楚国的太学，也就是楚国王室子弟所在的最高学府里面担任教师，他的官职称为三闾大夫。屈原最重要的一个身份是忠君爱国的臣子。大家知道，这在《屈原列传》的记载中，是他最重要的、最浓墨重彩的一笔。他在很年轻的时候就参与了楚国的内政革新，在屈原所生活的时代有一种说法，那就是如果一个诸侯国不改革，就会在军事、政治上处于弱势，甚至陷入一败涂地的境地。屈原是一个改革家，参与了楚国的实际改革。他同时也是一个勇于革新的政治家。我这里有几幅图，一幅是 20 世纪 70 年代在湖南楚墓出土的一幅帛画。这幅画被称作《人物御龙帛画》，它和屈原在作品集当中描绘的自我形象有关，这幅画体现了楚人的一种龙凤崇拜思想。在《离骚》当中也包含着这方面的信息。那么屈原到底面临了一种什么样的苦难呢？简而言之，那就是知识的局限。在他所处的那个时代，正是百家争鸣行将结束的时期，这个时期也有一些比较重要的思想家，比如儒家的荀子。大家知道荀子是诸子思想的一个集大成者。屈原跟荀子同时，但是他敏锐地察觉到当时所拥有的知识，包括宇宙、人生以及人类社会的一切知识都是有局限性的。他有一首诗叫做《天问》，在《天问》中屈原从宇宙洪荒一直发问到人的产生。有的外国学者认为《天问》是一首奇诗，因为诗中一口气提了一百多个问题，但是都没有答案。这实际上表现了一种对知识的局限性的认识。屈原还有一个苦难是信仰的动摇。大家知道在屈原生活的时代，楚国是一个巫术信仰特别浓厚的国家。楚人有自己的宗教信仰，这和中原受儒家文化影响的诸侯国是很不相同的。但是屈原遭受到人生苦难之后，开始对他的信仰产生了动摇，这些信息主要见于他的《离骚》与《天问》。简而言之就是对"天命"的质疑。《天问》里说："天命反侧，何罚何佑。"原本应该是"皇天无亲，唯德是辅。"也就是说老天爷是奖善惩恶的，但是他看到的现实却恰好相反。所以他不得不对信仰产生动摇。屈原遇到的第三个困境是道德的失范。从常理来看，善恶各有各的标准，应该扬善抑恶。但在《离骚》里面，屈原所表现出来的现实世界却是浑浊不分，避美而妒忌。这其实就是他遇到的困境。请大家再注意这两幅画，第一幅画是《屈子行吟图》，它是由明末清初的著名画家、诗人陈洪绶所作。第二幅画是现代画家傅抱石所作的《屈子行吟图》。大家知道屈原对当时楚国的政局极度失望，同时又无法实现自己的人生理想，所以在这种巨大的悲剧无法解脱的情况下，最终选择了投江自杀。这两幅画都是反映屈原悲剧结局的代表性画作。它们都栩栩如生地画出了屈原陷入悲剧而极度失望的那种情态。

　　屈原所遇到的三个困境表现在现实当中，第一个就是他很年轻时就登上政坛，希望通过自己的努力实现楚国美政的改革理想，在这个过程当中，他努力地去培植人才，但是在实际情况中，他虽然带了那么多的学生，后来却都一一变质了。这无疑是一个教师最大的失败。对此《离骚》里面有非常痛彻的陈述，我不再赘述。第二个就是他在事业的巅峰时期，因为改革触及了一些在朝的守旧贵族的利益，于是受到了那些小人的谗害，被楚怀王两次疏远，一次是被流放到汉北云梦。第二次是在他晚年的时候，被流放到江南之野。第三个表现就是，因为以上这些因素使得改革失败，他所崇尚的美政流产。

　　我们看一下《离骚》当中，屈原作为个体生命在遇到困境时是怎么样去超越它们的。要解读这首诗，最重要的就是要弄清楚它创作的时间。原因是《离骚》这首诗里面谈到了死亡对于人生的哲学意义，但这首诗又不是他的绝命词，就是说这不是他抱定必死的决心之后，或者说临死前所写的。这在哲学上有一个重要的意义，那就是"出生入死"。中国哲学当中有个说法，《老子》第五十章当中有一个说法，那就是"出生入死"。"出生"就是现实的生活，当一个人意识到自己生命的有限性，把现实抛开之后，假定自己进入到一个死亡状态的时候，人就进入了一种哲思当中。《离骚》当中就反映了"出生入死，上下求索"这样一种对人生哲学、人生苦难的解脱的路径。他在这首长诗当中，首先设想自己已经死去了。这首诗开篇就说："帝高阳之苗裔兮，朕皇考曰伯庸。"他的意思是说假定自己已经死了，所以他赤裸裸地面对自己死去的祖先，和祖先直接对话。在这首诗的末尾，他也追怀祖先，说自己"忽临睨夫旧乡"。这个"旧乡"带有隐喻的意味，那就是代指人作为家、族、国这整个人际关系当中的精神归宿。总而言之，《离骚》这首诗体现了屈原对自己生命苦难的一种思索。这种思索的特点涉及《离骚》中的具体内容，那么在《离骚》的"帝高阳之苗裔兮"到"岂余心之可惩"前半部分当中，屈原反反复复提到自己在从政过程中、在敬德修业过程中对理想的一种执着。而在后半部分中，他又设想自己驾着神仙风伯雨师组成的浩浩荡荡的巡游队伍，从他的国都一直向西走。从这个意义上来说，屈原《离骚》的后半部分是一部"西游记"，他西游的目的在于昆仑山。因为在《山海经》的记载中，昆仑山是神仙居住的地方，并且能够通往天庭。天庭也好，故乡也好，在屈原看来都是有别于人间的一种所在。他在向西进发的过程当中遇见了几件事情，这几件事情作为叙事的情节体现了屈原对于人生意义的一种追溯。其中一个情节是占卜。在屈原遭遇困难时，他面临着一个抉择，是留下来等待机会进行改革，还是俊鸟登高枝，另寻他处？很多人往往会选择后者，屈原却选择当时流行的占卜来进行决定。占卜的后果是屈原可以离开，但是他最终没有离开。第二个情节是屈原到天上追求三位美丽的女子，这实际上是要去天庭寻找自己的精神归宿。但是这三位神女和凡间的庸女俗女一样不能理解屈原，所以屈原最终悲叹"忽临睨夫旧乡"。这首诗是一部心灵史诗，屈原在末尾通过诗思，使自己提前死亡，使得自己成为一个异体。在哲学上，生命如果没有终点，那么生命就失去了意义。而屈原通过诗思使自己出生入死，提前进入到一种死的状态，以一种死的姿态来面对这浑浊的现实。在这一过程中他发现了自我，也保存完成了自我。屈原写《离骚》的时候正值壮年，还未到山穷水尽的地步，但他却提前以诗的方式思考了生命，思考了苦难，思考了人生的价值。楚怀王死在秦国，楚顷襄王继位后，楚国一败涂地，楚顷襄王非但没有励精图治，还任用了一帮小人。这帮小人混淆了君王的视听，使楚顷襄王继续对屈原采取了贬斥的态度，于是屈原彻底失去了回到朝廷做事的希望，被流放到江南之野。流放到江南之野之后，他写下了《九章》中的九首作品和《九歌》这十首诗。公元前278年发生一件十分重大的事件，可以说是压倒他的最后一根稻草。秦将白起攻破了楚国的国都，而屈原在万般绝望中选择了自杀。他的死是解脱人生苦难的一种方式，但是他的死又不是消极的，而是积极的。这种积极在于他用实践实行了在《离骚》中探索过的人生意义。从年鉴学者的视角来看，这一年还发生了几件事情，一件事是荀子从楚国再次来到齐国，没人解释为什么荀子去了齐国，但从当时的时局来看，很可能是因为荀子看不惯楚国宫廷当时的昏聩黑暗。所以荀子是选择离开来解决现实苦难。荀子是儒家在战国集大成的一位学者，也是儒家在先秦时期的最后一位大师。第二件事是关于邹衍的，后世说邹衍是谈天派，他是齐国人，对燕惠王十分忠心，但由于小人的诽谤，燕惠王将他关进监狱。因为第二天就要被杀掉，所以邹衍在监狱里伤心大哭，奇怪的是当时处于夏天五月，天却为之下霜。这种事我们只有在后世的《窦娥冤》中见过。这个事件其实是由阴阳家记录的，在作为阴阳家的邹衍看来，一个人受了冤屈，天必然有所反应，这明显带有一种宗教的意识，同时也隐含了邹衍面对苦难的方式。屈原选择了死，结束生命，有人说这种解脱的方式跟儒家是相违背的。因为《孝经》及一些儒家经典里面讲"身体发肤，受之于父母，不可损伤。"

　　那么屈原选择以投江的方式结束自己生命的积极意义在哪里呢？我觉得其积极的意义和苏格拉底之死一样，因为他是一种自觉的选择，而不是被迫的。苏格拉底被判处死刑的时候，他完全可以凭借自己的口才为自己辩护，但是他没有为自己辩护。所以人生的意义恰恰是在苦难中显现出来的。叔本华受到印度哲学的影响，他说苦难对人来说是一个必不可少的东西。他还把苦难比作是湍急水流中行驶的船只的压舱石。如果人生没有困难，这个人生就是轻飘飘的，没有价值的。屈原的死虽然会让自己的肉体寂灭，但也会使其灵魂和先贤们集聚在另一个世界。所以在屈原和苏格拉底的观念中，和先贤们在另一个世界里相会是一件其乐无穷的事情。屈原的死确实是成就了自己的价值。我们中国人常说，一个人在一生中一定要把人活好，活人又叫做人。这就是说，作为一个人，尤其是大写的人、有价值的人、遇到过苦难的人，是需要做和活的。活和做其实就是一种提前进入死亡的状态，就是在活着的时候去思考死亡的状态，这样人生才能够找到价值。人生苦难就是人生在世间诸多的不自由，而超越又可以得到自由。我做一些简单的对比，屈原和荀子同样处在先秦"百花齐放、百家争鸣"的历史时期，所以屈原有机会也有才干去思考一些先哲们思考过的问题。那么他思考的路径有这样几个，一个是由知识出发能不能超越人生的苦难。这一点孔子是做到的。孔子有一段特别著名的表述，那就是"五十知天命，六十耳顺，七十而随心所欲，不逾矩"，孔子为什么在七十岁可以做到随心所欲不逾矩呢？这就是他通过对知识、真理的追求，达到了对人生苦难的超越。

　　大家知道孔子这样的圣人几千年才出一个，所以这样的路屈原是走不通的。这从他的《天问》也可以看出，那就是宣告了当时由知识去解脱苦难的这条路是走不通的。我们再来看庄子，庄子最著名的著作是《逍遥游》，《逍遥游》里面庄子提出通过心斋、坐忘达到体道的逍遥游的境界。逍遥游就是摆脱了人生苦难的这种自由境界，在这种逍遥游所提示的解脱苦难的路径中，屈原能不能达到呢？其实屈原也是做不到的。因为刚才我分析过，《离骚》后半部分讲了，他从南方的苍梧出发，一直到了西北的昆仑，当然这是一次想象中的神游，但这种想象之中的神游，宣告了庄子这种解脱人生苦难的路径也是行不通的。屈原没有以上的几种可能，只能选择自杀，因为自杀意味着置之死地而后生，就是把个体的肉体生命置之死地，但是把个体的精神达到一种活脱脱的状态。所以《孙子》里面所说的"置之死地而后生"在哲学的意义上给屈原的解脱提供了一条路径。

下面我再简单地将屈原的苦难和西方的苦难做一个对比。西方苦难的解脱是由信仰解脱出来的自由，它是绝对的，是上帝决定的。上帝不是和人相对的，它是自身可以自足的，是一个不容置疑的实体。但中国人的天命是可知的，这就意味着屈原也没有可能从宗教这个路径去解脱人生的苦难。正因为屈原选择了自杀，选择了置之死地而后生，所以他给后人留下了评价自己的空间，而且这个评价也是完全自主地去选择的。我们中国人对价值的评价莫过于四个字，那就是"留名青史"。而正史的第一部，也就是司马迁的《史记》当中，专门给他立传，在《屈原贾生列传》里面有这样的记载："其文约，其辞微，其志洁，其行廉。其称文小而其指极大，举类迩而见义远。其志洁，故其称物芳。其行廉，故死而不容。自疏濯淖污泥之中，蝉蜕于浊秽，以浮游尘埃之外，不获世之滋垢，皭然泥而不滓者也。推此志也，虽与日月争光可也。"这段话当中的要点，大家需要注意。一个是"举类迩而见义远"，就是说屈原的事情，虽然是眼前的身边的事情，但他的影响是非常久远的。那么第二个要点是"虽与日月争光可也"，这是司马迁作为史家对于屈原的评价。屈原在今天成为我们伟大的民族精神当中最为闪亮的一颗明星。从人格角度来说，孟子对于孔子学说的发展，就是发展了"智、仁、勇"这三方面的品行。所以孟子把对理想人格的认识，总结为"富贵不能淫，贫贱不能移，威武不能屈"。但是孟子本人并没有用实际行动去践行这样一种人格理想。但是屈原真正从实践层面上完成了这样一种人格的建构，他使自己的人生，从一个小我变成了一个大我。最后，我归纳一下屈原在《离骚》当中对于人生的超越方式，这种超越方式就是《离骚》里面的诗句所讲的"亦余心之所善兮，虽九死其犹未悔"。就是说做人，即使遭遇到任何一种巨大的苦难，只要我们内心坚持真善美，哪怕是九死都不后悔。这让我想起一位现代诗人北岛，他在诗歌《回答》当中讲了一段类似于屈原的话，他说："卑鄙是卑鄙者的通行证，高尚是高尚者的墓志铭。"我愿意拿古今这两位诗人的诗句，与大家共勉，谢谢大家！

李朝东：谢谢高年教授的精彩讲演，我想我们每一个中国人也许你没有读过屈原的文本，但是我们从童年的记忆中应该都知道有屈原这个人，我们都过过端午节吧？这一点我就不多说了。下面我们进入下一个环节的讨论，我们请宗强博士讲《圣经》中的《约伯记》，个体如何面对苦难，大家掌声欢迎！

姜宗强：刚才韩院长作了非常精彩的发言，我尽量讲的即便没有他好，也最好不要差太多，免得你们怀疑我是混饭吃的。当然，《约伯记》呢，我在想我用什么方式讲它，学术方式 30 分钟肯定不够，所以我准备用更简化的方式来讲它。我想说，我们可以把《约伯记》看做一部戏剧，这个戏剧一共有三幕，第一幕是序言，第二幕是对话，第三幕是尾声。

那么大家应该注意，这个序言和尾声，它是用散文写的，对话呢，它是用诗歌写的。那么在用散文来表达的序言和尾声中，主要描写的是天上的世界，上帝和魔鬼撒旦打赌。那么诗体的部分呢，主要是描写人间的世界。一开始《约伯记》就有两个世界，一个是此岸，一个是彼岸，这是希伯来人思考的特点。我还要提醒大家注意一点，《约伯记》非常复杂。因为它既有散文又有诗歌，所以大家会怀疑它有两个作者。那么大家还会注意到人间对话，他的三个朋友的对话都是有来有往的；但是，最后一个朋友以利户，只有他一个人说话，没有约伯的对话，所以大家会认为它是后面编者加插进来的。所以，也有学者认为《约伯记》至少有两个、三个或多个作者，他不是一个人写的很连贯的书，而是在后世有人不断添加进去内容才最后完成的，应该这样去分析它的多层次性。当然，《约伯记》主要有这些人物：约伯、约伯的妻子、上帝、撒旦、约伯的四个朋友，它由对话体构成，因此，为了讲述方便，我们把它简化为一部戏剧。

这个戏剧的第一幕，发生在天上，就是上帝和魔鬼的对话。他介绍约伯，一开始就肯定他是一个好人，然后他很能生，违背了计划生育政策，只允许生两个，他却生了十个。而且他不仅人多，他的动物也多，他是个富人。上帝非常赞赏约伯，说地上再没有人比他更加正直、更加敬畏神的人。但是撒旦认为上帝说错了，他之所以正直敬畏神是因为你给了他好处，如果你把你的赐福收回来，他绝对不会相信你。你们想作者很大胆，把上帝描写成一个赌徒，拿约伯当赌注来打赌。我们看看到底是上帝赢还是撒旦赢呢？那么，撒旦把约伯的十个子女全弄死了，目的是看约伯的反应。约伯的反应是义人的反应，他说："赏赐的是耶和华，收回的也是耶和华；耶和华的名是应当称颂的。"这个时候，大家可以看到第一个回合是上帝赢了，约伯没有说上帝的坏话，也没有动摇信仰。

　　第二个回合，上帝再次强调约伯是一个义人，是一个好人、正直的人。这时候耶和华对魔鬼撒旦说："你虽然极度地攻击他，无故地毁灭他，但是他仍然持守他的纯正"，所以你输了。撒旦不认输，撒旦说："你伤了他的财产，伤了他的子女，但是一个人最爱的不是他的财产也不是他的子女，一个人最爱的是他自己。如果你伤他的身体，伤他的骨头，把他的身体伤到最大限度，你看他还会信仰你吗？"上帝就说，"你去试一下吧，但不要要他的命。"魔鬼就让约伯从脚掌到头顶都长满毒疮，那你想想约伯是啥样子，大家想象一下，一个仙人掌，或者就是菠萝，咱们吃的菠萝浑身都是疙瘩。最糟的是，这个疙瘩一抠就疼就痒，一痒就淌脓，脓水淌的不行，然后他就要拿瓦刮身体，大家想想这个形象，肯定没气质是吧？现在都讲气质嘛。我们看看约伯的老婆是怎么反应的。这个时候约伯的妻子说："这个时候你还信你的上帝吗？你还持守你的纯正吗？你弃掉神，你干脆死去吧。"我提醒在座的男同学找对象千万不要找这种，在你伤口上撒盐。另外一方面，我们又觉得约伯妻子的行为似乎也有可理解的地方，因为一摸是仙人掌，这情何以堪呀！所以约伯妻子的反应很有意思。我们看约伯怎么说？约伯还是那句话："我们从神手里面得到福气，难道不是也应该从神手里面遭受灾祸吗？"在散文里的约伯是完全正直，完全忠实于上帝的。

有的学者认为散文作者和诗歌作者是不同的人，在诗歌中的约伯与散文中的约伯形象就不同了。散文里以什么结束呢？以他的三个朋友来看他。一看认不出约伯，不是说他没头发，而是整个面貌都变了，大家都知道约伯这个时候特别痛苦，子女也死完了，老婆也不理他了，就剩他一个人，也没有财产，他非常痛苦，坐了七天七夜不说话。想要安慰人却安慰不了的话，就不说话，陪着他就行，啥话也别说。因为语言是没有力量的。但是，他的三个朋友忍不住。下面我们就进入诗歌部分了，也就是从天上的一幕移到了地上人间。这时候，三个朋友就与约伯对话，约伯就和他的朋友辩论，等于舌战群儒。诗歌中的约伯是反抗的、激进的，不同于散文中的约伯。辩论的根本问题是：约伯为啥招来如此飞来横祸？遭到这个灾祸苦难，是他罪有应得，报应，还是有别的原因？约伯和朋友之间的对话很长，非常长，我就不能仔细讲了，给大家提炼出如下的三段论。约伯的大前提是上帝是公正的，上帝惩恶扬善。小前提是我约伯是善人、好人、义人，所以结论是我约伯就应该得到善报，不应该得到恶报，这就是约伯的逻辑。约伯朋友的基本逻辑和他一样，因为他们是同一时代的人，他们共同承认上帝是惩恶扬善。但是现在的事实是你约伯遭到了灾难，所以结论是你约伯肯定是因为作恶了才遭到惩罚性的灾难。你看，他们双方得出的结论是多么不一样！但是，大家有一个共同的大前提：上帝是公正的，上帝是赏善罚恶的，也就是善有善报恶有恶报。那么，现在你约伯遭灾了，说明你有恶报，说明你作恶了，这是约伯朋友的推断。因为，约伯的朋友坚信上帝是绝对不可能错的，人能错，但上帝不会错。只能是你约伯错了，不可能是上帝错了。在这种巨大的苦难面前，在人生遭际的极度痛苦面前，诗歌中的约伯开始怀疑那个大家公认的大前提：上帝真的是公正的吗？上帝真的是赏善罚恶的吗？如果是，为何我看见的是恶人亨通高寿，义人却无辜遭灾受苦短命？刚才韩院长说得非常好，屈原提了一百多个问题，约伯后面也提了几十个问题。他们正常的世界观在巨大的灾难面前已经完全发生变化了，再不是一个安全有序的世界，而是无序、危险、陌生甚至荒谬，让人无法把握住任何确定性甚至没有了任何意义与目的的世界。

这样的世界让人痛苦、困惑、怀疑！所以，屈原和约伯才会连续不断地发问。约伯的这几个朋友尝试用常识的善恶因果报应论安慰约伯并与之辩论的时候，约伯说他们是没用的医生，因为他们没有亲历约伯的苦难，他们也不能对症下药。所以约伯把怒气转向挑战和质疑上帝，因为约伯非常痛苦。他对上帝说：把我的烦恼称一称，把我的灾难灾害放到天平里面，现在比海沙都重。你把我肉身弄成仙人掌不说，还不出来与我对话解释原因，难道我这身体是铁和铜做的吗？咋不弄到你身上？他非常生气，也非常痛苦，那个很疼的，大家知道为啥有人要安乐死呢？就是超出了肉身承受能力，所以约伯就说：你不如当初别生我，别让我出生，就不会陷入这种生不如死的境地。由这种生不如死的境地，约伯开始怀疑上帝的公正，他会不会善恶不分呢？然后他看到一些现象，他认为上帝可能是是非不分，善恶不明。

约伯质疑上帝："世界交在恶人手中，蒙蔽审判官的脸。"你自己造的人，你又欺压，又藐视，你认为这样美吗？这恶人得势，你认为美吗？然后他又感叹"生命如花"，飞去如影，太短暂了，你却给我这么大的痛苦。然后他又举出例子：恶人作恶，却没有得到恶报，反而高寿富裕，享着大寿命，一些恶人过得非常滋润，不仅弹琴唱歌，还很长寿。我举两个例子，一个是冈村宁次，日本人，华北侵华日军派遣军总司令，"三光"政策的制定者，活到90多岁了。我再举一个明代非常有名的忠臣袁崇焕，如果有他，清军可能进不了山海关，被朝廷冤枉的时候，他的部将要率领十万铁骑兵把他救出来，他坚决制止。临死的时候他写了一首诗，非常感人，已经知道他要被凌刀碎剐了。他说："死后犹留猛将在，忠魂依然守辽东。"这是多么好的一个人！网上夸张地说他被剐了三千多刀而惨死。所以约伯就问：世间有好多恶人没有得到恶报，善人没有善终，那么上帝干什么去了？把我如此公义的人搞成这样，上帝失职了！然后呢，经文中有一个解释，说上帝现在不报，可能以后会报。约伯列举了一些恶人强抢寡妇、孤儿的例子，他要求上帝今世就报应，而且不要报在恶人的子女身上，就报在恶人本人身上，这是约伯对上帝公正性的要求和挑战。一方面他希望这辈子辩不明的冤屈下辈子见到上帝辩冤，另一方面他又怀疑，有无来世的存在？他说人死了还能再活吗？他的痛苦矛盾心理在其中刻画得非常细致。那么我就简练讲，这三个友人都无法安慰约伯，因为他们没有痛苦的经历，只有有阅历的人才能安慰有阅历的人，没有阅历的人怎么去安慰？他们都没办法举出能使约伯信服的理由。这时候第四个人非常生气地出场了，这个人叫以利户，他说约伯受这么多苦，遭这么多罪，是因为上帝要考验他，要试炼他，要训诫他，要教育他，就是要将苦难当做一个学校。类似的，中国经典中接近的说法是《孟子·告子下》："故天将降大任于是人也，必先苦其心志，劳其筋骨，饿其体肤，空乏其身，行拂乱其所为，所以动心忍性，增益其所不能……"司马迁也指出："盖西伯拘而演《周易》；仲尼厄而作《春秋》；屈原放逐，乃赋《离骚》；左丘失明，厥有《国语》；孙子膑脚，《兵法》修列；不韦迁蜀，世传《吕览》；韩非囚秦，《说难》《孤愤》。《诗》三百篇，大氐贤圣发愤之所为作也……"（《报任安书》）。所以这些人都是经过了大难，才成为了大才。自古雄才多磨难，从来纨绔无伟男，所以苦难是一种锻炼，它能让你的本领增强，如此才能担当大任，这相当于以利户的观点。但是约伯仍然不愿意接受，约伯说把我弄得这么苦，我的气味我的妻子都厌恶，我的小孩、密友都对我翻脸了，就只剩下我一个人了，所以约伯最后说："他必杀我，我虽无罪，然而我在他面前还要辩明所有"，就是说我宁肯死，但我也要跟上帝辩清楚，到底是怎么回事？为什么要我受这么多苦？他将上帝放在被告席上：你必须出来答辩，你必须告诉我为何义人要遭受这么多的罪？而那些十恶不赦的恶人为什么活那么长，而且子女成群，牛羊成群，还唱歌跳舞？他一定要上帝来回答这个问题，让上帝来回答苦难的问题，为什么人间有这么多苦难？约伯绝不认错，他说我至死都不认为我自己不正，我坚持我的义，我不放松，你必须要来回答我。

那么，《约伯记》的主题就是说如果上帝是公正的，为什么世间存在好人短命，坏人长寿的现象？为什么义人无辜受苦，奸人得势当道？如果上帝是公正的，善有善报恶有恶报，世间不应该这样，这就是约伯的核心问题。约伯的这个问题，至今还困扰着犹太人，因为希特勒屠杀犹太人，犹太人认为自己是上帝的选民，既然有一个公正仁爱的上帝，他为什么看着我们受这么大的灾难而不管？从神的角度来讲问题就是人能不能经得起试炼，经得起考验？通过文本中撒旦的提问表达了出来：你把所有给人的好处都去掉，他还会不会信神？从人的角度提出的问题则是：上帝对人是公正的吗？在此我还想提司马迁，司马迁应该非常了解约伯，因为我觉得司马迁发出了中国式的约伯问。司马迁指出：有人说天道是没有偏私的，总是经常帮助好人，像伯夷、叔齐应该说是好人呢，还是不该说是好人呢？他们如此地积累仁德，保持高洁的品行，却最终饿死！再说，孔子七十二名得意的学生里，只有颜渊被推重为好学，然而颜渊总是穷困潦倒，连粗劣的食物都吃不饱，终于过早地死去了。天道对好人的报偿又是怎样的呢？盗跖成天杀无辜的人，烤人的心肝当肉吃，凶残放纵，聚集党徒几千人在天下横行，竟然长寿而终。这是遵循的什么道德呢？这是极大而又显著的事啊。至于说到近代，那些不走正路、专门违法犯禁的人，却能终生安逸享乐，过着富裕优厚的生活，世世代代都不断绝。而有的人，选好地方才肯迈步，适宜的机会才肯说话，走路，不敢走小路，不是公正的事决不去做，像这样小心审慎而遭祸灾的人，数都数不过来。我深感困惑不解。倘若有所谓天道，那么这是不是天道呢？司马迁在《史记·伯夷列传》中的这段话非常好，他说那么多的好人，包括孔子最推崇的弟子颜回，"一箪食一瓢饮，居陋巷，回也不改其乐，人也不堪其忧"，这样的好人都早早死了，然后他又列举盗跖成天杀人，还把人的心肝当肉吃，那个时候就吃烧烤了，这样恶的人活得非常好！司马迁问的这些话，尤其是最后两行，大家看，和约伯问的几乎是一模一样，只不过他把上帝换成天道了。约伯问如果有上帝他是公正还是不公正？他如果是公正的，那为什么恶人活得那么好？如果他是仁爱公正的，为什么恶人活那么长好人却短命而死？司马迁也提出了相似的问题，司马迁为什么能提这么深刻的问题？那是付出苦难代价的。某种程度上说，他比约伯的苦难还重。大家知道司马迁受了宫刑，一个男人的根没有了，你想这是很痛苦的！我不知道司马迁有没有妻子，会作何反应？或许比约伯妻子表现得还极端，或者是离开他了？所以司马迁能在这种苦难中理解约伯的问题，提出类似约伯的疑问：天道究竟是公正的还是不公正？他会思考死亡和人生的意义，司马迁说过一句话：人固有一死，或重于泰山，或轻于鸿毛。所以大家知道每个文化都会讨论死亡，西方文化最伟大的两个人苏格拉底和耶稣，都通过他们的死来昭示生存的意义。日本武士道一定程度上也反映日本的文化传统与文化性格，也讨论死亡。所以，刚才韩院长提到屈原的死非常有意义，这些不同文化传统中的死有什么不一样？哪些更是死得其所？所以大家看到，中西方都有对苦难与生命意义的追问。我们要讨论苦难，鉴定苦难的种类和性质很麻烦，有很多很多。刚才李校长也提到有佛教中的苦，苦谛。佛陀说了多么好的一段话："是你们无穷的身世里，所流的眼泪多呢，还是四大海的水多呢？"弟子回答："我等的泪，比四大海的水还多。"佛陀说："善哉善哉！"前世今生，每天都有案件发生，每天都有悲剧上演，每天都有泪水在流，我们可以看到佛菩萨的心量。以后有机会，我们可以探讨佛教的苦难观，也是一个很好的话题。但是，现在我们把话题主要集中在《约伯记》对苦难问题的探讨上。

大多数学者愿意把《约伯记》的成书日期定位在公元前 5 世纪到公元前 2 世纪。这就和屈原生活的年代非常接近了。前面说过《约伯记》苦难的背后是犹大国被巴比伦灭亡的悲剧，其实在屈原个人苦难的背后也有楚国郢都灭国的悲剧。所以这两个人放到一起做跨文化比较，我觉得非常合适。

第三幕上帝怎么去处理约伯给他提出的问题和质疑？上帝怎么回答苦难的问题？这里面有两个不同的回答，一个是诗歌里面的回答，一个是散文里面的回答。散文里面的回答很平庸，但诗歌里面的回答很有意思。诗歌里面的回答在某种程度上又似乎是没有答案。那么，诗歌里面的回答是怎么样的？因为时间关系，先讲具体的经文，神学最后再讨论。诗歌中的回答有两个回合的回答，当然也有人认为：第二个回合的回答是因为对第一个回合的回答不满意所进行的补充回答。第一个回合的回答是耶和华回答约伯："是谁用无知的言语让我的旨意暧昧不明，你要如勇士束腰，我问你，你可以指示我……"为什么说如勇士束腰呢？上帝是一种超越人的存在，是一种无限，和我们不一样，他突然出现，担心约伯会害怕得腰带吓断，露出来不该露的东西，所以，事先做好准备，别出现"叶公好龙"的情况。所以，你约伯一定要听我回答就先把裤腰带扎紧，上帝是很幽默的。我们看他们之间是怎么问答的。上帝当时提了好多好多人类当时无法理解的奥秘，就像刚才韩院长所说类似天问的问题，韩院长在很早时期就做了一篇屈原与约伯相比较的文章，我很受启发。上帝举出了好多好多问题，约伯都没法回答，他问万物是怎么构造的？天地是怎么来的？谁定的天地的尺度与函数？宇宙的开始在哪里？宇宙的结束在哪里？就是今天的科学也没有办法完全回答。上帝提这些问题来问约伯，约伯在第一个回合中回答："我是卑贱的！我用什么来回答你呢？只好用手捂口。我说了一次，再不回答；说了两次，就不再说。"约伯的这个回答是含糊的，它有两种可能：一种就是说，我是个小虫子，你太厉害了，我服了；这可能是约伯认为自己错了，约伯自我认错。另外一种可能是约伯绝不认错，约伯的意思可能是你权力大，你拳头大，我能说啥呢？我不再说了，我用沉默来表示我的抗议，拒绝你。所以，第一个回合的问答并不能使我们知道答案。在这个回合中，上帝提了很多理性的问题给约伯，但这个生命的奥秘，不仅仅是理性，至少不全是理性能够回答的。

第二个回合的问答是《约伯记》中争论最多的段落。第二个回合的回答特别难，在第二个回合的问答中，上帝增加了鳄鱼和河马，鳄鱼象征一种力大的怪兽，代表邪恶。但是上帝把鳄鱼和河马描述得生机勃勃，他让你知道这个东西是怎么造出来的，造它的目的在哪，你知道吗？约伯不知道，你不要以为我仅仅关心人，我关心的东西多了。所以呢，答案是什么？大家都将目光集中在《约伯记》四十二章第五节和六节上面，第五节说："我从前风闻有你，现在亲眼看见你"，约伯一直要求上帝出来，现在人家出来了，肯定与日常经验不一样啊。那么接下来的回答呢，"因此我厌恶自己（'自己'或作'我的言语'），在尘土和炉灰中懊悔"。对上述《约伯记》四十二章第五节和六节的回答，同意正统教义的学者认为，约伯认错了，这句话的意思约伯是说：上帝是对的，我错了。但是，实际上这句话的希伯来原文含有多义性与歧义性，原话是含义不清楚的。圣经学者对这句话的理解也是有很大分歧的。我们比较两个《圣经》中文翻译的版本，一个是和合本的《圣经》，还有一个是吕振中译本，对同一句话的翻译意思是不一样的。

42：6 因此我厌恶自己（自己或作我的言语），在尘土和炉灰中懊悔。（和合本）

42：6 因此我溶化为无有了（或译：取消我所说所行的）；我在尘土和炉灰中懊悔着。（吕振中译本）

注意：在上边句子中前一个动词被翻译为"厌恶""溶化""取消"等多义；实质在希伯来文中后面那个动词"懊悔"，也是有不同含义的，翻译成"懊悔"并不一定准确。那么我们就要看看希伯来原文，42：6 短短两句诗，2 个动词词义难解，并且两次缺乏宾语。大家看，两个动词的词义，一个难解，一个后面的宾语不清楚，我撤销、怜悯；撤销什么，怜悯什么？没有。接下来是一个，在尘土和炉灰中，谁在尘土和炉灰中？也不清楚。这是一个诗，一个很简短的诗。那么大家在理解诠释这段费解的经文中，实质上至少有三种不同的观点：一种是约伯接受上帝说，我承认我错了，叫正方的观点。也就是说，我厌恶自己，我取消我所说的，我后悔我说的对你大不敬的话。那么反方的观点不一样，我拒绝接受上帝的回答，我在尘土中安慰我自己，因为你不安慰我，我自己安慰自己。也有可能理解为：因为我给你讲不通道理，你势大压人我取消对你的控诉，然后我在尘土中怜悯人类是多么的渺小、微不足道！第三种可能性，就和屈原的命运比较接近了，因此我厌恶自己，这里面就可能包含了轻生的念头，既然我在你那里得不到回答和公正，我想自杀，我厌恶了自己；我很悲伤，我想死。大家知道这段经文，在圣经学术界是没有定论的。有人说约伯认错了，有人说约伯坚决不认错。还有第三方的意见是什么呢？经文本身具有含糊性，是因为诗歌作者有意保护这种含糊性，因为在当时的时代，由于各种压力，有些话是不方便说出来的。所以就有上述三种可能，这就是诗歌给我们提供的答案。上述三种见解在圣经学者的争论中都存在，所以这个诗歌里面也是没有固定答案的，看你的人生经历愿意选择这三种的哪一种。有一种叫生命读经的读法，如果你遇见这种事，你会选择这三种中的哪一种？或者你会相信这三种的哪一种最有可能发生？好，那么我个人的回答是什么？或者我猜测的答案是什么？就是在濒临死亡的苦难中，上帝提了那么多理性的问题，约伯都回答不了，说明了理性知识对人生是有用的，但是理性知识并不能解答人生的绝境。在人生的绝境中，更多的不是讨论是我对还是他对，更多的是要求得安慰、陪伴、爱护，才能度过危机期。所以呢，这个关键时刻，上帝的陪伴出现了，这很重要。上帝的陪伴出现了，这对约伯是个特殊的经历，他出现了，这对约伯造成了一种震撼，这引起了约伯的改变。我想起我岳父去世前，我们没办法用语言安慰他，他肚子肿得跟个西瓜一样，才50多岁，他一直很痛，痛得在床上翻来覆去，最后呢，他新疆的姐姐来了，在他的背上摸了几下，他就像婴儿、小孩一样，特别舒服，特别想睡，眼光非常亮，看了我们一眼，然后光泽就消失了。所以，这就是说他不是用理性，而是他看着亲人来了，摸了他一下，他就很舒服，他走得时候很舒服、很安心，但之前一直处于痛苦状态。所以，上帝出现造成的不是一个知识高峰，而是对生命经验和情感的震撼。如果按照这个思路去诠释经文，那么，诗歌中的回答是与宗教经验相关的。我不是宗教信仰者，只是想从宗教学的角度探讨一下经文所蕴含的复杂含义。

那么，我们看看散文中的回答，散文中的答案是很确定的。散文中上帝说：你们这些朋友都说错了，约伯说得对。为啥约伯说得对？因为约伯不像你们溜须拍马，约伯在我面前敢说真话，别人都不敢说真话，约伯敢跟我说真话，敢于探索真理，所以说约伯是对的。然后上帝就说，我赐给约伯的更多，赐给比以前更多的一万四千羊，六千骆驼，一千对牛，一千母驴，七个儿子，三个女儿。也就是说，财产加倍还给他了，十个子女也还给他了，而且年龄还活到一百四十六。

你说冈村宁次活九十，你嫌不公正，然后你活一百四，你觉得公正了吧？然后约伯满足而死。那么我们怎么看这待两个回答？一个诗歌中的回答，一个散文中的回答；诗歌中的约伯是反抗的，散文中的约伯是虔敬的；诗歌中上帝的名字，大量的是用耶和华，散文中大量是艾洛赫。诗歌中答案含糊不确定，是开放的；散文中的答案呢，最后又回到传统的善恶报应观。也就是说，没有善恶报应不行，人间必须有善恶报应，没有善恶报应的话连约伯都可能经不住试探，受不住考验。所以善有善报恶有恶报，对凡人来说是必要的；如果没有的话，谁还愿意当好人？散文中的答案就是这样的。但是散文中的这个答案，有一个麻烦在那里，就是说，证明上帝跟撒旦打赌，撒旦赢了。因为人经不起试炼，你对他好他才信你，你把他弄那么苦了，他就不信你了，你把好处给他了他又信你了，所以人是功利的，散文的结局没办法驳斥撒旦的判断。所以，《约伯记》引起过那么多人的思考，因为它的结局是多样化的，开放给大家思考。

那么，如果讲到这里，就把旧约《约伯记》讲完了，但《约伯记》中提出的苦难及其超越的问题远远没有得到回答。如果大家还想听答案的话，那就原谅我再啰嗦十分钟。另一种回答，《旧约》中另一种回答就来自《以赛亚书》。《约伯记》是来自智慧传统，另有一个传统是先知传统，也叫启示传统，在《以赛亚书》中。体现在《以赛亚书》五十三章至五十四章"受苦仆人"的诗篇中，它描述了一个好人受难，这个好人是完全无辜的。他跟恶人一块被处死，但他死的意义是替别人顶罪的，替别人受过。有一本很有名的书《人的宗教》，在世界上是畅销书，它认为犹太人的文化传统，最深刻的东西是什么？就是代人受难的意义，一个人到了自愿承担别人痛苦，牺牲生命来替别人减免痛苦，他认为这是他活着的意义。那么大家知道了，这种精神到《新约》阶段就发展成为耶稣的牺牲精神。我这里尝试把耶稣和约伯的相同点和不同点进行比较，耶稣和约伯一样是受到魔鬼的试探，耶稣和约伯一样都是无辜受苦，作为人性的耶稣和约伯一样，事先都不知道受苦的原因，这是他们的共同点。那么他们不同点在哪里呢？约伯是抱怨、探索自己受苦的原因；但是耶稣是用行动，他不问原因，他用行动去主动承担他人的痛苦和罪恶。那么我们的结论是什么？约伯的义人受苦与耶稣的义人受难有相似性，但是《新约》中对苦难的理解超越了《约伯记》中的德福一致的功利主义道德观，也就是做好人即便不一定有好报，也要做好人，甚至牺牲自己去拯救别人。耶稣和约伯都受了试探，都是无辜受苦，他们都不知道受苦的原因。你们看这段话特别重要，就是耶稣临受难之前他喊道："以利，以利！拉马撒巴各大尼？"就是说："我的神，我的神！为什么要离弃我？"（《马太福音》27：46）。

"我的神，我的神！为什么要离弃我？"他不知道原因，作为人性的这面他不知道原因，他和约伯的苦难一样，但是他对待苦难的方式和态度与约伯不一样。约伯是在为自己的苦难叫屈，这在个人层面上似乎是利己的；耶稣则主动为他人承担苦难，从个人层面上叫利他。约伯为自己叫屈，要求善有善报恶有恶报，要求以眼还眼以牙还牙，侧重诉诸以命运的公正来校正苦难；那么，耶稣从灵性层面上要求为他人承担苦难，就是要强调饶恕宽恕你的敌人，放弃报复与暴力的行为，是用博爱的心灵力量去战胜和超越苦难。那么约伯的这种伦理观给我们的启发是，必须善有善报恶有恶报，一般的人才能够持守伦理道德。但是耶稣这种完全不顾自己安危为别人承担苦难的伦理观，在《圣经》的传统观念中，只有神才可以做到，或者是分享了神性的人才有可能性。那么得出结论就是苦难在犹太教和基督教传统都是有意义的，约伯的个人受苦激发了个人追求公平公正的意识，耶稣主动承担他人的苦难，则激发了克服暴力和罪恶的和平与博爱意识。在基督教文化传统中，罪恶和苦难是人的生命面对的核心主题，博爱和公正则是克服苦难、化解苦难的良方，是通往拯救和救赎的路径。

最后，1983年日本学者就研究过屈原，他们认为约伯和屈原很接近，他们甚至怀疑屈原这个人真的存在过。屈原可能和约伯一样，是故事中的人物，而不是真人。但后来我国一些学者都写文章批评，坚持屈原是真人。当然，也有新加坡的学者钟志邦，比较约伯的"上帝问"与屈原的"天问"。韩院长1996年发表《从〈楚辞·天问〉与〈圣经·约伯记〉的比较中所想到的》一文也早已触及这个问题了，韩院长用"遭难——不解——求解"来概括二者的共同心路历程。约伯和屈原的共同点都在于遭受了命运的不公，但他们都坚决不认错，他们认为错的不是自己，而是这个颠倒的世界或者上帝。所以，《约伯记》在《圣经》中是一部对世界充满了强烈的怀疑精神和质疑精神的书卷，《天问》也是一样。但是他们质疑和反抗的结局是不一样的，在《约伯记》的结局中，约伯最后的结局是幸福的，因为他相信上帝的善恶报应，他活了146岁。屈原的结局是什么呢？是投江，投江自沉。很多人不赞成自杀，但屈原自杀大家却很赞同或欣赏。谁能回答这个问题？因为苏格拉底不是自杀，耶稣也不是自杀，都是被人放上审判台的；屈原是自杀，一般人自杀，大家肯定会批评他，为什么屈原自杀就崇高了？"文化大革命"时期有很多知识分子自杀，屈原的自杀是否含有文化原型的因素？我们需要深刻剖析屈原的性格和他自杀的原因，这是我们现代中国文化要反省的问题，因为已经有人发出疑问和挑战了。我们去研究希伯来文化，或者说研究圣经文化，不是说我相信它或者宣传教义，都没有，我是一个学者，经常用学术方法研究它，为什么要研究它？把它研究清楚是为了更好地认清我们自己的文化性格。这样一部有影响的书，你能忽视忽略它吗？犹太民族中曾经产生了爱因斯坦、马克思、弗洛伊德等大思想家、大科学家，我们应该对它的传统保持无知吗？陕西师范大学博士生导师尤西林先生2012年在美国参加一个基督教和中国文化对话的学术会议上，他提出了一个非常敏感的问题，在题为《绝望与盼望——屈原与弥赛亚主义》的学术发言中，通过对屈原自杀这一历史现象的分析，尤西林指出虽然屈原自杀所体现的中国精神信仰危机此后由儒家的入世德行与道家的避世的互补结构缓解平衡，但世俗性的德行人文主义在中国精神史上不断发生危机，乃至当代中国社会转型时期，这一伦理信仰危机依然重现。而产生在古代近东的弥赛亚主义，将对现世的绝望转变为对来世的盼望。尤西林先生认为，这一绝望与盼望的比较，是21世纪发展中国传统文化时必要的一个反省性前提。尤西林先生的这个问题不仅是提给韩院长的，也是提给我的、提给在座的所有关心中国文化传统的各位的。尤西林先生的问题是：

屈原自杀体现了中国精神信仰的危机，仅有儒家入世的德性，实质上是不行的；它和道家的避世结合起来才能避免自杀。他说的另一层意思是，约伯因为信仰上帝，将绝望转化为了盼望，所以使他有了更强的忍耐性，因为他相信天国有他的位置，他不自杀。但是屈原却自杀了，他认为这是西方文化向中国文化提出的挑战和疑问，要求我们各位都来参与回答。最后，我想用韩院长引用的同样一首诗结束演讲，"卑鄙是卑鄙者的通行证，高尚是高尚者的墓志铭"，那么别忘了后面的诗句，我不相信没有末世审判！因为在天空中飘满死者弯曲的倒影，所以，我相信有公平正义，我相信有末世审判，有五千年的象形文字，像星星的眼睛一样注视着我们这个古老而伟大的民族。好，谢谢大家！

李朝东：好，我们非常感谢宗强博士给我们分享的《约伯记》关于个体苦难的意义问题，其实关于这个问题我还跟他有不同的考虑，由于时间关系就不一一讨论了。我在这里给大家推荐两本书，《俄罗斯思想》和《在约伯的天平上》。约伯遭受那么多苦难以后，满身长满了毒疮，他就坐在壁炉前面刮着自己的毒疮，对上帝发出了质疑。他说，我是一个义人，从来不做坏事，为什么会有那么多的苦难降临到我的身上？把这些苦难加起来放在天平上称一称，比大海里的泥沙还要沉重。所以《在约伯的天平上》这本书里的天平是用来称苦难的。还有比尔加耶夫写的《俄罗斯思想》，这本书一开头就说俄罗斯民族是一个有阴郁气质的民族，他们一直寻找上帝，可是他们都是殉道者。一批一批的人在走向寻找上帝的道路上遇到了一个铁门，然后他们就开始用头来撞这个铁门。倒下一批，后面的人就接着撞。为了寻找信仰，一批又一批的人用头撞破了墙然后倒在地上。在寻找信仰的道路上多么的艰难！那么，韩院长讲的屈原是个人和家国之间的紧张关系，《约伯记》里讲的是个人的信仰和上帝之间的问题。就好像我们男女生在恋爱的时候，爱情需要接受考验一样，《约伯记》的信仰也需要接受考验。接下来请海斌博士给我们演讲《俄狄浦斯》，一个非常优美的古希腊神话。

朱海斌：我来讲《俄狄浦斯》。可能在座的很多人都听过这个故事，但很可能只是听说有一个叫俄狄浦斯的国王杀父娶母的故事，而没有看过这出悲剧。如果我们看这部悲剧的话，从刚开始的进场歌到最后的结束，一共有十幕。第一幕讲在古希腊的城邦忒拜爆发了一场瘟疫，大量的牛羊死去，孕妇也没有办法生小孩，这时候臣民们来到了王宫中，希望他们曾经的救星——俄狄浦斯王——能救他们，不论他是运用自己的智慧也好，还是运用其他什么办法也好，总之老百姓相信俄狄浦斯是能够救他们的。

如果这个故事要讲的话，还是比较复杂的，我们看戏剧的话，就会知道它是倒叙的方法。但这种方法的问题就是有很多之前的东西没有一下子交代出来，所以我还是换一种方式讲，悲剧我们自己去看就行。

我们就从俄狄浦斯的身世来讲吧。俄狄浦斯的父亲拉伊俄斯在年轻的时候做了一件错事，因此神就降下一个神谕给他。神谕说，他和他妻子最终会被他和妻子所生的儿子杀死。听到这个神谕以后，拉伊俄斯非常恐惧，但后来他还是和伊俄卡斯特生下了一个小孩。出于对神谕的恐惧，于是他命他的仆人，一个牧羊人，用钉子把这个小孩的双脚钉住，把他扔到荒郊野外，让他自己自生自灭。他以为这样就可以摆脱被自己的亲生儿子所杀的命运。但是这个牧羊人动了恻隐之心，他没有杀死这个婴儿，而是把他交给了邻国和他一起放羊的另一个牧羊人。然后这个邻国的牧羊人并没有自己收养他，而是又把这个小孩交给了柯林特斯的国王。因为这个国王和王后一直膝下无子，所以就收养了他，给他取名俄狄浦斯。因为这个小孩小时候被钉子刺破双脚，有点脚肿，俄狄浦斯的意思就是脚肿。

俄狄浦斯在柯林特斯王宫中长大。有一次他和别人在酒宴上发生了冲突。有人说你是国王冒名的儿子，并不是他的亲儿子。俄狄浦斯听了大为诧异。于是他回家问他的父母：这个人他为什么这样讲我？但他的父母，也就是国王夫妇，只是斥责了那个人，却没有解释其他事情。俄狄浦斯对此产生怀疑，于是他偷偷地又来到了德尔菲神庙，他去求神谕，求神的指示，希望神能告诉他他的命运究竟如何。但是神没有告诉他的生世，反而告诉了他另一件更可怕的事情。神谕说，你不仅会杀死你的亲生父亲，你还会玷污你的亲生母亲。俄狄浦斯听到这样一个神谕之后无法接受，他必须要做的就是避免这种命运，而避免这种命运的唯一方式，就是离开柯林特斯。在他看来，离开这个国家后，他和他的亲生父母没有时空上的接触，应该就没有杀害他们的可能性。

俄狄浦斯开始了漂泊流浪。有一次他来到了一个三岔路口，在这个三岔路口迎面来了一辆马车，马车上坐着五个人，其中为首的这个人他看起来忧心忡忡，似乎有什么重要的事情去办。他让俄狄浦斯让路，俄狄浦斯年轻气盛不肯退让，结果双方发生了冲突。最后，俄狄浦斯几乎把对方全部打死了，只有一个后来逃回去了。之后他就继续前行，后来就来到了忒拜城前面的一个关隘口。在这个关隘口有个怪兽，叫斯芬克斯，就是埃及的那个狮身人面像的原型。它守在这个隘口，不让任何人经过。如果要经过，必须要回答出它的谜语："什么东西有时候四条腿，有时候两条腿，有时候三条腿，而他腿最多的时候也是他最脆弱的时候？"之前所有人都回答不了，就被斯芬克斯吃掉了，但俄狄浦斯太聪明了，他竟然回答出来了："那就是人呀。"当然我也能回答，但这是因为我小时候看图书馆里的书时看到过这个故事，不是我猜出来的。

然后俄狄浦斯就来到了忒拜。忒拜刚发生了两件事情。第一件事情是，忒拜突然出现了瘟疫，他们的国王带着人去德尔菲神庙求神谕，看哪里出现了问题，但是一去不复返。另外一件事情是，突然出现了一个怪兽斯芬克斯，它守在城邦前面，吃了无数人。这时候，一方面群龙无首，另一方面，又来了个如此智慧的大英雄。于是最后，俄狄浦斯就做了忒拜的国王。而按照当时的习俗，俄狄浦斯不仅当上了国王，还娶了之前国王的老婆为妻，讲到这里大家应该都知道了，他已经完成了杀父娶母的行为：他在第一个三岔路口杀死的，就是他的亲生父亲拉伊俄斯，他娶的伊俄卡斯特，就是他的亲生母亲。

俄狄浦斯做了国王后，又过了十六七年，他和他的亲生母亲又生了两儿两女。可突然城邦中又爆发了瘟疫。如果我们去看悲剧的话，就是俄狄浦斯坐在皇宫中，有人来报，说城邦中突发瘟疫，大量的牛羊死去，孕妇也生不了小孩，这时候臣民们来到了王宫中，希望俄狄浦斯王能救他们。

为了搞清楚这突如其来的状况发生的原因在哪里，俄狄浦斯派他现在的内兄柯瑞翁，去神庙里求神谕，去问为什么会发生瘟疫。在柯瑞翁还没有回来时，他们先请了一个先知，问这个先知到底出了什么事情。先知刚开始不肯说，后来由于俄狄浦斯一再的逼问，他才说了出来。他说，这是因为城邦中有人犯了罪，因为这个罪才发生了这些事情。后来柯瑞翁也回来了，而通过先知和后来柯瑞翁的说法，得出结论说，造成这个局面的原因，是俄狄浦斯犯了罪。

然后就慢慢开始了一个回溯的过程，回忆这件事到底是怎么发生的，一个一个传唤证人，最后把两个牧人都叫了上来。这些讲起来有点麻烦，我也就不讲了。当然最后，俄狄浦斯知道了一切，真相大白，然后他的亲生母亲上吊自杀，俄狄浦斯冲进了她的房间，用袍子上的两枚别针刺瞎了自己的眼睛，离开了王位。他让柯瑞翁做了国王，他自己想离开忒拜，想回到他曾经被抛弃的喀泰戎山上去。

这是俄狄浦斯的故事。这个故事讲得不好，因为一方面我觉得大家都知道，另一方面又觉得不讲的话有些人又不知道，所以在这种尴尬中讲得很不好。当然，如果大家都不知道的话我会讲得好一点。

听完故事后问题来了。第一个问题：俄狄浦斯是咎由自取的吗？这个故事我们已经了解了，但对于这个故事怎么看？有一些很流行的看法，比如说有些人认为，俄狄浦斯之所以最终会杀父娶母，是出于一种过失，是自己的一种过失。我们看亚里士多德，他在讲悲剧的时候，认为悲剧中的人物往往有着一种过失。在很长一段时间里面，亚里士多德是毫无过失的，包括在今天很多人也认为他也是没有过失的，那么我们也就会相信亚里士多德的"过失说"。按照过失说，悲剧人物的悲剧命运往往是由悲剧人物的性格缺陷所造成的，或者说他犯的过失，由此我们往往会相信悲剧里的人物通常是一种性格上的不足而造成了某种悲剧，而在这种所谓的过失说下，我们就会拿着这个放大镜在悲剧里边寻找这些所谓的过失。比如有一些著名的评论家认为，舞台上俄狄浦斯的悲剧是由性格上的过失造成的：他会暴怒，当神启示他会杀父娶母时他不仅非常生气，怀疑自己的内兄勾结一干人等要谋权篡位，甚至怀疑神明。特别是他不敬神，有一种自大狂妄，正是这种狂妄导致了他的悲剧的命运。

持有这种看法的人很多，比如说荷尔德林，他也写过俄狄浦斯。在他看来，正是这种狂妄导致了俄狄浦斯的悲剧命运。但是这种解释的问题在于，俄狄浦斯最大的过错是杀父娶母，但是用他的性格缺陷来解释他杀父娶母的过错的话是解释不通的。首先在时间上，他先杀父娶母，然后收到神明的启示后，他才暴怒的，不能用后者来说明前者。所以如果我们现在说，俄狄浦斯是个坏人，是他自身的性格上的缺陷造成他的悲剧，那么这确实没什么可讲的，显然这样的故事不是一个伟大的悲剧。我们确实知道俄狄浦斯是有缺陷的。我们怎么看待这个人，是一个好人还是一个坏人？但问题在于，我们不能以我们的角度来评判，而要站在当时忒拜的道德评价上看，看当时是如何评价一个人的好坏的。我们应该回到悲剧之中，看悲剧中的俄狄浦斯到底是怎么样的。可以看到，在第一幕进场时，就有这样的话"最高贵的人请拯救我们的城邦，保证你的名声，为了你先前的一段名声，这地方把你当救星。"这就是说，一开始人们认为他是好人，他通过自己的智慧拯救忒拜，而且统治的十多年里都是很好的，所以从悲剧本身来看，他不是坏人。如果说他不是一个坏人，又怎么能说由于他的某种不足而带来这种悲剧人生？显然不对。我觉得有必要区分亚里士多德所说的罪恶和罪过。罪恶是什么呢？罪恶是无心之失，罪过则是有意为之。所以两者都是罪，罪恶是无心之失，但是它仍然是种过错，所以俄狄浦斯如果要说有罪，只能说是亚里士多德所说的罪恶，因为他确实不是有意去做这些事的。

但接着问题又来了，如果俄狄浦斯足够小心的话，是否还会发生这些悲剧性的事情呢？是否我们可以这样指责俄狄浦斯，既然你收到神的启示，你就应该谨小慎微，不要打架，特别是和年龄大很多的人，遇到比自己大的女子就不能和她结婚，这在我们现实的生活中似乎也是可取的。也许一个聪明的人他会这么做，甚至会列出一个清单来，逐一列出什么能做什么不能做。

　　我觉得这种要求是强人所难的，因为我们要解读文本，第一就是看这个文本本身怎么说，如果我们妄加改变可能就毁坏了故事。比如我们说梁山伯与祝英台的爱情故事，他们最后化成了两只蝴蝶，有人说蝴蝶只能活几天，为什么他们俩不变成两只王八，能够千秋万载一直在一起。但也并不是说所有的作品都不要求它们的现实合理性，比如侦探悬疑剧就一定要尽可能合理。显然完全以现实来要求作品是不合理的，毕竟不是所有的作品都是侦探悬疑剧。所以，这种要求会毁掉整个作品。

　　当然这出悲剧讲的神谕是无条件的，神告诉他，他将杀父娶母，这和埃斯库罗斯的《七雄攻忒拜》中的说法是不一样的，这里边也说到了对拉伊俄斯的惩罚，但它是一个假言命题：如果你做什么事，你就会杀死你的父亲，但是在俄狄浦斯的悲剧中，神谕是无条件的，它说你将杀死你的父亲，你将玷污你的母亲。它是不由分说的，你就会这样。

　　第二个问题，俄狄浦斯是一个毫无自由的傀儡吗？如果这出悲剧讲的不是俄狄浦斯由于自身的缺陷造成了自己的悲惨命运，那是不是说，他就是完全服从于一种命运的捆绑呢？俄狄浦斯毫无自由吗？

　　我们今天很容易产生这种看法，因为我们往往觉得这个世界要么是决定论的，要么是自由的。但是决定论和自由都可以在这出悲剧中出现。神对某些事情的预知并不意味着人类的行为都是预先决定的。神仅仅是告诉了你会怎么样，而不是说神就是导致它的原因。在这出悲剧里面，你会看到既有被动的，一些决定的东西，也有他的自由。比如说俄狄浦斯刺瞎自己的双眼，这就是自愿自取，这在希腊文中是一个主动态的用语，包括他在舞台上的所有的决定都是他自己所做的。而他的"弑父乱伦"，这是一个被动的，是被迫的，是不自由的。可以说，造成俄狄浦斯毁灭的直接原因不是命运或者诸神，没有任何神谕让他揭示真相，更不是说他个人的缺陷。导致他毁灭的是他个人的力量和勇气，是他对忒拜以及真相的忠诚，对真理的不懈追求。在这个过程中他是自由的，他完全可以不追求真理。所以很难说这是一个宿命论故事。

　　紧接着一个问题是，俄狄浦斯为什么不像屈原那样自杀？因为就算死去，也会在哈迪斯的世界中遇见自己死去的父母。俄狄浦斯之所以这样毁伤自己，是因为不论是活人还是死人他都无法面对。假如俄狄浦斯在道德上是无辜的，为什么要刺瞎自己的双眼？他在出生之前就遭到了这个诅咒。然后神谕告诉他会这样，他是无辜的，没有一个自由意志的参与。如果俄狄浦斯当时是在雅典，会不会有罪？因为当时的雅典和我们今天很像，会区分什么是谋杀，什么是误杀，什么是正当防卫。如果俄狄浦斯在雅典，那法官无法判断他谋杀。但即便是在雅典，不会判他有罪，那俄狄浦斯是否真的无罪呢？其实不是。在法律上可能不构成谋杀，但仍然有一个污点。因为这个污点它内含于行动本身，与动机无关。也就是说，只要这种行动本身是有罪的，就构成了一个污点。可能类似于现在法律讲的无过错责任。不是你故意想做的，但最后却造成了事件的结果。就是说，俄狄浦斯弑父娶母，这个行为本身就是有罪的，而不在于你是不是有意去做。即使法庭判处无罪，也无法开释自己。我们看到，在柏拉图的《法律篇》里，对杀死血亲者会有一个处罚，会杀死他，剥去衣物，在十字街头抛尸。可见对这种行为的惩罚很严重。

　　《俄狄浦斯》只是呈现一个毫无深意的戏剧的巧合么？俄狄浦斯并不是在讲一个人他做了一个坏事，如果他是一个坏人，他自己刺瞎双眼，这没什么好说的。是不是说这就是个巧合呢？他无意中恰好促成了自己的命运？如果是这样，那么俄狄浦斯这种苦难的普遍意义何在呢？我们看完这出悲剧之后，跟我们有什么关系？我们只不过认为是古希腊戏剧中出现的一个人，一个个案，它不会影响我们，不会让我们想到我们自己会弑父娶母。既然是一个人的故事，我们是否看看悲剧就好了，把它当作奇闻逸事。这出悲剧有无普遍性意义呢？如果没有普遍性意义，作为一个伟大的悲剧，它的"伟大"意义显现不出来。

　　在俄狄浦斯之后，还有一出悲剧，也是索福克罗斯的——《俄狄浦斯在柯林诺斯》。那时候俄狄浦斯已经瞎了双眼，有一个女儿赡养着他。我们可以读一下它的第一段，《俄狄浦斯王》续集里的第一段，它是这样说的：

　　安提戈涅，瞎眼老人，我的女儿啊，我们已经到了什么地
方，到了什么人的城邦？今天，谁肯给流浪中的俄狄浦斯一点施
舍呢？我只想讨一点，可我得到的却比一点还少，但是，有一点
点我也满足了。我遭受的苦难，我经历的漫长岁月，我的高贵身
世，已经使我知道满足。孩子，要是在平常的地方，或是天神的
圣林里，你看见有什么地点，可以坐一坐，就安顿我坐下来。你
打听打听我们到了什么地方，我们是异乡人，得向本地人请教，
按照人家说的办。

　　他在一开始提到的就是他的苦难，首先包含他的瞎眼，他看不见
了。他瞎了眼睛可能还有别的意思，比如说荷尔德林在后来就说，
"俄狄浦斯王可能是多了一双眼睛"。关于这句话，以前刘小枫先生
在《读书》上写了一篇文章，《这女孩儿的眼睛为我看路》。后来有
一个叫刘慧茹的人批评刘小枫，说他把最基本的意思读错了，她认为
刘小枫讲的东西既不是荷尔德林的意思，也不是海德格尔的意思，因
为海德格尔后来在他的一本书里边引用了荷尔德林的这句话，对俄狄
浦斯也做了解释。当然他们谁对谁错也很难说，可能都有问题。这里
很重要的是说"他多了一双眼睛"。我觉得荷尔德林说得很有意思，
包括后来海德格尔对俄狄浦斯的解读，它都是集中在这里。就是他虽
然瞎了眼睛但是又多了一双眼睛，这是什么意思？他到底能看见什么
呢？其实这就是我前面谈的，这出悲剧的普遍性意义。每个人都犹如
俄狄浦斯，在黑暗中摸索，既不知道自己是谁，也不知道将面对什么
不幸。所以我们都是俄狄浦斯，不知道命运是怎么样的。俄狄浦斯比
我们幸运的一点是，他知道了自己的命运将如何，他知道自己会杀父
娶母，我们不知道，说不定还会有更糟糕的命运等着我们。
　　俄狄浦斯是伟大的，不是因为他的世俗地位，世俗地位只是南柯
一梦，他的伟大就在于他内在的力量，那是一股为了追求真相而不计
较个人代价的力量，以及在真相大白后接受和承担自己所有行为责任

的力量，包括那些在客观上最恐怖而主观上最无辜的行为。所以，怎么理解俄狄浦斯瞎了眼睛又多了一双眼呢？我们如果去看海德格尔的解释，他有一本奇书，叫《形而上学导论》，在里面解释了俄狄浦斯，他多的一双眼看到了什么呢？他看到的其实就是古希腊的那些哲人们所思索的东西，就是他的存在。人到底是怎么个存在法？怎么个活法？人到底是怎么样的一个存在者？你到底是自由的还是一个命运的玩物？他瞎了眼之后实际上是多了一道眼光，这道眼光可以对这个问题进行追索。人到底是什么就表现在俄狄浦斯身上。他为了追求真，他不怕任何力量，当追求到真之后，他会接受并承担自己行为的责任。这也就是海德格尔讲的被抛和抛射的一种结合体。或者说，就像海德格尔在解释《安提戈涅》的一首诗的时候讲到，人乃是无家可归者，或者说，人是恐怖的存在者，是一个无家可归者，但是无家可归并不是说人四处漂泊，无依无靠，而是一种存在学意义上的人自己的存在方式，他就是无家可归的。他的存在只能是被抛，只能是承受，然后展开自己的抛射。

　　那么最后我想说的就是，其实在苏格拉底之前，古希腊悲剧诗人其实具有很重要的地位，他们承担了这些城邦的民众关于什么是美好生活沉思的一个来源，或者说他们提供了这种思考。后来到了苏格拉底，到了柏拉图，就出现了这种诗与哲学之争，到底谁会告诉我们真正的美好生活，好的生活应该怎么做。比如说在柏拉图这里，他完全瞧不上这些诗人，这些悲剧诗人，认为这些是毫无意义的。我们要将理智作为唯一的东西。但是实际上诗人与哲人都在思考一个共同的东西，就是怎样去过美好生活。这跟我们今天是不一样的，我们在观看一出悲剧的时候我们在做什么呢？比如我们去看个电影，听个相声，会有很多笑料在那里，看了以后是一种休闲，一种消遣。但是古希腊人他们在看悲剧的时候在做什么呢？他们在看悲剧的时候显然不是这样，不是寻求一种消遣。这跟我们今天对艺术的看法很不一样，今天很大程度上可能会认为我们就是为艺术而艺术，但是在古希腊那里，悲剧有一种强烈的对美好生活实践的关怀，或者说它是对何为美好生活的艺术的感性的表达。

就像亚里士多德后来在《诗学》中提到的，看了悲剧以后，比如我们今天虽然没有看，但听了俄狄浦斯之后也一样，你会有一定的情感被唤起来，第一种情感是怜悯，怜悯是什么呢？就是这个人遭受苦难，然后不仅仅是他遭受苦难才怜悯，而且也会认为他不应该遭受这种苦难，然后你才会怜悯。如果他是个恶人，他做了什么伤天害理的事，然后又遭受到了很多的惩罚，又有什么好怜悯的呢？所有怜悯必然是说他不应该遭受这种苦难。然后我们为什么会怜悯他呢？你会认为我跟他是一个同类，我之所以怜悯俄狄浦斯是因为我也可能会成为俄狄浦斯，因为命运是一个不由分说的东西，他不是说我们非要找出一个理由来，比如神义论，就像赫拉克利特讲的那样，神的世界我们无法去猜度。

第二个就是恐惧。你会对他犯下的错误和在他身上遭受的苦难感到恐惧，为什么会恐惧？因为是没办法摆脱的，就像今天讲的有什么办法摆脱俄狄浦斯的命运，写一个目录清单，什么事不该做，什么事可以做，但是恐惧就是说这件事本身无法抗拒，没有什么方法能挽救它，避免它。

最后就是我们熟悉的卡塔西斯。只要我们看过诗学都知道怜悯、恐惧、净化。"净化"这个翻译是朱光潜先生的翻译，后来有不同的翻译，比如有的翻译成陶冶，还有其他翻译，我是用原文或者直接音译，卡塔西斯。因为卡塔西斯有好几个意思，研究起来也有好几个争论，它有一种认知的意义在里面，我们通过怜悯，通过恐惧，通过这种情感可以认识我们自身的存在，对你自己是怎么存在的，你是一个被抛弃的、完全被命运捉弄的还是一个自由的投射自己存在方式的存在者？你会有一种更好的思索。这是亚里士多德通过悲剧所要告诉我们的。

当然今天我讲俄狄浦斯，是要对苦难和个体的关系做一个思索，这个问题是很难的。对它有很多不同的思索，比如刚刚我讲到了几种古希腊的探讨。我们可以看到，刚开始的时候，悲剧诗人与哲学家，他们之间是竞争关系，都在告诉人们什么是美好生活。悲剧诗人用悲剧的方式告诉人们什么是美好生活。哲学家也在思考这个问题，柏拉图有他的思索，亚里士多德有他的思索。亚里士多德和柏拉图很不一样，他会认为这是一种内在与外在统一的善，不能完全归于内在。比如一种好的品格能帮助我们达到美好生活吗？你是一个很有德行的人，你善良、勇敢、节制等等，这些是不够的。即便你将这些品格实现出来，我们去行动，也还不行。或者说，我有一种好的判断力，有一种好的理智状态，我会知道哪些事情是有害的、不宜做的，哪些是危险生活。这个够了吗？在亚里士多德看来仍然不充分，非常重要的就是这些命运，苦难，这些不由分说降在你身上的东西。我们看到那么多的残障人，波切利、史铁生等等，这些人他犯什么罪了吗？其实没任何罪，就是不由分说，命运已经让他这样，他在什么时候失去双腿，什么时候看不见，完全无法确定。

对于它怎么办呢？首先你要承受，而且这是你不得不承受的，你说你不想承受，可是你有办法不承受吗？没有办法不承受。比如我们看悲剧，有些东西很难或者说不可能发生在自己的身上，像俄狄浦斯这种悲剧，更多的是通过我们对苦难的情感而唤起了什么是美好生活的追问，所以古希腊人看完悲剧，就跟我们今晚参加完哲学沙龙差不多，不是随便听听消遣下，而是说唤起相应的感受，然后开始一种批判性的思索，这大概就是苦难对我们的真正意义。谢谢大家！

李朝东：高年博士讲的苦难是个人与国家之间的一种命运关系，宗强博士讲的苦难是个人与上帝之间的一种命运关系，海斌讲的是个人与亲人之间的一种命运关系，我们今天这个主题正好涉及个人和国家、个人和上帝、个人和父母。稍微补充下忒拜，另一种翻译是迪比斯，迪比斯有两个地方，一个在古希腊，一个在古埃及，离开罗大概有七百公里，有一个国家叫底比斯，这个故事的发生地好像是在希腊的底比斯。海斌今天讲的稍微还是简单了些，最后他讲到俄狄浦斯刺瞎了双眼，捣聋了耳朵，咬碎了舌头把自己流放以后，很多希腊人关心俄狄浦斯流放以后的命运如何。所以索福克勒斯又写了一出既不是悲剧也不是喜剧的戏剧作品。刘小枫写了篇文章《这女孩儿的眼睛为我看路》。也就是说，一个男人他的眼睛被刺瞎了，那个女孩是谁呢？

就是他跟他的母亲生的众多孩子中的一个，好多孩子都离弃他，只有他最小的女儿跟在他的身后。走到哪，那个女孩就指给他看，该过水的时候，就说这个地方有水，应该把脚抬起来跨过去，该过桥的时候，你应该小心一点过独木桥。所以刘小枫的意思是在这个世界上，男人实际上是睁眼瞎，他能不能完美地走完这一生，关键是要看最后的那个女人有没有一双清澈的眼睛为他看清眼前的道路。同样也是刘小枫写过的小说，名字叫《罪与欠》，在这本小册子里面专门介绍了他在德国时候的一个经历，其中里面讲的就是俄狄浦斯。在他的介绍里面，我们了解到俄狄浦斯这部悲剧中，这个索福克勒斯写出的悲剧故事，在希腊上演到现在已经两千年，每年都演。我很惊讶，一出戏剧，在一个国家每年演一次，在西方国家延续了两千年。那么我们一会儿和海斌探讨俄狄浦斯对西方人在处理人和亲人这种关系的时候所遭遇的不幸命运，我们究竟应该怎么办？我倒是想和海斌讨论一下，这出悲剧的主题是你犯的错误是个人自由意志所造成的行为，那么对这么一种行为导致的结果，我们应该主动承担责任，也就是星期二晚上我给大家做的一个报告叫"意志自由与责任承担"。好，下面进入讨论环节，有请三位嘉宾上台。可能在提问中才能产生争论和交流，时间交给大家吧，好，哪一位提问？请。

学生： 各位老师好，我这有个问题就是：个体生命面对苦难的时候，我们讲了几种现象，但是我的问题是：我们能够用几个元素来调和苦难？因为十年前我在杭州碰到个导游，他的一次展示让我这十年一直在想一个问题，我们是掌握命运的，我们的五个指头，大拇指相当于命，食指是运，中指是风水，无名指是道德，小指是知识。希望老师们回答有些东西能不能像五指一样组合在一起，中庸地调和一下，让个体不再苦难。

李朝东： 谁来回答？宗强？

姜宗强： 我觉得，大多数个体不可能没有苦难。还有风水，我不太懂，但是我觉得如果将掌握命运放到风水上，还是比较难的。为什么呢？因为风水总是让你预知吉凶祸福，你在这个过程中始终处于不安之间，而且这个预测的准不准，我们不知道。但是我觉得有一个原则，可以让一个人很稳定，比风水更可靠，那就是"不问世事沧桑如何，只求问心无愧"。一个人的行事方式能够做到问心无愧，我相信活着不后悔，死后也会有一个好去处。另外，正确的信仰可能也能帮助对付命运，例如，如果我是个真正的佛教徒，我就不用害怕命运的无常，我是这么看的。

韩高年：我也谈两点看法，这位同学提的问题实际上告诉我们，在人生之中遭遇苦难后，我们应该如何把它化解掉？从中国古代的知识体系划分来说，这位同学提到的风水是属于方术的层面。方术不管是占卜也好、风水也好、预测也好，这个是属于可以实际操作的，是一个方法。但是，另外一个方面，从古代的知识传统中还有包括了一些和理性、道德、科学有关的东西。那么造成苦难的原因我觉得最重要的是人的理想和现实发生冲突的时候，苦难就产生了。那么要想化解苦难也要从归因于这个角度去做，刚才姜老师讲的意思我特别赞同。概括一下其实就是用道德去解决这些问题。自己要有一个标准，自己要有自己对人生的一些看法和意义的定位。

李朝东：那个同学。

学生：老师您好！我想问一个问题，就是对于个体生命而言，我们是否有权利决定死亡？作为一个个体生命我们没办法决定自己的出生，那么我们是否有办法决定自己的死亡？举个例子，在我们生活中有一个群体就是他们年纪高龄，他们无法从事劳动，他们可能会处于一种坐吃等死的状态，如果谈到"安乐死"这个话题，他们该如何来面对？我的提问完了，谢谢老师！

李朝东：个体是否有权决定自己的死亡？大家提问的时候，最好把问题提给谁说清楚。你的问题是提给谁的？你希望谁回答？

学生：李老师。

李朝东：好，我就尝试回答一下。个体是否有权决定自己的死亡？我想在这里把生命和时间联系在一起，有三种时间，一种是个体时间，一种是类的时间，一种是生命时间。个体时间一般构成我们每个人和动物相似的存在，比如说，你和我以及我们和其他的动物植物都要经历一个生老病死的过程。经历出生、生长到死亡的过程。第二个是类的意义上的时间，这个时间一般构成的是历史。我们所有个体构成了一个人类，人类的时间也就构成了我们的历史。第三个是生命时间，这个生命时间是指我们每个人到世界上来都承担着一定的责任和使命的。举个例子，比如说我们都知道中国近代历史上有一个著名的人物是王国维，大学者。我们来简单叙述一下他的死亡。其实这个问题是，我们把它说得更直白一些，就是个人是否有权决定自己自杀？王国维最后是选择了自杀，但是他那天早上起来以后，穿上冬天穿的棉袄，然后把自己所有的事都处理干净，甚至把他借别人的钱都还了。他批改的作业和要给学生的成绩，也报给清华的教务干事、教务秘书。也就是他把自己生前的一切的事情都处理完了，然后口袋里面留的钱正好能够雇一个黄包车把他拉到圆明园，剩下的钱正好能买一张门票进到这个园子里面去。他进去以后，坐下来抽了支烟，旁边有一个园丁正在打扫园子。园丁看到有一个穿着棉袄的老头坐在那个地方抽烟，他也没注意，结果烟抽完了王国维扑通一声跳进了湖里面去。园丁看见以后，就赶紧招呼大家，"有人跳河了，要自杀了"，赶紧把他救起来，可是救起来以后发现水连棉袄都没有渗透，生命就已经终结了。那么王国维选择自杀，我们也可以这样理解，他认为他没有任何和别人的纠纷和债务关系，即使有一点债务关系也是完全由他经济能力可以解决的。那么像他这样非常杰出的人物，他们认为他们来到这个世界上是存在着某种使命的，一旦使命完成，他就觉得他的生命时间就还原回到个体时间里面来了，而那个时间对他来说不堪忍受。他无法忍受这个平庸的个体时间的延续，因此他选择了自杀。姜老师是研究《圣经》方面的专家，在《圣经》的《创世记》里边我们都知道上帝创造了伊甸园，在伊甸园里面第一个创造的是亚当，第二个创造的是夏娃。我有时候在讲上帝创造亚当的时候是完全无意识的，他就随手拿了一个泥巴，吹一口灵气，就有了亚当。在这个《圣经》的叙述里，男人来到这个世界上，是完全偶然的。正因为偶然，他才可贵。那么亚当一个人生活在园子里很寂寞。上帝全知全能，就知道亚当需要什么，他需要一个女朋友。就从亚当身上抽出一条肋骨创造了夏娃。从这个《圣经》的叙述里，女人被创造出来是必然的，男人被创造出来是偶然的。但是不管是必然还是偶然，我前天晚上还给大家讲到，帕斯卡尔在《思想录》里面说到，人是一棵能思想的芦苇。他之所以伟大，即便宇宙中任何一颗小沙石都可以置人于死命，可是人高于宇宙的地方在于，他知道宇宙中任何一个小沙石都可以置他于死地，而宇宙却对此一无所知。从人的生命的偶然性来看，我们到这个世界上，父母给予我们生命。那么我们每个人，都要意识到自己在经历一个什么样的生命。实际上是个体的方式参与人类的生命，构成我们人类的历史或者民族的历史。但是，我们是否肩负着一种生命时间、一种特殊的使命？我们一定要珍惜自己的生命，你无权自杀。

女学生：刚刚韩院长提到，在理想与现实发生冲突的时候，然后苦难就会发生。我们要对自己进行归因。然后您建议用道德去解决问题。我们可以看到，有许多科学家，他们都在搞学问，搞到最后的时候，都归一，就是把自己思想都寄托给宗教。您如何看待道德与宗教？是否说信教的话，它可能就是一种逃避道德的表现呢？谢谢！

韩高年：谢谢！我的意思是说，从个体生命的角度来说，能够持守的只有道德。但是从中国古代也好，还有刚才两位博士讲的，希伯来文化、基督教《圣经》和希腊文化来讲，其实有一个共同之处就是：道德、宗教、科学最终在真善美统一的这点上都是一致的。从个体来说，持守住道德，就会求到真，求到美，也会求到宗教追求善的一种状态。

李朝东：站着的那个同学来提问。

学生：既然我们是在论道，我就并不认为，观众永远只能做提问的角色。每个人的思想虽然不同，但是也是平等的。所以我在这里是想提个我自己的见解，但是出于时间的考虑，散会后再讨论也可以。就是不知道我现在提还是散会了再提？

李朝东：我希望你现在来提。

学生：我的见解主要是针对之前提出来的一个问题，也就是好人受罪，坏人享福，这个难以理解的命题。我对这个命题的理解，就是我认为这个命题根本是不存在的，或者说是不值得做太深入的思考

的。因为什么叫做好什么叫做坏、什么是罪什么是恶，这些东西都是
人说的。也就是说，好人受罪坏人享福，是人观察到的，然后是人通
过这些现象讲出来的伦理。人说这个东西是天道有问题的，其实不是
天道，是人道的问题。然后就是天道，我认为它并不等于一个人所认
为的天道。人通过自己所处的社会、通过自己的观察得出来的自己所
认为的天道，我觉得其实是叫做人道更加适合一些。但是我认为确实
有天道的存在。天道更加偏向于科学，人道更加偏向于人文社科之
类。我认为哲学介于二者之间，并且高于这两者，因为哲学既玩大道
又玩人道。我的观点就是这样。

姜宗强：你的观点我想补充一下，这里牵涉一个很重要的问题，
宗教、科学还有道德它们之间究竟是什么关系？很多人会认为宗教和
科学是冲突的，其实我们看伟大的思想家爱因斯坦他不这样认为。爱
因斯坦说：我发现了宇宙的一些规律，但是我远不如摩西、耶稣、佛
陀伟大，因为他们发现的是使人幸福的真理，而我发现的是自然界的
规律。我再说一个科学和宗教不冲突的例子，在很早很早的时候佛陀
就说过世界上有无数个大千世界，有很多很多个世界。大家都弄不清
楚这到底怎么回事。有这么多的世界，一滴水中就可以看到大海啊！
大家不理解，因为当时的人认为地球是中心。后来人们发现了太阳
系，再后来人们发现无数个类似太阳系的星系，银河系、河外星系等
等，就像佛陀所说有无数个大千世界。在这种说法中，佛教与科学一
点儿也不冲突。或者严格地说，宗教与科学在某个阶段上可能有冲
突，否则怎么会有宗教裁判所把布鲁诺判死的事？宗教与科学可能会
在某个阶段上有摩擦、有冲突，但要具体分析在哪个阶段上有摩擦、
有冲突，也不一定是必然冲突。因为，就宗教本身而言，它也是一个
经历着产生、发展、演变的动态历程。另外，宗教也有很多种类，科
学在某种阶段上可能和基督教有冲突，它可能和佛教并没有冲突，也
没有听说过佛教把科学家判死的事情。因此，你只能说可能某些宗教
会有这种冲突，某些宗教可能是没有冲突的，因此这里就牵涉到我们
需要具体问题具体分析，具体地分析它是哪种宗教？然后它和科学的
具体关系是怎样的？总之，应该具体问题具体分析，不应该笼而统

之，大而化之。这也是一个很重要的方法论的问题。谢谢！

李朝东：我们谁给海斌老师提个问题？

学生：非常感谢三位老师的演讲。我想对朱老师提的问题就是，老师讲的是一个有关悲剧的事，然后我脑海里产生了这样一句话，就是鲁迅先生所说的，悲剧就是将有价值的东西，撕毁给人看。然后我就觉得这和你所讲的这些都有联系，但是我又不能理解。所以想请教朱老师你是怎么理解这句话的？谢谢！

朱海斌：鲁迅的这句话我也不理解，所以没有办法和你分享。鲁迅的这句话我很早就听过，大概是上中学的时候。但是听就听吧，有些东西也不往心里去。那鲁迅就是说悲剧把好的东西撕给你看，那很多东西撕裂了都可以看！悲剧，它和苦剧还是不一样的。一个是很惨，比如说和俄狄浦斯相比莎士比亚的一些剧还是很惨，不仅仅是杀父娶母，惨得你根本没办法看。那你说它有什么意义呢？我觉得你把这个东西撕裂了给我看也没有什么意义，比如说你会不会让我生起一种怜悯呀？恐惧呀？没有这种情感，他跟我毫无关系。甚至亚里士多德修辞学里面讲过一个事儿，他说你有没有发现一个很奇怪的现象，他说他观察到，在人性上很不可靠的人，他基本上没有什么怜悯感？这些人会说，世界就是这样残酷，有什么好怜悯的？或者说，你看到这个世界上有些人很惨，比如说盲人，残疾人，或者更惨的。但是他苦，也就是苦了一辈子，我们也看到他很苦，但是这个不一定能构成一个悲剧！要成为一个悲剧故事，请先让我们看到会有这种怜悯情感的出现，可是有没有出现呢？所以，鲁迅的这个说法我现在还是没搞懂。

李朝东：我补充一下。鲁迅说，悲剧就是把美的东西撕裂了、打碎了给人看，从而产生一种撕心裂肺的痛苦。没有痛苦就不会有悲剧。这里有一个价值连城的青花瓷，韩老师把它拿起来在地上给打碎了。你呢，产生一种撕心裂肺的痛苦并认为这是悲剧。这个痛是从你那儿产生的，不是从他这儿产生的。所以悲剧呢，是你认为它是悲剧。但是西方人不这样认为，西方人在希腊文化的环境中，他们认为悲剧有两个要素：一个是悲剧命运的承担者，一般的，既不是神也不是人，而是半人半神的英雄。什么是英雄呢？希腊的英雄是神和人结合在一起生下来的后代。比如说赫拉克勒斯，赫拉克勒斯就是天神宙斯和人间的女子在一次不经意的结合中留下来的一个生命轨迹。随后就有一个悲剧命运的展开过程，这是第一个要素，在希腊文化中悲剧命运的承担者，他是英雄，是半神半人的存在者。第二个要素，就像黑格尔和文德尔班所讲的，悲剧不像是咱们中国鲁迅和朱光潜这些学者所理解的把美的东西打碎了给人看。在西方文化或希腊文化中，悲剧是两种都是正义的力量相互碰撞以后产生的一种悲剧命运。好人把坏人打败了，我们说正义取得了胜利；坏人把好人打败了，或者说日本人把我们中国人打败了，侵略了我们，我们可以说这是我们民族的苦难，也可以称之为我们的悲剧。在这种悲剧的理解模式中，是一正一反、一好一坏、一美一丑。但是黑格尔和文德尔班的观点恰恰不是这么认为的。他们认为：悲剧是两个都对，两种都是正义的力量，碰撞以后产生的一种结局。前面几位提到苏格拉底之死，对于"苏格拉底之死"，文德尔班就说，苏格拉底的悲剧就是苏格拉底代表的希腊理性精神和希腊城邦人群已经习惯遵守的习俗和法律所代表的一种国家精神之间的冲突。只不过是在苏格拉底被审判的时候把它表现出来了。所以"苏格拉底之死"是一个悲剧。正是在这个意义上文德尔班说"苏格拉底之死"将他的生命变成了一件艺术品。

其次，从我们分享的这个俄狄浦斯的悲剧来看，我要和海斌老师讨论一下，亚里士多德对这出悲剧的评论是否完全对应希腊文化环境对悲剧的理解？比如说怜悯，我觉得索福克勒斯的悲剧里面带有很多的神话色彩，而亚里士多德已经是以哲人的方式与人的方式来解读神的这种启示给我们人的。这种解读究竟到位不到位？比如说，我们这里现在有一个经典诠释研究中心，经典诠释中的诠释这个词，我们也可以把它翻译为解释。在德语中就读作 Hermeneutik。希腊神话中有两个可爱的小孩儿，一个就是你们知道的爱情之神丘比特，肩上背着一个箭囊，里边装着三种箭。一种是金箭，射出去以后把男女两颗心穿在一起，这种婚姻搭配是绝配。还有一种是银箭，这种箭射出去后把男女两颗心穿在一起，由他们组成的家庭一般都比较和谐，但会有些争吵。还有一种是铜箭。用铜箭把根本不应该在一起的两个男女的心穿在一起，这种家庭是争吵不断，最后以家庭破裂而告终。可是丘比特这个小男孩呢，他是一个爱恶作剧的人，他往往有时候把这个铜箭拿出来把两颗心穿在一起，所以造成了许多人间的家庭悲剧。另外一个赫尔墨斯，他本来是一个信使，将奥林匹斯山上神的话给人间传达。他长着翅膀飞到人间告诉你神说了什么，但是他说得晦暗不明，结果使神谕变得不清不楚。所以他飞走后，人们就开始揣测他说的话是啥意思，人们在解释他这个半真半假的，一句话也说不连贯的话的过程中，就开始了解释和解释学的过程，所以，后来西方人就形成了一门学问叫做解释学，而解释学就是以赫尔墨斯的名字来命名的。在这种解释的过程中，我是想说人对于神话俄狄浦斯的悲剧故事如何解释理解？我们举一个中国的悲剧，再举一个西方的悲剧来看看。既然是两种力量，都是正义的力量，最后导致的一种命运结局的话，我估计我们只能是这样的，在看着高高在上的俄狄浦斯的命运。我们面对俄狄浦斯的命运，只能是一声叹息，我们只能感觉到一种人格上的渺小，因为他太伟大了。俄狄浦斯这个人格的伟大之处就在于他对自己的意志负责。一系列命运的展开，他杀了自己的父亲娶了自己的母亲，犯了乱伦罪以后还生了孩子。他不仅解开了斯芬克斯之谜，他还用智慧揭开了最后一个谜，城邦的灾难原来是自己犯了杀父娶母罪引起的。可是俄狄浦斯并没有说：天啊！这一切不是我想干的，我想避开这一切！相反，他认为既然是这样的话，杀父是我自由意志的行为，虽然当时应该说是属于神意的一部分，可是俄狄浦斯他自己认为这是他的自由意志的选择，我就要为这个结果承担责任。他没有抱怨，没有将责任推卸给上天。相反，我们中国人承担责任的能力就差一些，往往每一个行为都是我们自由意志的结果，可是我们不愿意承担责任。俄狄浦斯是否以过失罪纳入审判是一回事，可是他对西方文化最大的一个贡献就是：以后西方人不管是在刑事法庭上，还是在道德法庭上，只要是自己有罪，你就应该为自己的罪责承担责任，而不像我们在很多时候逃避道德的指责，或者是法律的惩罚。我们中国人，看《窦娥冤》或者《梁山伯与祝英台》，看完之后我们就会发现观赏者的地位总是要高于主人公的地位，看西方悲剧我们是向上的，看中国悲剧我们是向下的，看一个悲剧我们觉得啊，他太苦了，我们同情他。最后我要说悲剧之所以是悲剧，它的意义在于要引起生命的个体反思；如果没有这种反思，如果不反思悲剧发生的根源，这种悲剧就还会发生。悲剧一而再、再而三地发生，它就不再是悲剧，而成了惨剧。苦剧重复发生就成了惨剧。朱老师前面提到了中国大多数是苦剧并演化成了闹剧，《梁山伯与祝英台》这样的悲剧在中国历史上发生了多少次？它多次的发生以至于我们后来者心灵都变得麻木了。可是我们发现俄狄浦斯这种悲剧对西方人后来的心灵世界有一种极高的心理警诫作用，目的是避免这种悲剧的再次发生。

学生：我们经常遇到苦难，会有两种意识，一种意识认为自己很弱是消极的，一种是鼓起勇气超越苦难，但是我们常常选择第一种。所以请问如何调节这两种意识去更好地面对苦难？

韩高年：我想用一个实际情况来回答这个问题，刚刚在来教师发展中心的路上，走到门口时不小心被绊了一下，差点儿摔倒，但是没有摔倒，为什么会这样？得益于我经常从事体育锻炼，反应比较快，所以没有摔倒。所以，在苦难来临的时候，最重要的还是要向内求，向内求就是把自己的心灵磨练得更加坚强。回到刚才李老师说的悲剧，其实不管是古希腊还是中国古代的悲剧，它最终的衡量标准是：神意也好，道德也好，尤其是人类这些共通的道德黄金律，它最终都是高于神意的。回到刚才的例子上，为什么我在即将摔倒的时候恐惧呢？就是怕别人看到。但实际上我看了，没人看到。这就说明悲剧形成的一个原因不在于个人的因素，而是由客观的一个外在原因，即他者造成的，至于这样的悲剧，其他老师都已经提供了解脱它的路径，我就不再阐述。

李朝东：我给姜老师提个问题，我读《约伯记》，理解他的主题主要是对信仰的考验。在犹太人和耶和华的关系中，犹太人信仰上帝，魔鬼撒旦就提出怀疑说："最信仰您的人是谁？是约伯。那咱们考验考验他，把灾难降临在他的身上，看他的信仰还能不能坚定?"但是,最后在考验的过程中有那么多的灾难,人承受灾难后自然而然要对上帝产生一些质疑,这个质疑就意味着信仰开始动摇。《圣经》中还提到亚伯拉罕带着他的儿子到山上去,准备杀死他的儿子给上帝献祭。在亚伯拉罕拿起刀要杀自己儿子的时候,上帝派来的天使制止了,说杀一头羊来代替儿子吧。信仰冲突是很尖锐的,《圣经》里面采取的办法是和解,就是用献祭羊来代替献祭自己的儿子的生命。我想请问一下宗强博士,你如何理解《圣经》中的这种献祭与和解?

姜宗强:这是一个非常深刻的问题,由于它的深刻,我担心我的回答能否让大家满意,因为这里面牵涉神学问题。我尝试从几个角度进行回答,从《圣经》考古学的角度考察这个问题,很可能当时是存在"人祭"现象的。因为《圣经》文本中确实记载了存在"人祭"现象,《士师记》11章记载基列的勇士耶弗他与亚扪人争战,他祷告耶和华一定要让我打赢这场战,我打胜了,我就给你献最贵重的祭。最贵的祭就是人祭,献羊、献牛、献马都没有人祭贵重。如果我战胜了,你保佑我,我战胜了,我就把我遇见的第一个人献给你。他打胜之后,凯旋归来,他最心爱的独生女儿跑去见他,他的女儿就是他第一个见的人。他女儿还没结婚,他就把女儿献祭上去了。《圣经》文本中记载的并不全是仁爱仁慈,《圣经》文本中还记载了历史与人性的诸多阴暗面。如果从历史考古角度来看,这可构成一种解释。但是,如果从神学角度来解释这个问题,可能又会是另一番内容。大家想一下,如果上帝接受亚伯拉罕的献祭并让他杀死自己的儿子,那么这样的上帝是什么性质的上帝?恐怕就不是公正仁爱了吧。假如允许用活人来给他献祭的神,这和《西门豹治邺》里面的要娶媳妇的河伯还有啥区别?

那么,大家都知道上帝的做法是什么,换了一个替罪羊,这是《旧约》里面的思想。《新约》里面更高尚,《新约》里的上帝说:"与其让亚伯拉罕杀死自己的儿子,我不如杀死我自己的儿子。"也就是说,最大的替罪羊就是耶稣,上帝杀死了他的儿子耶稣,杀死他的儿子耶稣是干什么呢?前边已经说了是让耶稣做赎罪祭。因为上帝要兼顾两个原则，我认为这就是《圣经》里面追求的理想价值观，一个是公正，一个就是博爱。必须处理好这两者之间的关系，如果只强调公正，那人是有罪的，人就必须得到惩罚，那《旧约》中的上帝是怎么惩罚人的？就是发一个大洪水把我们所有的人都淹死，只留挪亚一家坐着方舟。从公正的角度讲，罪恶必须得到惩罚，否则恶人就得势得意了。但是，另一方面，如果因为人类的原罪，普遍的罪性，上帝就把人类整体毁灭掉，那又违背了上帝仁慈的本性。所以，要做到公正就必须惩罚，就得由上帝之子耶稣来替罪受罚，如此就兼顾了上帝的公正与慈爱。一方面，罪恶得到惩罚了；另一方面，上帝之子为人类替罪的牺牲行为本身，又彰显了上帝对人类的慈爱。同时，上帝又让他的儿子复活，因为罪恶是和死亡连接的，罪恶还清之后就可以得到永生了。所以，在《新约》中上帝解答这个困境的方法是什么？不是让亚伯拉罕杀死自己的儿子，而是我自己杀死我的儿子，表明我对人类的恩典。我替人类把罪还清了，罪还清之后，人类才能获得爱和永生的生命。在这里面牵涉公平，公平就是你必须惩罚恶人。但是，恶人如果惩罚不尽的话，你还要用爱来让恶人、罪人获得救赎。因此，献祭与救赎要处理的核心问题是罪与罚、公正与爱两者之间的关系。所以，耶稣提出你要像天父一样完全，为什么呢？如果你只爱你的家人，只能算是一般的人，算不上圣爱；你能爱你的敌人，才可能像天父一样完全。你要使你的生命完全，就要像天父一样宽恕恶人与罪人，这是上帝用自己的儿子代替亚伯拉罕的儿子献祭的原因，是《新约》神学思想对《旧约》神学思想的深化与进一步的发展。

最后，我还想回答一下前面同学提出的问题，因为他的那个问题问到了生死观，尤其是自杀的问题。人到底能不能自杀？这也是一个非常深刻复杂的问题。为什么呢？因为对死的考虑深度决定了你如何看待生。每个人都会面对这个问题，尤其是岁数越大的时候。大家知道为什么外国学者总是批评孔子的"未知生，焉知死？"因为你只知道生的一半。这个死呢，为何不讨论？刚才袁鹏问人到底能不能自杀？要区分两个东西，一个是事实，一个是价值。一个是事实领域，自然科学掌管事实是什么？宗教、道德则掌管价值是什么？事实是什么？事实上你能不能自杀？你完全能自杀，任何人都有能力把自己杀死，而且已经有一些人这样做了，一些人已经自杀了。你事实上有能力杀死自己，这是一个问题。但"实然"不等于"应然"，事实不等于价值。第二个问题就是，你该不该自杀？这就是价值观的问题。事实上每个人都有能力可以把自己杀死，这是事实，不是应不应该。但是，接下来的问题是问：你应该不应该杀死自己？那么应该不应该杀死自己呢？就取决于你为什么杀死自己，因为什么杀死自己。比如说，一个被捕的优秀共产党员，为了不向日本鬼子透漏情报咬舌自尽，这是一种自杀；还有一个就是日本武士道，日本鬼子杀死很多人，最后自己被别人打败了，把自己的肚子绞成一团糟而自杀；我们怎么区分这种自杀的性质？这就是一个价值观问题，他们都是自杀，但是哪一个是应该的？哪一个是不应该的？哪一个是死得其所？哪一个是死有余辜？哪一个是重如泰山？哪一个是轻如鸿毛？这就是一个价值观的问题。所以，事实上你有能力杀死自己，并不等同于价值观上你应该杀死自己。事实属于自然科学领域，价值则属于道德与宗教领域。那么，接下来回答你该不该自杀的问题，你该不该自杀？从我们刚才几个人的回答可以看出，李老师觉得使命决定你该不该自杀，但是我和海斌博士，我们都反对自杀。因为从海斌的角度说，人家杀父娶母都没自杀，难道你还比人家还苦吗？这是第一条原因。第二条原因，海斌说假如俄狄浦斯自杀完了，还得到阴间去，父母他们还在，你怎么面对？眼不见，心不烦。你还是就活着吧。

　　怎么做才能够克服苦难？我觉得克服困难首先就是你要活着。好死不如赖活着，活着才有希望战胜苦难。那么，从基督教的传统来说也是反对自杀的，基督教的传统就是上帝造了人，所以上帝决定生死，你没有权利结束生命，要结束也是上帝结束。你不仅没有权利自杀，也没用权利造人。现在探讨克隆技术该不该造人，按照基督教的观点是不能造人。技术能达到这种程度，这是事实；但是应该不应该去造人，这是价值。从佛教的传统来看，你也不应该自杀。比如说阴间，你要想自杀的话，你要保证你去比现在更好的去处，你跑到比现在还糟的状态里面去，你说你自杀个啥？比现在还痛苦。你不要往恶道里面跑，你要往善道上边走。自杀，你要保证你去的地方一定比现在要好，那你可以去。还有就是你的责任尽了没有？自杀是你的意志自由，但是还有你的责任承担，你爸爸妈妈把你养大，你做子女的责任尽了没有？你欠别人的钱还了吗？没还，你就自杀掉了，对债主不负责任，人家会恨你的。另外，自己的子女养大了吗？你自己的子女没养大，你自杀了，这就是约伯提出的问题——你把我生出来，你上帝把找造出来，你凭什么不养我？你要不管我，你当初别造我。你做了造人运动你又不养我，你既然做了造人运动你就要负责到底，等我长大成人，结婚有了孙子了你再自杀（哈哈）。各大宗教传统基本上是反对自杀的，这就是我的回答。

李朝东：姜老师可能没有完全听懂我的意思，我的意思是有三种生命实践，我们大多数人只是经历了生命的一种实践。我们没有像屈原、王国维那样，我们很普通，并不承担特殊使命。既然我们普通，我们就普普通通地像一场梦来过完自己的一生，所以说，我们就无权自杀。最后，我还是想以我们中国文化的一个问题作为结束，我想请问一下高年院长，屈原生活的时代，和后来唐朝的时候，到汉朝的时候，屈原最后选择自杀主要还是在楚国面对秦国统一的面前，我是在想个人和国家统一的这种紧张关系，那么当这种紧张和焦虑无法调节的时候，他选择自杀，那么今天我们三个案例里面，约伯没有自杀，俄狄浦斯宁愿刺瞎双眼、嚼碎舌头、捣聋耳朵也没自杀，就屈原自杀了。可是我们发现很有意思，儒道互补构成中国人的生命。比如说，到后来，李白在道出自己个人命运的不公，或者是一些遭遇的时候，李白浪迹山水，就没有选择自杀。我们就用屈原和李白的个人命运作为一种对比，来探索这个问题，所以我们有请韩院长。

韩高年：这个问题好难呀，但是我尝试回答一下。首先，屈原所处的时代与李白所处的唐朝有很大区别，但是，从中国整个文化的传统来说它又一致的内在性。我想说的就是屈原为什么选择了自杀，根据我自己的理解，因为我大概二十年前就考虑这个问题。其实，我觉得他自杀也是遵循了他在《离骚》《天问》这些作品当中表达的思想。我的一个基本思路刚刚没有展开，就是他对当时的、到他为止所积累下来的知识体系、宗教、道德以及他的现实的处境做了综合的考量之后，他选择了遵从自己内心。其实这个我觉得是高于知识、高于宗教、高于道德的。刚才李老师讲了一句话，就是中国古代在儒、道之外还有另外的思想，就像刚才我举的邹衍和阴阳家，还有其他一些名家都有思想，把人生和自然还有宇宙做类比。就是所谓的"人生一世草木一秋"，"人生一世草木一秋"这个命题当中包含一个真理，那就是一切都是自然而然是最好的。自然而然是什么状态呢？就是说生是自然，死也是自然。虽然，表面上看出来他主动选择了投江自杀，但是这个对屈原而言是一个自然而然的选择。我的理解是这样子的，就是说有一些高于刚才我讲的三种困境之外的东西，我想，就是印度的佛教文化，还有希伯来文化，基督教文化，还有就是中国传统文化，这几种文化里面共通的地方。我想其他的没法展开说，我的理解，就是屈原选择死也是一种自然而然的状态。

李朝东：不知不觉已经快晚上11点了，今天晚上的论道到这里也就结束了，我曾经在一篇文章中写到"善，恶，爱，性，死，这是人生的五大主题"。自从有了人到现代，我们一直在探索这五大人生之谜，只是至今仍然晦暗不明，谁也没有办法给予确定的答案，这个问题还会继续讨论下去。如果大家还有什么问题需要和各位老师讨论的，我擅自做主，要了他们的邮件，在这里你们可以记一下，可以给老师发邮件，通过电子邮件的方式再继续讨论，好吧？我们在这里特别感谢西北师范大学党委书记陈克恭同志，是他最早提出来，应该办一个这样的活动，为了提高我们学校的哲学学术氛围，更主要是为让老师和同学们有这样一个密切交流的机会，我们非常感谢他。同时非常感谢中和集团的董事长，我们敬爱的洪涛同志对我们的支持！

我们同时也感谢马克思主义学院以及全体学生对我们论坛的支持！也同时感谢参与论坛的各位专家，尤其是文学院韩高年院长！文史哲不分家，我们本来在思想上就是相通的，我们以后将会把论道作为一种传统继续下去，会去更好地探讨多样化的形式，提出更好的命题。如果说条件允许，我们也会从国内国外，请一些专家学者来参与我们的论坛，为我们的同学提供更多优质的思想资源。我们再次感谢各位领导、各位同学的参与，再见！

后　记

　　本书的出版是很多人努力的结果，感谢西北师范大学党委陈克恭书记倡导营造校园文化、培养学生人文情怀、追求学术精品的学术求真求善求美的精神！感谢兰州中和集团董事长洪涛先生对学术活动的热心支持和鼎力相助！感谢西北师范大学李朝东副校长一贯对学术的热忱和不懈的探索精神，他的亲力亲为促成了"中和论道"的每一场演讲的展开！还要感谢参与学术讲座的每一位教师和学生，他们的问答促成了砥砺思想、开启智慧、弘扬文明的功效。最后，还要感谢中国社会科学出版社李庆红编辑的精彩工作，促成了这本小书的问世。感谢一切爱好思想与智慧探索的人们！

编者

2016 年 5 月 29 日